千古人物 汉高祖

刘邦传

封建王朝里的布衣天子

周丽霞◎编著

内蒙古出版集团
内蒙古文化出版社

图书在版编目(CIP)数据

汉高祖刘邦传 / 周丽霞编著 .-- 呼伦贝尔 : 内蒙古文化出版社，2016.6
(古代帝王传记丛书)
ISBN 978-7-5521-1108-8

Ⅰ. ①汉… Ⅱ. ①周… Ⅲ. ①汉高祖（前 256- 前 195）—传记Ⅳ. ① K827=341

中国版本图书馆 CIP 数据核字（2016）第 146701 号

汉高祖刘邦传
HANGAOZU LIUBANG ZHUAN
周丽霞　编著

责任编辑　白　鹭
装帧设计　鸿儒文轩

出版发行　内蒙古文化出版社
地　　址　呼伦贝尔市海拉尔区河东新春街4－3号
直销热线　0470－8241422　　**邮编**　021008

排版制作　大华文苑（北京）图书有限公司
印刷装订　三河市华东印刷有限公司
开　　本　710mm×1000mm　1/16
字　　数　280千
印　　张　20
版　　次　2016年6月第1版
印　　次　2022年4月第2次印刷
印　　数　8001—13000 册
书　　号　ISBN 978-7-5521-1108-8
定　　价　39.80元

前言

浩浩五千年的中华历史长河，涌现出了许多帝王，他们曾经煊赫一时，有的是历史长河中的顺风船，有的是中流石，有的似春汛，有的如冬凌，有的是与水俱下的泥沙，有的是顺流而漂的朽木……总之，浩浩历史千百载，滚滚红尘万古名，史海钩沉，各领风骚，薪火相传，承继着悠久的中华历史。

在我国，帝王是皇帝和君王统称，是封建王朝最高的统治者，拥有至高无上的权力。在周朝之前，“帝”与“王”字义相近。而在秦朝以前，帝王是至尊君主，等同“天子”。自秦嬴政称“皇帝”后，“王”与“皇”有了区别，“王”成为地位仅次天子而掌控一方之诸侯的称呼了。

在我国历史上，“皇帝”这个名称是由秦嬴政最先确定的，也是他最先使用的。“皇帝”取“德兼三皇、功盖五帝”之意。秦始皇创建了皇帝制度，并自称第一个皇帝，称为“始皇帝”。皇帝拥有法律制定权、行政决策权和军事指挥权。自此，我国开始了长达两千多年的封建皇帝制度。

我国从公元前221年秦始皇称帝起，到1911年宣统帝退位止，在2131年的时间里，共产生了230位皇帝。第一个皇帝是秦始皇，最末皇帝是清朝宣统帝。其中在位时间最长的皇帝是清朝康熙帝，在位61年；在位时间最短的皇帝是明朝明光宗，在位仅1个月。当然，关于皇帝数量还存在多种说法。

这么多帝王，我们细细思量他们在历史上的价值和分量，还是有轻有重的。他们有的文韬武略兼备，建有盖世奇功，开创了辉煌历史，书写了宏伟的英雄史诗，成为了民族的自豪，十分值得千古赞颂；有的奸猾狡诈，就是混世枭雄，糟蹋了乾坤历史，留下了千古骂名永远被人们口诛笔伐；有的资质平平，没有任何建树，在历史上暗淡无光，如过眼云烟，不值一提……

但是，无论怎样，帝王是我国古代中央政权的突出代表，是最高的当权者，是政府和社会的核心，享有最高的权力和荣誉。作为历史的重要角色之一，帝王是当时左右和影响国家、民族命运的关键人物。因此，有人忠从，有人利用，有人艳美，有人嫉妒，有人觊觎，有人怒斥。他们充满了谜一般的神奇诱惑力，我们能够从他们身上，集中感受到历史的丰富内涵与时代的沧桑变化。特别是历朝皇帝的贤愚仁暴、国运的兴衰更迭、政治的清浊荣枯、民生的安乐艰辛，都能给后世以镜鉴。至于帝王本人的成长修养、家庭的维系安顿、处世的进退取予、行事的韬略谋断等，我们都可以从中受到震撼，获得巨大的启示。

为此，我们根据最新研究资料，在有关专家指导下，特别推出了本套书系，主要精选了我国历史上十大著名帝王——他们都有运筹帷幄的雄才伟略，曾经叱咤风云，纵横天地，创造着世界，书写着历史，不断开创中华民族的辉煌篇章，不断推动我国历史的飞速发展，为我们留下了许多宝贵的精神财富和物质财富。

当然，这些帝王作为历史杰出人物也难免具有历史局限性，在他们身上也有许多封建、腐朽、落后、残酷等糟粕，这些都需要广大读者扬弃。而我们在讲述他们的人生事迹时，综合参考了大量史料，尽量挖掘他们优秀、积极、阳光、励志的正能量。因此，我们取其精华，去其糟粕。这样难免会出现挂一漏万等现象，也请广大读者理解。

总之，我们主要以这些帝王的人生轨迹为线索，并以真实历史事件贯穿，尽量避免冗长的对日常琐事的叙述和演绎戏说，而是采用富于启发性的历史故事来传达他们的人生与时代，尤其着重描写他们所处时代的生活特征和他们建功立业的艰难过程，以便广大读者产生共鸣并有所启迪。

目 录

英雄不问出处

美慕秦始皇威仪 002

出生传奇的平凡人 006

独特气质的亭长 011

成为吕公的佳婿 024

咸阳常年服徭役 031

乱世起兵反秦

聚兵起义反暴秦 040

获得传奇英雄谋士 056

摧毁秦军主力之战 064

奉命西征率先入关 074

重回灞上约法三章 092

鸿门宴上死里逃生 101

巧用奇谋暗度陈仓 119

楚汉争雄天下

东渡黄河收降魏王 138

彭城之战的大溃败 145

在荥阳与楚军对峙 152

楚汉两军垓下决战 174

一统天下后在陶称帝 195

建立大汉帝国
以大封功臣安顿内部 200
从栎阳徙都到长安 204
以秦为鉴而建章立制 211
巩固强化皇权举措 229
处理周边民族问题 234
铲除异姓诸侯
讨伐臧荼诛杀利几 244
平定韩王信反叛 247
让智圣韩信蒙冤 252
废除张敖赵王封号 257
北征反叛分子陈豨 260
诛杀梁王彭越三族 264
东征叛乱分子黥布 268
临终嘱托遗风
命运多舛的子嗣 288
易立太子之争 294
临终发布诏书 304
附：汉高祖刘邦大事年表 309

英雄不问出处

话说这一天秦始皇摆驾出行，他命令大家从“掩体”里出来尽情观看。因此，咸阳城中的百姓都蜂拥而至，来观看秦始皇的威仪。随着法驾缓缓驶过，围观者中突然传出一声赞叹：“嗟乎，大丈夫当如此也！”

人们循音望去，只见一位40岁上下的壮士，满面是艳羡之色，脸带肃穆，目不转睛，目送着皇帝法驾远去。此壮士姓刘，名邦，字季，秦沛县人也。

羡慕秦始皇威仪

那是秦始皇统一天下后的一天，踌躇满志的秦始皇，带领着一行长长的队伍结束了东方巡行后，正浩浩荡荡地返回都城咸阳。旌旗飘飘，迎风猎猎，文武百官，前呼后拥，长龙队伍，首尾不见，场面阵势十分盛大，简直威风八面，气势夺人。

秦始皇气定神闲地坐在龙辇上，双掌按膝，昂首挺胸。他身材高大，相貌堂堂，大目隆鼻，凝视前方，显得勇武刚毅，威风凛凛，让人望而生畏，不寒而栗。

秦始皇于秦昭王四十八年正月出生，即公元前259年1月27日出生，是秦庄襄王之子，是商朝重臣嬴恶来的第三十五世孙，嬴姓赵氏，名政。公元前247年，秦庄襄王驾崩，十三岁的嬴政被立为秦王。

公元前239年，嬴政年满二十一岁时亲政，他平息了以秦王假父自居的假宦官嫪毐发动的叛乱，又免除了吕不韦的相职，其后重用尉缭、李斯等人，积极推行统一战略。

秦国从公元前230年起，到灭齐时为止，首尾十年，陆续兼并了六国。嬴政在占领的区域设置郡县，直属于秦王，从此结束了贵族王侯专政的王国时代，进入了君主专制的帝国时代。

嬴政是首位完成华夏大一统的铁腕政治人物，他建立了首个多民族的中央集权国家。因此，他采用三皇之“皇”、五帝之“帝”构成了“皇帝”的称号。因为他是古今中外第一个称“皇帝”的封建王朝君主，所以人们称他为“秦始皇”。

秦始皇出生在烽烟四起的战国时代，若论操枪弄棒，他不是一位很好猛士；若论运筹帷幄，他只是一位合格的斗士，尽管这位斗士嗜血成性和残酷无情。也正因为如此，原仅为七国之一的秦国才异军突起，吞并了六国，铲灭了群雄，建立了前所未有的庞大帝国。

自从秦始皇荡平六国一统天下后，他始终相信秦王朝所具有的那摧枯拉朽的强大威力。特别是所向无敌的战争经历，使他自感有充分理由相信自己能够弥补秦王朝潜伏的裂痕。于是，从扫灭六国那一天起，他就开始了对秦王朝的修补和巩固的事业。

于是，秦始皇开始了出巡，他要借此显示他的强大威仪和征服天下的雄心，让天下人都服从他。尽管这种修补和巩固事业与秦灭六国一样十分辉煌，但他采取的巩固和加强中央集权的某些措施，大大超出了国力的承受。

然而，秦始皇只是想凭借暴力来征服人心，这些措施必然走向他初衷的反面，那就是加速秦帝国的崩溃。与此同时，伴随皇权威风的扩大，秦始皇的享乐欲望也在急剧增加，这就是“家天下”的必然逻辑！

百姓追求享乐是一个人的堕落，而皇帝追求享乐的结局却是众多百姓的贫困与枯骨的堆积。贫苦百姓懂得一个通俗的道理：官逼民反，民不得不反。这时推翻秦王朝的强大力量已在民众中迅速地积聚了。

秦始皇微服私行于都城咸阳的时候，竟然遇到了盗贼惊驾，因此，他不得不下令要闭城二十日，用以搜捕盗贼。他外出巡行，又遇到了刺客，这确实足以令人丧胆和心神不定啊。

在统一战争中最费工夫的楚地，民风剽悍，人们偏又自认为“秦灭六国，楚最无罪”，因此民间广泛流传着“楚虽三户，亡秦必楚”的说法，特别是秦帝国的东南地区，在春秋战国时期原本就是楚国的故地。楚国在战国“七雄”之中，疆域最为辽阔，物产最为丰富，具有较强的经济实力与军事实力。当时有“凡天下强国，非秦而楚，非楚而秦”之说。

秦始皇在统一六国的兼并战争中，楚国是秦军的第五个战略目标。如果不计算秦军的囊中之物齐国，楚国实质上是最后一个战略目标。当秦将李信所统率的二十万秦军被楚将项燕所统率的楚军打得大败后，秦始皇不得不亲自出面请老将王翦出山，并答应他早就提出的“非六十万人不可”的条件。

秦始皇命老将王翦统率倾国之兵灭楚一事表明，对于山东六国来说，楚国不仅地广人多，而且军事实力较强。因此，他自然不能掉以轻心，他时常说“东南有天子气”。按照当时方士们的迷信说法，认为皇帝所在的地方，天空有一种特殊的云气，这种“五色具而不雨”的特殊云气，便是所谓“天子气”。

秦始皇经常说这句话，是他担心帝国东南方的天子云气下面隐伏着将来可能要称帝的人物，而这又是他绝对不能容忍的事情。他巡行东南的目的之一，便是为了压住这股天子气。在《史记·高祖本纪》上记载：

> 秦始皇帝常曰：“东南有天子气”，于是东游以厌之。

文献记载表明，秦始皇所常说的“东南有天子气”，并不是他自己所观察的结果，而是秦帝国负责“候星气”官员中的所谓“望气者”官员向他所呈示的观测报告。

在秦汉时期，有一些人都相信“望气者”关于五彩云、天子气之类的说法。对于一心想寻仙求药、幻想长生不老、屡受方士欺骗而不悔的秦始皇，对此更是深信不疑，并想通过巡游东南来镇伏可能危害秦帝国的天子气。

秦始皇等人是相信望气者话的，他“东游以厌之”，表明镇伏天子气可能是此次东巡的目的之一。所谓望气者关于天子气的说法，当然是利用人们的迷信心理，以望气附会人事，预言吉凶，其实不值一信。

秦始皇也曾采取过若干强硬手段，力图巩固自己的政权。他开直道，筑长城，以良将重兵戍守北边，是为了抵御来自匈奴的威胁；他修驰道，迁徙六国贵族人物及富商大贾入关中和巴蜀，是为了防范来自山东六国故地的复仇。

秦始皇大修驰道，多次去六国故地巡行，固然有追求长生不死的意念，同时也有向六国遗民显示皇帝威严和炫耀军事优势的用心。所以，始皇帝的随行队伍，浩浩荡荡，旌旗飘摇，金戈之声传闻数里，森然之气是直逼霄汉。

特别是皇帝的法驾，在金戈铁马的簇拥之下，更是声威显赫，万众瞩目。在此时，胆怯者远避而不敢窥视，稍具胆识者迎尘跪拜，惊叹天威不可测。始皇帝安居车驾之上，纵目四顾跪拜的臣民，自然是“龙心大悦”。

话说这一天秦始皇摆驾出行，他命令大家可以从“掩体”里出来尽情观看。因此，咸阳城中的百姓都蜂拥而至，来观看秦始皇的威仪。随着法驾缓缓驶过，围观者中突然传出一声赞叹：“嗟乎，大丈夫当如此也！”

人们循音望去，只见一位四十岁上下的壮士，满面是艳羡之色，脸带肃穆，目不转睛，目送着皇帝法驾远去。此壮士姓刘，名邦，字季，秦沛县人也。

出生传奇的平凡人

刘邦出生于沛丰邑的中阳里，那是一个依山傍水的小村。沛是秦时的县名，属泗水郡。沛、丰二县位于后来江苏的东北角，西与山东单县接壤，北为山东鱼台，东临微山湖畔，与山东微山接壤，南与安徽砀山相接壤。

刘邦的家乡，从地形上看属于苏北丘陵的西端，是山东的低山、丘陵向南延续的侵蚀残丘，海拔大都在二百米左右。沛、丰一带的残丘低缓，临近微山湖畔，多有沼泽和小溪，溪流源头出于沛、丰南面的确山，东南面的芒山和砀山。

从自然条件上看，刘邦的家乡适于农业，又有水流与湖泊，堪称是鱼米之乡。在秦王朝时，在江苏沛县里村，有一村民叫刘执嘉，自懂事后，就开始帮助家人料理农活，各种农活他都精通，拿犁是犁，用耙是耙。特别是成年之后，刘执嘉的为人，使四里八乡的人都颇为称赞。待人真诚善良，使刘执嘉在村民中口碑极佳。

邻里每每提及刘执嘉都翘指称道，无不赞叹。庄户人家的生活谁都不能插门朝天过，不能绝对地离开别人而生存。所以庄户人也十分注重邻里之间的口碑。刘执嘉每每听到别人称赞时心里都是乐滋滋的。

所以，在日常生活中，在与人交往中，刘执嘉更是对自己要求严格，对他人更是宽容，以求有一个更好的乡里评价。刘执嘉的表现邻里看在眼里，也记在了心上，大家对刘执嘉也更加尊敬，每每总是尊称其为“太公”，而不直呼其名。

刘执嘉之妻刘媪，虽然不像官家大户的女子那样娇柔俏丽，但也眉清目秀，在庄户人家中很是出众。刘媪的温柔娇媚使刘执嘉婚后生活得幸福美满，她的精明能干也使执嘉的精干增加了几分殷实的气息。

多子便多福，多子香火旺，刘媪恪守老辈人留下的传统训教，让刘家人丁兴旺便是刘媪的最大幸福和愿望。她对儿子的前程并没有多少奢望，并不企求依靠儿子得到大富大贵或大尊大宠，只是希望刘家的后代能有人继承祖上留下的几间茅舍和几亩薄田。

刘执嘉可以说是里村的殷实富足之户，几年内他便买下了良田数顷，所以他的威望也越来越高。刘媪为执嘉连生两子，使得刘氏后继有人，家人都颇为欢欣。长子名伯，次子名仲。

那是在一个平平常常风和日丽的上午，刘媪拿起提篮，篮中放了几件简单的礼品，她告别了丈夫，跟平常一样出门走亲戚了。过了午后，刘媪准备返回家中，太阳火辣辣地刺眼，满目的庄稼被晒得是无精打采，只有几只知了在大树上没命地吟叫着。青蛙在池塘里咕咕地叫一声便没了声息。

刘媪经过长途的行走，加上火热的天气，渐感体力不支。她拿出汗巾，擦了擦额头上的汗水，举目四望，想寻找一块阴凉的歇脚之地。前面是一个湖泊，水光潋滟，荷香阵阵飘来，景色十分迷人。刘媪的暑意全无。她望着荷塘，闻着荷香，便加快了脚步奔到湖边。她趴在湖畔痛快地饮了几口湖水，然后靠在一棵大树旁休息起来。

一阵凉风吹来，刘媪有了倦意，她闭目养神，慢慢地眼皮打起了架，正在似睡非睡之时，忽然狂风大作，一团烟云自天上飘来，转眼之间，一个金甲神人立在了刘媪身边。

刘媪目瞪口呆，嘴里不停地重复着四个字：“是神？是怪？”

像是在问金甲神人，又像在问自己。其实，刘媪此时的大脑是一片空白，这四个字是下意识地从喉咙中冒出来的。她紧盯着金甲神人的同时，用眼角余光看了看左右，空旷的田野上没有人迹。

刘媪心里明白，眼前的金甲神人不管有何举动，自己是孤立无援的。她想喊，喊不出，想跑，跑不动，就傻呆呆躺着，乱跳不已的心脏几乎跳出了体外。

金甲神人好像并无恶意，向惊恐万状的刘媪伸出了手臂，像要拉手，又像要搂抱。而刘媪的四肢已不听大脑的指挥，她只能在心理上作出无能为力的抗拒。当金甲神人的手将要触到刘媪的一瞬间，刘媪的血往上涌，几乎惊晕过去。

时过中午，妻子未回家，兵荒马乱的，孩子娘不会出事吧？刘太公有些担心。想着想着，他的脚已迈出了家门，他要去迎接妻子。刚走出院子，天空乌云密布，顷刻，雷电交加，大风夹雨扑面而来。顿时，村外的景物淹没在雨海之中了。

太公跑到小湖边，只见在一棵大树下，有一团浓云。浓云之下，躺着一个女人，在浓云之中，偶见金鳞金甲，似有神龙置身其中。一阵恐惧袭来，刘太公有些害怕。好在太公比他的妻子胆大，在颤抖中，瞪大了两眼仔细看着眼前的一切。

“是孩子娘吗？”刘太公看到在云雾翻飞的树下躺着的女人好像就是自己妻子。此时，他已经没有更大的胆量走到近前去搭救自己的妻子了，他害怕极了。

“孩子娘，你怎么啦？”刘太公站在远处高喊着。

回答他的只有风声、雨声、电闪、雷鸣。妻子处于难以猜测的困境中，而丈夫却不能救助，对此刘太公又羞又恨。无奈之中，他只有在风雨中像石人一样呆呆地瞪着眼睛。

不知过了多久，风停雨息，烟云消散。面无血色的刘太公跑到妻子面前，妻子闭目平躺，所幸，没有看到肤发有损，原来只是一场虚惊。

“孩了娘！孩了娘！”太公抱住妻了大声呼唤。

刘媪慢慢睁开双眼，伸了伸四肢，注视着满脸惊异的丈夫问道：“我怎么在这里呢？我怎么在这里呢？”

在此前的一段时间里，刘媪却睡着了。刘太公也只见到了一团朦胧烟云，仅有的第三者就是一个刚才时隐时现，而此时又神秘消失的金甲神人，此外没有其他的目击者。

那么，从小湖里腾空而出，状如神龙的金甲神人究竟做了什么呢？恐怕只有靠人们去猜测或想象了。其实金甲神人究竟做了什么并不重要，重要的是刘媪回家后从此得了身孕，肚子也一天天大了起来。

刘太公自知妻子有孕并非自己所为，十几年的同甘共苦，他完全相信妻子的品性，她不会有二心的。很自然，刘太公与同样困惑的刘媪都会想到唯一的可能，就是那个风雨交加的午后，那个神秘出现的金甲神人。

刘太公和妻子在半信半疑中猜测着即将出生的腹中胎儿。慢慢地，分娩的日子来到了，但是刘媪肚里的孩子似乎对人世并无太多的兴趣，依然安然睡在母亲的腹中。

“该生了。”刘媪与刘太公掐着手指，精确地计算着超过预产期的天数。然而，除了刘媪的肚子一天天依然继续增大外，其他并没有要生的迹象。

终于在一个阳光四射的早晨，刘媪的腹中胎儿呱呱坠地了。婴儿一降世，就让刘家夫妇高兴了好一阵子，一是婴儿长颈高鼻，颇有福相，二是婴儿左屁股上有七十二颗黑痣，这更是大吉大利的象征。

刘太公喜不自胜，二两白酒下肚，捻着几根稀疏的胡子，开始给儿子起名字：“这小子排行第三，就以‘季’为字吧，至于名，我看这小子有贵相，就取名为‘邦’吧。”

事实上，这是后来人们编造出来的神话故事，其用意在于说刘邦是天神的后代，是真龙天子的传人，宣扬的是君权神授的理论。据《史记·高祖本纪》《集解》引皇甫谧曰：

> 高祖以秦昭王五十一年，也就是公元前256年生。

待到秦王嬴政命王翦率大军灭亡楚国的那一年，也就是公元前223年，刘邦已是三十四岁了。据《史记·高祖本纪》所载，刘邦相貌非凡，“隆准而龙颜”，长着高高的鼻梁，上额突起，犹如龙额，有着漂亮的胡须，左腿上有七十二颗黑痣。

后来古书中对于刘邦身形的记载，称他有着一副大禹般的胸，怀有玉斗，具有王者风范。有记载说刘邦胸直，显得体态厚重，身长七尺八寸，就是有1.78米左右，体型匀称协调，显得十分挺拔。

古书对刘邦相貌也有不少描写，称赞他脸上的鬓发、胡须长得有如装饰品一般美好，十分美观。他的额头高高隆起，脸颊十分标志对称，鼻梁极高。记载称赞其相貌似是向龙而长，脖子长、鼻梁高。

关于刘邦的体征，记载称他身体犹如朱鸟，朱鸟身上带有黑子，指的就是刘邦左面大腿上的七十二粒黑痣，就是指龙身上的龙鳞，且表示七十二粒痣，当然各自有其象征的深奥之意。后来，人们通指“隆准而龙颜”为帝王的相貌。刘邦的为人，据记载是天性仁爱，宽厚待人，喜欢施舍，胸襟开阔。

独特气质的亭长

刘邦长大成人，身高七尺八寸，相貌英俊，长颈高鼻，浓眉大眼，体格健壮，举止潇洒。看着儿子一天天长大，本应高兴的刘太公，烦恼却与日俱增。漫长的岁月淡化了刘太公对刘邦出生时不同寻常的记忆，仅有的是对成年刘邦前程的担忧。真是可怜天下父母心啊！

刘家世代为农，土地是他们的命根子，他们懂得只有依赖土地才能生存，吃与穿都是靠自己的双手，所以刘家人分外看重土地，也珍视能让土地更好发挥效用的吃苦耐劳的品性。

“种好自己的土地才能生存下来！”刘太公经常用这句话来教育自己的儿子们。大儿子伯、二儿子仲都能谨遵父命，每日勤勤恳恳随着父亲劳作于田地之间，并练就了一手种庄稼的好功夫，成了刘太公的得力帮手。

可是这三子刘邦，他却一改刘家的门风，好吃懒做，游手好闲，整日无所事事。刘邦听多了父亲的教导，耳朵都已经结了茧，早就不把父亲的话放在心上。早上两个哥哥从田里耕种回来之后，刘邦却还躺在被窝中不愿起身。每次，要等母亲刘媪从他身上将被子揭开，才懒洋洋地爬起来。吃了早饭，就呼唤着一帮年龄相仿的子弟出去玩，不到吃饭的时间是绝对不会回家的。

有一天中午，村东的本家三姑气冲冲地来到刘家。“太公你的品行可是咱村里最高的。可你们家邦儿怎么一点都不像你呀？”

太公听着，心里一惊，“难道十几年前的事情被人知道了？”

刘媪在一旁十分焦急，问道：“三姑，有话你只管说出来，是不是我们家的邦儿又惹了什么麻烦？”

“我们家养了十几只鸡，几天之内，被人偷得只剩了三两只。昨天晚上，我把灯熄灭后，专门等这偷鸡的贼，都快到三更天了，几个贼果然又来了，他们偷偷地来到了我家的鸡棚，随后，我就拿着棍子出来追打那几个贼，那几个人就要逃，逃跑的时候其中一个人的鞋子甩掉了一只，等我捡起来一看，发现这只鞋竟是你们家邦儿的，你说说，太公啊，你这一世的美名全都让你家邦儿给玷污了啊。”三姑气呼呼地解释道。

太公在一旁越听心里越不是滋味，但他也只有低着头听的份，然后伸手接过三姑手里拿的鞋子，一看便知这鞋就是刘邦的，太公顿时怒火上升。他安慰了三姑几句，又让三姑抓了自家的几只鸡走后，气得在堂屋内直叹气。刘媪躲在一边，不敢吱声，只是暗自落泪。

不大一会儿，刘邦哼着小曲，手中玩弄着一把扇子从外面回到家中。太公见儿子一副浪荡公子相，心中的三分怒火一下子长了七分，从柴堆里拣出一根棍子劈头盖脸地打刘邦。

刘邦刚由门外回来，心中本来十分高兴，还没反应过来已被父亲狠狠地抽了几棍，刘邦躲藏着问：“父亲为何杖打孩儿？”

“为何，为何，你还敢问为何？！”

子不教，父之过。最初，刘太公把刘邦的不端品性看成是自己的过错。的确，刘邦幼时，刘太公因老年得子，把太多的父爱给予了刘邦，自己与那两个大儿子承担起了家庭重担，刘邦在娇生惯养的环境中放纵地成长着。直至刘邦长大成人，当刘太公意识到该严加管教的时候，为时已晚。

刘太公为了使刘邦步入正确的人生轨道，基本上是倾尽了所有。他喋喋不休地劝导，有时讽刺、挖苦，甚至动起棍棒。可是刘邦表面上总是乖巧地点头称是，而实际上坚决不改。

自从挨了父亲棍棒之后，刘邦向太公保证自己从此以后不会再做那些伤害乡邻的事情，每次他一回家就对父亲特别亲近，有意去讨好太公。父亲说什么就跟着附和什么。

可是，当太公不在身边时，刘邦便会指派自己周围一帮小弟兄去“作恶”，而自己从来不露面，事情干得利利索索，偷鸡摸狗，上房揭瓦，乡里人被一群游手好闲的浪子折腾得家无宁日，却抓不到刘邦的把柄。真可谓是有苦说不出啊。

有一天，刘邦请了几个兄弟到赵氏开的酒店饮酒取乐。酒过三巡后，借着酒劲刘邦对弟兄们说：“你们看我刘邦这人怎么样？”

众弟兄们都说：“刘兄仗义豪爽，有谋有略，我们都服从大哥的吩咐，您尽管说吧！”

听到这话，刘邦更加来了兴致：“我刘邦自小就看那些躬耕的人不起，胸无大志，只满足于日出而作，日落而息，面朝黄土背朝天，何日能为王侯？我辈此时混迹乡间，他日成事，必相互提携，共成大事。我辈必不要一世满足于躬耕之人。兄弟们可知道吗？”

众弟兄听得此言，交口称是，更加与刘邦形影不离。而此时刘邦已厌倦了父辈的生活方式，丢掉了农家的传统美德，当然，这里也显现了不甘心听天由命的反叛性格。不愿挥汗受苦，那么该如何活着，刘邦自然是无所适从的，必然导致行动上的无所事事。日复一日，青年刘邦百无聊赖地打发着时光。

一家人一年四季，日出而作，日落而息，日子过得十分艰辛。倘若只是一些苦、一些累倒也没有什么，左邻右舍也不过是如此生活。让刘太公苦恼的是，家里养着一位整天东游西逛吃白饭的三儿，家庭关系逐渐紧张起来。

最开始的时候，刘邦的两位兄长没有什么怨言，只是两位嫂子说长论短。这一天，刘邦还没起床，就听见院中吵吵闹闹。刘邦伸了个懒腰，从窗子向外看个究竟，大嫂正满面通红大叫着：“我们妇道人家每天累死累活，可一个壮小伙子倒在风吹不到、日晒不着的屋里养得细皮嫩肉，有这样的道理吗？”气愤显然已经使大嫂忘记了自己正在和公爹说话。

二嫂也颇为赞同地在一旁说道：“谁家二十几岁的大人还在游手好闲，不务正业。我们又不是那王公大臣的世代官家，有千亩良田、万间房，可以这样让人养着。”

“大家都在那里劳作，他却在那里睡大觉，吃白饭，老人家应该是一碗水端平的，不要让我们晚辈的人心寒，我们也不是心眼小，平日不忙的时节倒也算了，现在田里正是忙的时候，他还照样睡，照样玩，这就说不过去了吧。按理说，这话不该我们晚辈人开口，可是这几年过去了仍是这样，今天您总该开口说个话吧？”

太公、刘媪听着她们在那里喋喋不休地说，一个比一个嗓门高，自己却什么也说不出，只是紧皱眉头。因为，这三儿子也的确不争气，眼见着两个儿媳一天比一天气大，一天比一天不满，自己身为公婆心中不满却也不敢表露，只有暗自叹气，却没有一点办法。被逼不过，太公只有一句话：“你们先回去，这事我会管的，不用你们说。”

既要摆出家长的威严，又无可奈何。“龙种？”太公心中起了疑问，“龙种就是这种模样？好吃懒做，招惹是非？老天怎么会赐给我这样一个逆子。与其说是龙种，不如说是……”

太公不敢往下想。二十几年前的那幅情景又呈现在眼前。刘邦目睹了爹爹受嫂嫂的气而不敢言语的情景，心中很不是滋味。

“想我刘邦，不满躬耕田垄之间，想要成就一番作为，建立一番功绩，然而却没有机遇，只能窝窝囊囊地躲在屋中，听老父受辱而不敢发一言。何时才是我刘邦出头之日啊？”

傍晚，从外面游玩归家的刘邦像往常一样先奔厨房而来。从大嫂处经过时，听得里面小声地嘀咕：“邦儿再这样下去，我们就分家罢，”是大嫂的声音，“我们辛辛苦苦地劳动，从土地里苦苦挣到的那点血汗粮，被你弟弟白花掉。只是吃也倒罢了，他又花钱大方，挥霍无度，我们挣一辈子，也挣不满那个无底洞。我看咱们还是早一些分家，少受邦儿的那份累，我们好歹苦一点，也有盼念。”

“我是大哥，我怎么能说分家呢？”刘伯像太公一样善良厚道，“况且父母都已年过半百，早已经不是劳作的年纪了，我们要先提分家，分明是不尽孝道。再说，要说的话也得是老二啊，我们不能做这样的事。”

刘邦在一天之内，两次受到这样的刺激，脸色十分难看。晚饭没吃，回到屋中睡觉去了。“他日王侯，定要叫尔等另眼相看。”刘邦狠狠发了句自己都不知能否实现的誓言。

两位兄长毕竟经不起嫂子的缠磨，再加上兄长对刘邦本身的不满，分家成为解决家庭纠纷的唯一出路。太公本欲维持一个大家庭，无奈拗不过两个儿子、儿媳的长期纠缠，终于将菲薄的家产、田地分成三份，分与三个儿子。大儿、二儿各自单立门户，分门另过。儿子毕竟是儿子，责骂取代不了疼爱，刘太公将尚未娶妻的刘邦留在了身边。

自从分家之后，刘邦更肆无忌惮。原来有嫂子在，刘邦还有所收敛。现在嫂子不在，刘邦更像出笼的鸟一样，家产既已分了一份在自己的名下，花起来就更加顺手。原来三餐都还在家中吃，后来就是偶尔一顿在家中吃，再后来便是天天混于酒馆里面，不回家。太公一生的微薄积蓄全被刘邦的狐朋狗友们扔在了酒馆中。

太公望着满嘴酒气的刘邦，彻底绝望了，动不动就训斥他。刘邦难以忍受，终于离家出走，寄居到大哥刘伯家中。刘伯不顾妻子的反对，待他甚厚。不过，刘伯命不好，刘邦住进来不久，他就一病归西了。刘邦被大嫂视为丧门星，也无脸住下去，于是再度夺门而走。

年复一年的无所事事，终于，刘邦厌倦了自己的生活状态。“该做点正经事了。”一种从未有过的念头掠过刘邦的心头。做点什么好呢？刘邦请来了能推心置腹的朋友共议此事。

“刘兄，你太仗义，不适合做买卖，无商不奸，买卖人赚的都是黑心钱，大哥你做不来，再说，若做买卖，兄弟们的脸都没有地方放。”一位年少的朋友以不容置疑的口气封死了刘邦的经商之路。

“那是，那是。”刘邦点头称是。

“大哥，你不能种田，你受不了那份罪，就是豁出小命去，到头来从地里能刨出几个大钱，干这苦差事没有出息。”一位种田朋友用自己的体会奉劝刘邦。

“兄弟说得对，说得对。”刘邦又点头称道。

“兄弟，你做官吧，”一位年纪稍长半天没言语的朋友，带着一脸沉思状开口了，“你比我们几个都聪明，有贵相，肯定能做个大官。你能吆五喝六了，弟兄们也能沾点光。兄弟跟你说件事……”

这位朋友见刘邦没有马上表态，怕刘邦听不进去，接着说道，“前几日在酒馆你喝醉了酒，睡在酒馆的院子里，你的头上有条闪亮的金龙，那金龙照得我们的眼睛都睁不开。老板娘和我们几个都看到了，不信你问问他们。”说着，用手一指另外几个弟兄。

“没错，我们都看见了。”那几个人七嘴八舌附和着。

“兄弟，这可是好兆头啊！”年纪稍长的朋友动了真感情。

刘邦沉默了许久，“啪”一拍桌子，“就这么干，做官！”推杯换盏中，刘邦在朋友的帮助下向仕途迈进。

这刘邦虽然以酒色闻名，却为人仁爱，乡里的人了解了的也拿他无法。不要看刘邦自己手中无钱，见了贫困之人，也绝不吝惜。经常施舍一些食物、银钱给那些乞儿、饥妇。因此，刘邦虽有许多不是之处，乡里人却都不说他什么歹话。

刘邦为人十分大度，使得围着他的弟兄都团结在他的周围，没一个不听他的话的。尽管他们一群在乡里做了许多偷鸡摸狗之事，却也为乡邻出了不少力。

那时的县令为了稳定地方，也网罗了不少地方上有一定势力的乡绅。刘邦的声名也自然少不得传到那县令耳朵中。这一日，县令在后庭内饮茶、纳凉。

县令夫人走来向县令道："前日我姐夫那里失窃，被盗走了许多银两、衣物，你身为县令，却也不管不问，姐姐来了直埋怨我。你倒想个主意。"

县令皱一下眉："你姐姐衣物、银两被盗，我也须慢慢查来，前日已差人察访，你还要我怎么样？总不能让我随便抓个人来，找人要衣物吧。你且耐下心来，告诉你那姐姐、姐丈不要催逼。"

县令夫人计上心来："你可叫那些与盗贼相熟的人查一查，说不定能查出来根由。"

这一句倒提醒了县令。县令马上叫来差役，低声吩咐了几句，就哈哈笑着对夫人说："夫人放心吧，这事不用夫人操心了。"

掌灯时分，县令在后堂里与一位年轻人把盏饮酒。这年轻人一副龙颜，两眼炯炯有神，高高的鼻子，有轮的大耳，胡须修得十分齐整，气度不凡。坐在县令面前不卑不亢，对答自如，厚道之中透着几分精干。这人就是刘邦。

县令并不隐讳自己的目的，开门见山。刘邦躬了躬身道："县令大人只管吩咐，凡小民知道的，概不会隐瞒大人。"

"前天，我内人的姐丈家中失窃，被盗走许多财物，不知你知不知道这件事情呢？"

刘邦听后，心里一惊，"莫非县令知道是谁干的了？"于是，便有意探听一下县令说的虚实："此事倒是听说过，但是我并不知道详情。"

县令本也无心多转圈子，见刘邦很镇定就接着往下说："现在还没查出此案，只是听说你与这周围的人都十分熟悉，所以敢请你为本官察访察访。如能察访到的话，本县自会谢你的。"

他这一个"谢"字隐含的意思，那刘邦多么精明，一听便知，点头

拱手作揖：“小民定尽全力来办此事，大人放心。”

其实此案刘邦本来心里就有些眉目，他的一个小兄弟曾跟他说起过，并不牵扯他周围的弟兄。所以刘邦一则知内情，二则不与自己相干，三则又不是一村，因此也就放心大胆地接了县令的任务。

第二天，刘邦便把那个名叫刘连生的兄弟找来，查问这事。一天之内，就将事情原委搞了个清楚。晚间，刘邦就敲开了县令后院的门，县令这次见刘邦比上次亲热许多，像是自家兄弟那样，随便地请刘邦坐在庭院中的石凳上。

刘邦将一天得到的情况向县令一一说来。县令的内姐丈也算得地方的一户首富，家道颇丰。邻村的程五几次经过他内姐丈门前，就动了盗窃之心。前日那程五却也十分凑巧，那县令的姐丈、姐姐都出门去宴饮，家中的家人都一个个偷懒，早早就睡了。为了给主人留门，家人都没插门。

这程五一路顺当地就进了县令姐丈的家中，收拾了东西，人不知、鬼不觉地溜走了。家人们粗心，什么也不曾察觉。等到县令的内姐、内姐丈归来，才闹了起来，乱了营。

程五在回家的路上，一路都显得十分慌张，路上恰巧遇见表亲刘连生，打了个招呼，就急忙走脱。刘连生见程五挟着大包裹，慌里慌张地走了，心中十分纳闷。走了几十步，便折回路去追程五，想探个究竟。一路却没追上程五。到了程五的屋后，刘连生隔着窗子听见里面嘁嘁地小声说话，程五和程氏的话被刘连生听走了八成。

刘邦没讲原委之前，拱了拱手：“我先求县令大人一件事，县令大人如答应，小人便讲得痛快，如不答应，小民虽讲得，却于心不安。”

县令道：“只管说，不用客套。”

“刘邦只有一件事，就是为那犯人求个情，县令大人可将犯人暗地提来，唬他交出财物，便也就罢了，不要抓到堂上重审判罪。我也好对自家的弟兄有一个交代。那探听消息的兄弟一再说明不要监禁那犯人才肯说，我已答应了。而且犯人本也是家中过于贫寒，无法度日，才出此下策，那人平时为人还算忠厚。所以我先为那犯人求一个人情，望县令体察啊！”

县令稍微沉思，便点头答应刘邦。刘邦竹筒倒豆子，将事情前前后后说给了县令。那县令自此事后，又找刘邦连破了几件不大不小的案子，十分顺利，而且刘邦解决事情的方法也颇为得当。县令慢慢地赏识起这个不凡的年轻人。

有一次，县令招刘邦来自家院中赏菊，秋高气爽，金菊正开，一个金秋。县令的威望也大大地增长许多。他越来越觉得刘邦确是一个可用之人。

对菊饮酒分外欢畅。三杯酒下肚，两个人就话题不断，一泻千里。谈到兴致上，县令见火候已到，就抓住刘邦的手，说：“贤弟，可愿给为兄解愁吗？”

“那是当然。”刘邦为人豁达。

“好！”正中县令下怀，“那从今天起，你就为泗水亭长，如何？”刘邦并不推托：“谢兄长提拔之恩。”

从此，刘邦走上仕途。亭长是秦帝国基层政权组织中微不足道的小吏，然而这一职务的谋得，不仅可免去父亲整日对他的唠叨不休，同时也有机会与县府里的下级官吏们有所来往，使他见识了不少世面，结交了不少新朋友。

刘邦自从当上了泗水亭长以后，因公事经常出入县府衙门，一来二去，同县府里的下级官吏们混得很熟。刘邦目光敏锐，善于察言观色，很能体察人们的心理活动。加之他谈话风趣，因而每当同事们聚首的时候，或在公案之旁，或在酒桌之上，只要刘邦一语既出，在场的人无不开心大笑。他有时谈古论今，有时设譬为喻。在座的某一位的言谈举止，也可能成为他取笑的对象，被取笑者往往是被弄得手足无措。然而，这从不影响他与同事们的友善关系。

因为同事们不仅知道他是善意的取笑，主要是他那体察入微的洞察力、诙谐而风趣的言语，其中蕴藏着极大智慧。他总是从人们不大留意或观察不到的地方，为大家挖掘出来可供开心的笑料，使同事们在公务之余感到无比的畅快。

再说，刘邦并不总是取笑某一人，经常在场的任何一个人，没有不被刘邦取笑过的。今天取笑你，明天取笑他，颇为公平，因此人们并不介意刘邦取笑自己；非但不介意，后来当县府的小吏们聚首之时，如果刘邦没有在场，大家总是感到缺少点什么，觉得有些无趣。因此，刘邦总能给大家带来快乐。

时间一长，同事们终于弄明白了，刘邦不是在嘲笑哪一个人，而是对人们的某些言谈举止和心态活动进行披露和揭示，使之曝光于大庭广众之中，供人们开心一笑，确实是“对事不对人”。因此，究竟是何人的言行成了取笑的对象，也就没关系了。

至于县府里的衙役，刘邦也混得很熟。由于衙役与小吏身份有所不同，刘邦对他们的取笑便有些过火，带有很大的戏弄耍笑成分，体现出某种程度的玩世不恭。好在衙役们由于职业与身份的关系，对于刘邦的取笑也不介意，之间也相处得很融洽。

刘邦取笑同事及县府内的衙役，从一个侧面表明他对人情世故有很强的洞察力。他起兵反秦后的知人善任，显然与此有关；他善于处理人际关系，尤其比之于项羽，这一长处十分明显，这一优点与刘邦早年重交友是分不开的。

刘邦为人颇富侠气，重诺言，守信义，为了朋友简直可以两肋插刀。但是刘邦的日常行为过于放荡，为当地一般百姓所不耻，所幸的是，由于做亭长，打交道的面宽了些，在沛县范围内倒有几个莫逆之交。

这些朋友在日后都帮了刘邦的大忙。在县府的官吏之中，主吏掾萧何与狱掾曹参，便是刘邦的莫逆之交。由于萧、曹后来辅佐刘邦打天下功劳很大，帝国建立后又相继为西汉王朝的第一、二任相国。

萧何与刘邦同乡，谙熟法律，在沛县的官吏中是数一数二的能人。日后，成为西汉初年的三杰之一。《史记》说：

萧何为主吏，居县为豪吏矣。

由于他通晓法律，审讯囚犯时无有冤枉陷害，办案精明而公平，是县丞得力的助手，在县府的小吏之中享有盛誉。萧何的政绩被沛县县令发现后，便提拔他为沛县的“主吏掾”。主吏即功曹，汉代的郡守、县令之下皆设有功曹史，简称功曹，主管总务、人事，与闻政务，有相当的实权。

萧何自升任主吏掾官职后，勤于政务，政绩突出。郡里负责考察属下各县官吏政绩优劣和郡县工作的监郡御史，带领着属官来到沛县考察，发现萧何很称职，工作很出色，所经办的政务都能分辨得清清楚楚，无丝毫差错，是一个很好的人才，便提拔他担任泗水郡的“卒史”职务。

卒史是郡守官署中的属吏之一，置十人，分管不同方面的政务。在年终全郡官吏的考核中，萧何名列前茅。

秦代的监郡御史直接对朝廷中的三公之一御史大夫负责，其重要职责之一便是对全郡的官吏进行考核，并为朝廷荐举人才。泗水郡的御史欣赏萧何的才能与品德，准备向朝廷汇报有关萧何的情况，提拔他到朝廷担任官员。

由郡县中的属吏征调到朝廷中任职，这对于地方官员来说是求之不得的，被征调者无不倍感荣耀。令人感到不可思议的是，当御史把自己的想法告知萧何时，萧何思考片刻之后，首先感谢御史大人栽培自己的一片盛情美意，然后便以父母年迈为由婉转地向御史辞谢。

起初，御史以为萧何是出于礼仪上的辞让，便再次劝他准备赴京，说日后前途无量。谁知御史愈是劝说萧何，萧何愈发坚持表示不愿到朝廷任职。萧何的这种态度，使得御史感到大惑不解。

萧何不肯到朝廷做事，从他在郡县中勤勤恳恳的工作表现来看，这确实不可理解。作为郡县里一名下级属吏，勤恳工作的目的之一，不就是为了能晋升官职、享受更多的荣华富贵么？事实上，萧何作为一名属吏，也并非是不想升官。

然而，洞明世事的萧何，从他在郡县担任属吏的多年实践中，不仅精通自己所分管的政务，而且善于思索。在任职期间，他深感大秦帝国的制度和法律竟是这样地高明与精细，是楚国的制度和法律所不能比拟的，因而对于楚国被秦所灭，他早有定论。

萧何钻研秦王朝法律，勤于政务，在很大程度上是出于对崭新的、令他钦佩的秦帝国制度和法律的浓厚兴趣。当然，萧何的忠于职守，也包含着对乡亲父老们负责的心愿。

也许萧何本人当时并没有意识到，他钻研法律，精通业务，关心百姓，善于思索，事实上使他走上了一条以治理好国家为己任的道路。萧何后来成为汉帝国的一代名相，与此是有关系的。

正因为如此，也促使萧何以敏锐的洞察力看到了秦帝国的另一个方面：在这样一个好端端的制度和法律体系之下，帝国的始皇帝为什么在施政方针上竟如此不顾百姓的疾苦呢？没完没了的徭役负担，无数百姓被沦为刑徒，戍五岭，筑长城，修骊山墓与阿房宫……百姓们如何承受得了啊！

萧何为此十分苦闷，百思而不得其解。他目睹人民的饥寒交迫，赭衣半道，聚啸山林，转为盗贼的无数事实，预感到将会有一场大风暴来临。

在这种情况下，他深知自己不过是郡县里的一个小小属吏，即或是调至朝廷，也不可能担任更高的官职，怎能扭转天下大势，又怎能力挽狂澜？萧何并不崇奉明哲保身，但是他也不愿到朝廷中充当无谓的牺牲品，况且又远离家乡，抛弃父母妻子儿女，太不值得了。想到这些，萧何怎肯到朝廷去做官？

御史哪里能知道萧何会想到这些，他越是说到朝廷任职前途无量，萧何愈是感到前景暗淡，愈是坚决辞谢。御史也是个聪明人，他见萧何坚决不肯到朝廷做官，其中必有缘故，但肯定不是因为有年迈的父母。

御史器重萧何，见他不肯应征，也就不再勉强，当然也没有因此而责怪他，只是觉得很可惜。

萧何不肯到朝廷做官的种种想法，表明他有非凡的政治眼光；否则，他不是成了秦王朝的殉葬品，恐怕也难以在汉帝国一展他的才能。

刘邦在沛县的另一名好友曹参，也是沛县人，在县府中担任“狱掾”，是主管监狱的一名小吏。曹参为人豪爽，有勇有谋，临事善于决断。在沛县属吏中，曹参是一位颇有威信的小吏。在刘邦起兵后，他屡立战功，后来继萧何为汉帝国的第二任相国。

刘邦、萧何、曹参三人，各有长处，性格各异。论职务，萧何因担任主吏掾、卒史，比刘、曹二人有更大的实权，官职也略高一等。萧、曹任职于郡县，刘邦任泗水亭长。在刘邦的朋友之中，萧、曹二人以其独到的眼光，深知豁达大度、颇有些玩世不恭的刘邦，是一位能担当大事的人物。就三人的关系而论，堪称是沛县三友。

成为吕公的佳婿

吕雉是刘邦的结发妻子，砀郡单父人，也就是今山东单县人，出生于秦始皇六年，也就是公元前241年，比刘邦小15岁。单县是沛县西边的邻县，吕雉的父亲人称吕公，是沛县县令的好友。为了躲避仇人，全家迁到沛县居住，吕雉因此得以与刘邦喜结良缘。

沛县县令见老友吕公迁到本县居住，就决定设宴为吕公接风洗尘。县令此举，从表面上看是不忘故友，重叙旧情，以交友为重，而实际上是想借此向他的下属官吏索取钱财。

沛县县令有意事先将设酒宴款待吕公一事张扬出去，待到举行酒宴的那一天，沛县府中的属吏及当地豪杰名流们，听说县令在家中设宴接待贵客，都前往凑趣助兴。既然前往赴宴，有谁不备一份“礼物”便空手前往？

县令委托精明能干的主吏掾萧何操持盛宴，按贺礼的多少决定席间的位置，凡是礼钱超过1000的即可到堂上入席，不足1000的只能坐在堂下。贺客们入席刚结束，门口又传进了一张名帖，上写“献贺钱一万”。只见来客昂然而入，手中实不持一钱。这时的萧何正忙得团团转呢！

沛县有头有脸的人物来了许多，都争先恐后地想同吕公交上朋友。吕公和县令待在内厅，人们便往内厅涌去，一时人满为患，有些乱了。县令向萧何示意，萧何提高了嗓门，宣布说：“各位请注意，座次按上中下三等排列，贺礼不满一千钱的，不要到内厅的正座上来，就请在堂下就座。”

座次按出钱的多少来排列，这个办法十分管用，省事多了。这样一来，贽敬菲薄的人，自觉低人一等，纷纷退出内厅，秩序很快好起来。留在内厅的人则神气活现：他们才是有钱阶层，有资格向有钱兼有势的吕公靠拢。

刘邦见是萧何主持收纳财礼，心中不禁一阵高兴，也就不为两手空空前来而犯难了。可是对于贺礼不满千钱坐于堂下的这一规定，刘邦却有几分厌恶。灵机一动，刘邦便于门外在名帖上写道：“泗水亭长刘邦贺万钱。”

“这是谁？”

“他从哪里来？”

周围人望着陌生的刘邦，互相问着，然后又彼此都摇头。其实他手中连一钱也没有带。负责招待的家客见刘邦在帖上写道“贺万钱”，大吃一惊，便立即高声向门内喊道：“泗水亭长刘季（刘邦字季）贺万钱！”

随着，接待人员便引导刘邦入门到堂上入座。在这时，坐于堂上主宾席的吕公，闻听有贺万钱的贵宾到来，大吃一惊，不知是何方贵客，便急忙起身迎接刘邦到堂上就座。刘邦也不客气，大摇大摆地坐在了首宾座上。

吕公有一个喜好相面的习惯，特别是对占卜相面之事有些研究。主客刚刚落座，吕公不由自主地仔细端详送了大礼的刘邦。吕公捻须凝目，一句赞叹脱口而出：“貌状如此奇异，从未见过。”这绝非吕公出于礼貌的溢美之词。

刘邦日角斗胸，龟背龙股着实让吕公吃了一惊：此人非等闲之辈，吉人自有天相。

“吃菜，喝酒。”吕公似乎忘却了众人的存在，专门照顾刘邦。

刘邦成了宴会的中心。萧何在门内闻听接待人员高喊刘邦贺万钱，不由一怔。他心里清楚，刘邦哪里会有什么万钱充当贺礼，肯定是在说瞎话，在心里暗自骂道：“这小子今天又到这里来耍鬼把戏，这不明明是给我出难题么？”萧何素知刘邦的为人，彼此又是莫逆之交，此刻也无可奈何，只得暂且为他遮掩一下。

而刘邦大摇大摆地在门客的导引下，步入堂上。萧何在堂下见刘邦在堂上受到吕公的敬重，便走上堂来，面对吕公说道：“刘季好说大话，很少能说到做到。”

萧何对吕公所说的这句话，实质上是对刘邦发出警告。诈称贺万钱已使萧何有苦难说，他哪能容得刘邦在吕公面前再次口出狂言，惹出麻烦来。

刘邦知道好友萧何的用意，但他装作没听见的样子，在他素来瞧不起的县府一班官吏面前，刘邦毫不客气，大大方方地坐在上座，一点也不谦让。

酒宴进行期间，刘邦神态自若，谈笑风生，与吕公谈得很是投机。酒席临近尾声，客人们已开始离座告辞，吕公一一答谢。当刘邦也要离座时，吕公向刘邦使了一个眼色，刘邦心领神会，知道吕公是要他暂且留住，也许有话要说。

刘邦待客人都离去后，自己留在后面。这时，吕公在送走全部客人后，转身面对刘邦，请他坐下。吕公落座后，便郑重地对刘邦说：“您相貌非凡，我家有女，愿意嫁给你为妻。”

此时刘邦已年近四十，仍未娶妻。他见吕公是一位不平凡的长者，又是县令的故友，心里有意答应这门亲事，但口上却说：“后生蒙大人赏识，实属三生有幸。只是婚姻大事，容后生禀告父母后再作答复。”

“是的。是的。”吕公连声点头允诺。

刘邦向父母禀告吕公之意，父母也很高兴。多年来父母一直为刘邦的婚事操心，怎奈儿子对此事总是借故推托，使得做父母的也无可奈何。在儿子禀告此事之前，父母对三儿子的婚事问题，早已是心灰意冷，不愿再过问了。

令二位老人喜出望外的是，这次是他的儿子主动禀告此事，从谈话的口气中，二老知道儿子心中有意与吕公女儿成婚，况且吕公又是县令的故友，不是寻常人家，当然没有任何异议。

只是刘老太公在高兴之余，想起三儿子的婚事令他操心多年，心中难免还残存着怨气，便向三儿子说道：“小混账，都是年近四十的人了，还没有个家室。当父母的还能陪伴你们几天，也不愿为你再操这份心了。这件事只要你自己愿意，我和你娘也就不想再说什么了。”

刘邦从父亲的谈话之中，知道二老的心里对这门婚事是比较满意的，只是多年来对自己有不小的怨气，话不能不这么说。见父母答应这门婚事，刘邦心里很是高兴，因为这毕竟是他有生以来第一次要做新郎啊！

吕公把女儿吕雉许配给刘邦，这事在吕家却引起了一场轩然大波。却说吕公赴宴后回至家中，把将女儿许配给刘邦一事讲给老伴儿，谁知吕老太听后大怒说：“老糊涂，从前总是跟我说咱们这个女儿与众不同，一定要嫁给个富贵人家。来到沛县后，县令想把女儿娶做儿媳妇，这是多么好的一门亲事，门当户对，年龄也相般配，我有心答应，可你却说不合适，坚决不肯，我也依了你。可你今天却事先不向我说一声，竟把女儿许配给刘季。他刘季是什么人，都年近四十了，家里又没有什么产业……”

吕公见老伴儿唠叨得没完没了，心里有些不耐烦，心想说不定还要说出什么令人烦恼的话来，便打断了吕老太的话，十分生气地说：“这不是你们妇道人家所能懂得的！难道我能让自己的亲生女儿将来受苦遭罪么？”

吕公是吕家的一家之主，他向吕老太说了这句话，这门亲事就算是这样定了下来。刘邦与吕雉结婚的那天，非常热闹。作为一名亭长，刘邦在远近也算是小有名气，加上他待人仁慈和善，人缘很好，又有县府里的一班同事和朋友，前来参加婚礼的客人很多。

不消说萧何、曹参等人是宴席上的贵宾，就连县令也派人送来了一份贺礼。刘邦感到平生从没有过的畅快，比平时多饮了许多酒。待到客人散去，他与妻子吕雉进入洞房时，早已醉得不成样子了。

刘邦自从娶吕雉为妻后，两口人日子过得很和谐。吕雉长得虽然算不上是美人，但也五官端正，正是妙龄少女，豆蔻年华，又有良好的家教，举止有礼，为人还很要强。

过门之后，吕雉就把家里家外都操持得井井有条的，就连田间的农活，也大多由她来劳作，她对丈夫更是关心备至。刘邦对自己这位年轻的妻子，是从心眼儿里感到十分地满意，对妻子体贴入微。吕雉劳作一整天所带来的疲乏，在丈夫无微不至的关怀下，瞬时间便消失在温情之中。

刘邦结婚后，吕雉为他生下一个女儿，这就是后来的鲁元公主；一年多后，又为他生下一个男孩，这就是后来的孝惠皇帝。刘邦年过四十，喜得贵子，当然高兴万分。

秦时的亭长不算是帝国在编的官员，官府也不发给他们俸禄，只是拨给一块田地，由官府派人代耕。虽说是有人代耕，也主要是播种或收获的大忙季节有人代劳；田间管理期间的除草等多项农活，仍需由家人劳作。

自从吕雉嫁给刘邦后，田间除草等农活主要是她承担下来。刘邦见妻子抚养两个孩子，又要到田间操持农活，心疼得很，便在农忙季节经常请假回家，协同妻子在田间除草。时间一久，渐渐地适应了艰苦的耕作生活，吕雉也淡忘了父亲对刘邦大富大贵的预言。谁知一位陌生的老人为吕雉再一次点燃了希望之火。

那是一个十分炎热的上午，太阳炙烤着大地，土地上蒸发出来潮热的水汽。吕雉在田间锄草，两个孩子在大树下玩耍着。有一位老人经过地头。

“夫人给点水喝吧。”老人看了半天才开口。

吕雉放下手中的农活，看他是位老人家，便心生怜悯，赶忙说道：“我回家给你取些汤喝吧。”好在离家不远，不多时，吕雉提着一个小罐走回来。

老人也不客气，捧起汤罐，“咕咚”“咕咚”“咕咚”，几口喝下。喝下汤后，老者精神了许多，话也多了。

“敢问夫人姓氏？”老者问。

“姓吕。”吕雉不经意回答到。

老人略一思索，便深施一礼，吕雉正要制止，老人开口了：“今天与夫人相见，是我的幸运，夫人日后必有大贵。”

吕雉看了看田地，看了看太阳，又翻手看了看手中的硬茧，笑了，笑得勉强，笑得苦涩。老人见吕雉并没在意，便加重了语气说：“以夫人相貌，定成天下贵人。老朽重信，不敢随便对夫人妄言。”

吕雉将信将疑，便将儿子引到老人面前，“请看看我儿子将来怎样？”看来，吕雉被老人说动了心。

老人轻轻地抚摸着孩子的头，一丝吕雉根本未察觉到的惊异之情从老人的脸上闪过。“夫人之所以致贵，便是因为你的儿子。”老人十分肯定地说。

老人又看了看吕雉的女儿，像是自言自语，又像告诉吕雉：“此女也是贵相。”老人说完，连个招呼也没打，便离开了。至此，吕雉怦然心动，也不再劳作，领着儿女回家了。

说来也巧，刘邦此日也从泗水返家。吕雉未及问候丈夫，便急切切地将刚才的一幕告诉了刘邦。刘邦听后更是兴奋，急问吕雉：“老人走了多远？”

“时候不多，估计不会太远。”吕雉看着焦急的丈夫回答道。

刘邦抢步向老人离开的方向追去。追出了大约一里地，刘邦看到一老者踯躅地前行，他追至近前，气喘吁吁地说：“老人善看面相，您可否给我看一看呢？”

老人停步回头，上下打量刘邦，神态先是安然，尔后突变，结结巴巴地吐出四个字：“君相大贵！”

老人定了定神，又问：“我刚才所见夫人子女，想必是尊眷？”

“正是。”刘邦回答。

老人接着说：“刚才我不知夫人子女的贵相来自何处，现在明白了，来自先生您啊！”

“先生贵不可言，贵不可言。”老人自言自语。

刘邦深深地向老人鞠了一躬，十分恭敬地对老人说：“将来果如老丈言，决不忘德。”

“这何足称谢。”老人一边摇头，一边向远处走去。

后来刘邦建立了汉朝，没有忘记这位老人，没有忘记他发的誓，果真多方派人寻觅老人，只是多次努力，也没有找到老人的下落。老人的话语，像几支强心剂注入刘邦的内心，他宁信其有，决不信其无，他不相信他的命运会一辈子定格在小小的泗水亭长上。刘邦等待着改变命运的机会。

咸阳常年服徭役

那时，秦帝国农民的徭役负担很重，远远超出制度上的规定。按制度上的规定，沛县农民每年都要有人到都城咸阳为国家服徭役，戍边一年，浩大的秦始皇陵与阿房宫工程，常年需要几十万劳力。郡县被征调的服徭役的农民，当然要由地方政府派人带领前往，并由带领者监督这些民夫。

地方政府中的官吏，一般都不愿意干这个差事。因为这不仅要远离家乡，备尝旅途的辛苦，有时还要承担一些意想不到的风险，责任重大。秦法对带领民夫的官吏有十分苛刻的要求与规定，违犯法规者将视其不同情节给予严厉的惩罚。

有一天，刘邦正在亭舍中闲坐，胸中很是烦闷。恰巧曹参因公事路过这里，到亭舍休息片刻，顺便与刘邦叙谈叙谈。刘邦在烦闷之际见好友光临，很是高兴，邀曹参到武大娘酒店痛饮一场。

曹参深知同刘邦饮酒不醉不休，而自己又公务在身，必须及时赶回县府，便道：“亭长，今日实在对不起，手头有一个紧急的案子要办，天黑前必须赶回县府。容我改日陪亭长喝个痛快。”

刘邦看曹参讲话时的表情，不像是说谎，也就不再勉强，说道：“这次就依了你，回去请转告萧功曹，就说我很想他，请他近日抽空光临亭舍。到时候你随他同来，咱们痛饮一场。”

“恐怕不成，他近日忙得很呢。”曹参说。

“什么忙得很，做官还有不办公务的？”

“不是。近日郡里发下朝廷的公文，又要调一批民夫到咸阳去服徭役了。”

“徭役年年有，按规定征调就是了，这和忙与不忙有什么关系？”

“我不是说徭役的征调，是说萧功曹正为物色带队人犯难：合适的人选都已不止一次地去过了，不合适的人选又令人放心不下。你想，当官的谁愿抛家舍业地受那份苦，又要冒些风险……”

刘邦挥手打断了曹参的谈话，他本来就十分烦闷，想同好友饮酒解烦，说什么公务在身；邀萧何近日前来，又说什么为物色带队人犯难，不由得重添烦闷。曹参见刘邦心情不好，自己又急于赶回县府，便起身匆匆而去。

曹参走后，刘邦心想：真是各有各的难处啊……想到这里，刘邦精神不禁为之一振，喜上眉梢。他暗暗自语：带领民夫去咸阳服役算得了什么！出去见见世面，总比一生一世都待在沛县要强得多吧，何不趁此机会到都城走上一遭。当晚，刘邦主意已定。

第二天清晨，刘邦来到县府萧何的住处。虽说卯时还未到，但萧何早已伏案办公了。萧何见刘邦大清早就赶到县府，感到有些奇怪，就以为出了什么事情，便问道：“亭长清晨光临，有何公干，莫非是出了什么事情？”

“没有什么公干和事情，就是来看望看望您。”刘邦面带笑容地随便回答。

刘邦这种表情和回答使萧何更是一时弄不清是怎么回事，便说：

“不对！你大清早就来到县里，必定是有事，是公事！对不对？”

刘邦含笑不语，走近公案，公案上正放着与征调徭役有关的公文。刘邦有意地两眼盯着案上的公文，拖长了声调一字一字地笑着说道：“我哪里有什么公事，是朋友间的私事，我是特意前来为曹大人排忧解难的啊！”

萧何是个聪明人，一听这话，顿时明白了刘邦的来意，便笑着说：“亭长莫非是有意……”萧何没有往下讲去，只是瞧了瞧案上的公文，二人会意，便一同哈哈大笑起来。

由刘邦带领民夫去咸阳服徭役，当然是合适的人选，萧何没有什么不放心的。刘邦近些时候心情总是烦闷，也好借此机会出去散散心，见见世面。

然而，这毕竟是远离家乡，只身在外，加之责任重大，秦法又严，万一有什么闪失……因此，萧何无论怎样为带队人选犯难，也不能往好友刘邦的头上去想。这次刘邦主动要去，考虑到各种原因，萧何这才勉强地同意他出去一次。

萧何不愿在朋友面前说什么担心风险之类的话语，只是向朋友问道：“带队去咸阳的事，同嫂夫人说了没有？她同意吗？”

“说了，说了。她管不了我的事。”

其实，在事情尚未定下来之前，刘邦怎会同夫人讲？他认为这事用不着同女人商量。然而，事情一旦定下来，如何向妻子讲这件事，刘邦又感到有些为难了。

妻子带着两个年幼的孩子在家顶门过日子，真是有些难为她了。再说，自从结婚后刘邦从未出过远门。平时总是在一起，天长日久，习以为常，感觉不出什么，可是一旦要经年累月地离开妻子儿女，心里感到一种从未体验过的难受。

早知如此，刘邦说不定不会主动去找萧何要求带队。但是，刘邦也不后悔；大丈夫一言既出，不容反顾。从县府回家的那天晚上，儿女们睡下后，刘邦心情沉重地向妻子告知带队去咸阳的事。

在深夜的黑暗之中，刘邦看不到床榻上妻子的表情，也没有听到妻子在黑暗中的啜泣。吕雉很理解和敬重丈夫，丈夫离家远行，她的心情可想而知。

然而她近年来察觉到丈夫时常闷闷不乐，自己也不好问，心想：借此机会让他出去散散心吧，男人怎能总是守在家门口过日子？吕雉在丈夫面前，是个温柔和顺而又多情的妻子，但遇事时她又是个很刚强的女人，这就是《史记》所说的“吕后为人刚毅”。

因此，在夫妻即将暂时分别之际，吕雉并没有像一般少妇那样在丈夫面前哭哭啼啼的，而是把痛苦压抑在心中，劝丈夫用不着惦记家里，一路保重，节制饮酒，早去早回。妻子的这种态度，使刘邦感到意外和无比的高兴。

时至中秋，吕雉在刘邦行前早已准备好了过冬所需的寒衣。且不说刘邦夫妻儿女相别时的千情百态，只见启程时县府中送别刘邦的场面，昔日那些好友们无不前来饯行。

按惯例，每位替他饯行的官员都送给他三百钱，资助他旅途上的费用。当时，为官府服劳役抵债，每日的工钱是八钱，三百钱相当于一个劳力一个多月的工钱。只有萧何一个人送给他五百钱，刘邦大为感动，直到他做了皇帝之后，他还惦记着“何独以五”这件往事。

从沛县至咸阳，一路西行，大约有一个月的旅程。深秋季节，田地的庄稼都已收割入场，冬小麦麦苗刚刚破土而出，中原大地之上，远望黄绿相间，近看则一片荒凉。田野上看不到劳作的农夫，只有田边枯黄的杂草，秋风迎面吹来，一派凄凉气氛。

刘邦同他带领的民夫，都是告别了亲人而踏上征程，怀着同样的心情向西方默默无语地行进，哪有什么兴致欣赏旅途上的风光。刘邦很是别扭：往年深秋同妻子儿女在场院打场，喜庆丰收，各户人家都是喜气洋洋的，怎么今年深秋在田野上却见不到人影，一派凄凉？

年过四十的刘邦，难道不知道此刻农夫不在田野而在场院么？这是由于刘邦在旅途上心绪不好。此时，只有此时，他才体会到父母、朋友，特别是妻子儿女在他心中竟占有这么重的分量。

旅途中刘邦很少一个人独自饮酒，他深知自己带领着本县的几百名民夫，责任重大，不能给萧何及家中父母妻子添什么麻烦，让亲人挂念。妻子嘱咐他途中节制饮酒的那句话，他牢牢地记在心中。

刘邦出身于寻常人家，在农村中长大，深知身服徭役的农夫们的疾苦。一路之上，他很关心民夫，有谁害了头痛脑热的，他都亲自问候。临行前同事们送给他的那些旅费，他饮酒是用不尽的，况且他又很少独自饮酒。

因此途中不时用自己的旅费买些酒食，让大家一同享用；他自己也喝上几杯，但由于公务在身，他也没有兴致多饮。几百名民夫中有人同他年龄相近，但大多是二十岁上下的青年男子，属于晚辈。刘邦的体恤，使得他所带领的几百人对他无限感激和爱戴，没有一个人给他惹出什么麻烦。

刘邦带领民夫从沛县启程西行，一路凄凉，心绪不佳，整日寡言少语，似乎自己变成了另外一个人。然而，走过函谷关进入关中秦国故地时，他的心情随着路旁的景观开始振奋，似乎从另外一个世界把自己寻找回来，恢复了自我。

被他带领的民夫们看得清楚：队长边走边仰望左侧高耸入云的秦岭，有时又驻步凝视路基之下右侧远方的黄河、渭水，犹如一条条白色的丝带，一片宁静的气氛同左侧山间的鸟鸣声，恰成相反的映照。

刘邦还是不讲话，他贪婪地望着层出不穷的奇景，仿佛自己走入了另一个世界。观望而无语，刘邦的脑海中在不停地思索：大秦帝国的故土，确是一块形胜宝地，崇山峻岭，巨川大河，形势险要，无怪乎山东六国的联军总是不能越函谷关而西行一步，而猛如虎狼的秦军却是从西方居高临下，一举而灭亡六国。这一切，都是刘邦身居沛县时无法体会到的。

观览景物，思索历史，伴随着西行的步伐。为在限期内赶到咸阳，刘邦怎敢停步发怀古之幽情。作为队长，跟随在他身后的，毕竟是几百名衣装不整的农家子弟啊！也正因为如此，停留在他脑海中的景物，总是使他陷入在一片憧憬之中，使得他可以因此而尽情地遐想。

走着走着，远处的山阳水阴之间，露出了帝国皇帝离宫别馆的殿影。秦自从建国以来，西起雍都，也就是今陕西凤翔，东至潼关黄河，“东西八百里，离宫别馆相望属”，所谓“关中计宫三百”，说明秦国多年来在渭水两岸所先后建造的庞大宫殿群，堪称数不胜数。

风格各异的秦宫，夕阳映照，点缀在青山绿水之间，使刘邦神往。这时，刘邦才知道在家乡时常听老人们讲述的天宫，其实不是在天上，而是在人间，就在他的视野之内。

刘邦同他所带领的民夫们全都被征途上的景观所吸引，一个个指指点点，欢声笑语，旅途的疲劳被驱散得无影无踪了。而刘邦的视线，却始终不从此处彼处的宫殿上方移开。

他是在想：建造这么多的宫殿，有一处不就够用了么？要是自己，选择一个最好的去处，建造一个最好的宫殿，也就够一生一世享用了，何必建造那么多！驰骋的想象，使刘邦忘记了自己的身份。现在他只有无限感慨，山间的离宫，不也是人住的么？他暗暗自语：何时能住上这种地方，也不枉活一世啊！

总之，秦帝国的离宫别馆，将刘邦引入一个新的世界。此时此刻，什么近年来的烦闷，父母、朋友、妻子儿女，似乎都成了另一个世界的往事，自己如今同他们已经斩断了一切联系。以往的四十多年，不过是逝去的一场梦；而在他所追求的这个新世界里，则只有他刘邦和山间的离宫别馆。

刘邦所带领的民夫，报到地点是咸阳城东南的阿房宫工地，距离咸阳尚有几十里的路程。在进入工地后，民夫们便在监管下投入了紧张而繁重的劳作，刘邦则借着职务上的方便，有机会瞻仰那些雄伟的咸阳城墙和城楼，还有时间游览城中繁华的街市，特别是有幸目睹了秦始皇帝车驾的出行。

秦始皇车驾出行，一般都是戒备森严，禁止老百姓观看。但偶尔也有破例的时候，即允许路旁的百姓观看，任人瞻仰，借以在平民百姓面前显现他的神威。

史书记载中的“纵观”，即是任人观看的意思。刘邦有幸赶上这一盛大的场面，当时，警戒线之外，路旁人山人海，刘邦被人流拥至前沿，他叉腿站稳了脚跟，得以观看了皇帝车队在他面前驶过的全部情景：车队前面的是类似兵车性质的所谓“高车”，每车驾四匹清一色的高头大马。

车上笔直地站立着高大魁梧的卫士，手持兵器，身着盔甲，威风凛凛。兵车之后是副车，即所谓“安车”。车上椭圆形车盖，车厢分前后两个隔断，外表装饰华丽，前面坐着谦恭谨慎的驾车御官，也是每车驾四匹清一色的高头大马。

副车过后是秦始皇帝乘坐的更为豪华壮丽的所谓“金根车”，车上驾有六匹清一色的高头大马。在金根车过后，又有副车、兵车驶过来。整个车队浩浩荡荡地在刘邦眼前驶过，让他感到十分眼花缭乱。据文献记载：

> 天子车驾出行，有大驾、法驾、小驾之分，除皇帝乘坐的金根车、五时副车之外，大驾有属车八十一乘，法驾有属车三十六乘，小驾有属车九乘。

秦始皇此次车驾出行，不是出函谷关巡行帝国的东土，当然不会配备有八十一乘属车的“大驾”；但他恩准百姓“纵观”，用配备九乘属车的“小驾”又不足以在百姓面前显现皇帝的神威；因而他下令配备有三十六乘属车的“法驾”。由金根车、五时副车、三十六乘属车和仪仗所组成的车队，可谓是浩浩荡荡了。

当秦始皇的车驾从纵观的百姓面前驶过的时候，警戒线随即撤除，人群中顿时随之鼎沸起来。此时刘邦才如梦方醒，望着远去的车队，他情不自禁地感叹道：“嗟呼，大丈夫当如此也！”

司马迁作《史记》时，就曾用凝练的文笔生动地记载了这则故事：

高祖常繇咸阳，纵观，观秦皇帝，喟然太息曰：“嗟呼，大丈夫当如此也。”

这次纵观皇帝车驾出行，刘邦没有看到始皇帝的“龙颜”。秦始皇当时并没拉开车窗，他不想让百姓看到他的龙颜，这不仅因为他有时微服私行于街头民间，以保自身的安全，也是为了不失自己的尊贵。但在有菱花形小孔的窗内，秦始皇可以看到窗外百姓沿途瞻仰他的盛况。

刘邦虽然没有目睹秦始皇的龙颜，但他脑海中所想象的皇帝尊容，肯定会比实际要神秘与高大得多，因而对他具有长久的诱惑力。第二年的秋天，沛县下一批来咸阳服徭役的民夫到达阿房宫工地，刘邦这才带领去年秋天来到这里的民夫启程返回家乡。

刘邦在关中、咸阳神往离宫别馆和纵观皇帝车驾前前后后的那些日子，他早已把家乡的父母、朋友、妻子儿女忘得一干二净，仿佛自己成了另外一个世界的主人，同往昔断绝了一切。因而，当他回到家乡却仍对关中、咸阳不能忘怀，时时神往。

刘邦在关中忘却家乡，在家乡又神往关中，这就决定了他在第一次去咸阳之后，又多次隔年带领服徭役的民夫去咸阳，这就是《本纪》所说的“高祖常繇咸阳”。

从刘邦的人生经历来看，“常繇咸阳”成为了他一生的重要转折点。因为经过他多次带领民夫走咸阳，他才意识到了世间的宽广，才令他想拥有属于自己的理想国度。

而后，在秦末的农民起义中，刚开始他只不过是其中的一员，但后来他能从英雄辈出的洪流中脱颖而出，建造出自己心目中的理想国，正因为他胸怀“大丈夫当如此也”的大志。

乱世起兵反秦

刘邦以泗水亭长的身份，押送一批刑徒前往关中参加骊山陵墓的修建。途中，刘邦对刑徒们说："我今天豁出去了，把你们全部释放，给你们一条生路。"

见救命恩人如此豪侠仗义，一种不可名状的感情冲击着众人，眼泪顺着众囚徒的脸颊淌下来。其中一个人说道："我们几个人愿跟随刘公，保卫刘公，同生死，共患难。"十几条汉子向刘邦表示了誓死相随的决心。

听到此话，刘邦也激动万分，便对众人说："大家愿走愿留，我刘邦都欢迎。有几位朋友想留下来，我也是感激不尽，日后，我们就是患难与共的朋友了。"

聚兵起义反暴秦

秦二世元年，也就是公元前209年7月，有许多罪犯和穷人被征调到北方的渔阳去守卫边境，以抵抗匈奴的侵略。陈胜、吴广也是其中的两人。他俩虽没有什么学识，因处事机警灵敏，所以逐渐在九百多人中崭露头角。

当他们前进到大泽乡时，正好遇上大雨，道路泥泞，于是他们停下来等天晴，在这里一连过了几天。依照当时秦朝法律的规定，未能如期到达指定地点者，全体人员都会被斩首。算一算日程，他们实在无法在限期内抵达渔阳。

于是，陈胜和吴广商议道：“即使现在继续前进，在限期内也无法到达渔阳，到时我们一定都会被处死刑。虽然逃跑或反叛也有被杀的可能，但是至少还有一点机会。我们不如拼死造反，即使失败还是值得。”

停了一会儿，陈胜又接着说：“何况普天下的百姓，受秦朝的压迫已有很长的一段时间。民间传说应继承皇位的扶苏，因进谏而触怒皇帝，被流放于边境，其实扶苏已被二世皇帝杀了。

“百姓知道扶苏很贤能，但不知道他已死。楚国的项燕是一位卓越的将军，经常立下大功，并且很照顾属下，所以深获大家的爱戴。有人说他已经死了，但也有人说他逃亡隐居在某处。现在我们二人不如假冒扶苏和项燕，相信众多的百姓都会跟随我们的。”

吴广虽然赞成，但知道扶苏公子和楚将军二人本为宿敌，哪有合作的可能呢？但为了煽动茫然无知的老百姓，实在没有比这更好的借口了。

意气相投的陈胜和吴广，立即卜卦问举兵吉凶，为他们占卜的人看出他们的心意，就说：“你们想做的事一定会成功的。卦上说鬼神愿意帮助你们，所以你们可以放心去做！”他们听到这些话，欣喜雀跃。

“对，我们不妨假借神灵的力量来约束大家。”于是两人商量好各个步骤。先在一块绢布上写着“陈胜王”，然后把它藏在刚被捕上岸的鱼腹内。有个人买到了这条鱼，剖开鱼腹时，赫然发现这块布条，感到极不可思议，众人因而开始议论纷纷。

另一方面，吴广于半夜时，在野营附近的祠堂里学狐狸叫：“楚国兴，陈胜王……”

士兵们感到害怕，隔天便把所听到的告诉陈胜，并表示愿意听从他的指示。他们的计划成功了，时机渐渐成熟。吴广很照顾大家，关怀大家，在众人之间颇有人缘。

有一次，他故意在众人面前，对着带头的秦朝将军说：“真不愿意待在这里，如果能早些离开这里多好！”

这番话激怒了秦将，也为自己惹来了凌辱。秦将拿起鞭子鞭打吴广，吴广乘隙拾起对方掉落的剑，刺杀了秦将。陈胜也及时帮助吴广，将其余的两个秦将杀死。吴广这招苦肉计，是想激起大家的公愤。

事后，陈胜和吴广同声说：“我们遭逢大雨，无法在限期内到达指定地点。这么一来，是会被处死刑的。即使没被杀也会被派去戍守边境，十人之中至少有七八人无法生还。身为男子汉，应该有一番作为，以流芳后世。皇帝或是大臣，同样都是人。人，并非天生就是伟大的卑贱的！”

于是，众人异口同声地回答：“我们愿意听从二位的命令！”

他们二人就假借公子扶苏和将军项燕的名义，袒露右肩，大家也跟着露出右肩。这是那时楚人结为同志的惯例。并设祭坛祭拜神明，供上秦将的首级，大家一起下跪发誓。最先揭竿起义的反叛军就这样成立了。

大家推举陈胜当将军，吴广为副官。众人拿着锄、锹、木棍当武器，从大泽乡出发，开始向西进击。他们一看到秦的驻军，就倾全力地猛攻，每降服一个县城，就加以整备，增强兵力。等到攻击到离大泽乡二百里的陈城时，已经拥有战车七百辆，骑兵一千多人，步兵数万人的雄厚军力。

陈胜、吴广的大军，一口气攻下陈城。并准备以此地为总部。几天后，陈胜召集附近的长者和名人，对他们畅谈他的计划。他们说道：“将军亲自戴甲胄，持利剑，击杀暴秦，收复楚国，功绩之大足以为王。”

于是陈胜即位而称陈王，国号张楚。意味扩张楚国，并增强势力。陈胜和吴广举兵起义的消息，很快地传遍了全国各地。对于长久以来深受暴秦压迫的人民来说，是一股很大的冲击力。

被秦所灭，暗中等待东山再起的六国子民和遗臣，都认为时机到来，纷纷举兵反叛。齐国的田儋、田横，魏国的咎，赵国的赵歇，韩国的韩成，楚国的景驹，燕国的韩广等，均起兵反抗暴政。在这当中，最受民众拥护的就是项羽和刘邦。这两支义军在众诸侯中崭露头角。

项羽于公元前232年出生在下相。项氏在楚国祖祖辈辈都是将军，被封于项，因此就以项为姓。项羽有个叔叔叫项梁，项梁的父亲就是项羽的祖父，也就是楚国的名将项燕，在秦楚的战役中被杀。陈胜和吴广反叛时，就是假借项燕将军的名义为号召。

项羽自小父母双亡，幸好有叔叔项梁的照顾，才得以长大成人。他身高六尺，力大如牛，能轻易地举起几百斤重的铜鼎。项梁非常喜欢他，想把楚国再兴的重责托付给他，于是教授他各种学识，殷切地盼望他能超群拔萃。但是舞文弄墨，并不适合项羽的个性，所以没有多大的进展。

于是，项梁改教他学习剑术，但项羽又半途而废。项梁很失望地责骂项羽，项羽却说："读书只要识字，并会写自己的名字就够了，而习剑只能一次对付一个人，实在无济于事，我只想学习能够对付万人的战术。"

听了这些话，项梁就开始教他兵法。项羽觉得很高兴，于是非常用心地去学习，但他仍然只求粗浅的了解，并不去深究。充满活力的项羽，不肯静下心来学习的个性，使得项梁逐渐感觉有些不安。项梁心想这种个性如何能承担复国的重任，完成灭秦的夙愿呢?

项梁的担心不无道理，日后，项羽尽管很会打仗，但不懂策略，最后兵败刘邦，与他不学习文化知识有极大的关系。其后，项梁因犯了杀人罪，带着项羽逃亡到吴城。

项梁素有教养，且武艺高强。亡命到吴城之后，逐渐地崭露头角。官方的土木工程，或是附近的丧葬仪式，都由他承包下来，而分派给他手下的一群年轻人去做。项梁暗中在一旁观察他们的才能，为将来举兵作准备。

秦始皇巡幸会稽途中经过吴城，就是在这个时候。在吴城看到始皇帝，是项羽一生的重大转机。他平常以自己的腕力自豪，常常和附近的年轻人较量，所以，一看到始皇帝的英姿，潜伏于体内的意识，立刻极大地震动了他。

"我将取代他而拥有天下！"这是项羽脱口而出的叫声，也正是所有楚国人的心声。项羽突然变得严肃的眼神，就像下定决心要闯出一番事业一般，使得项梁第一次露出欣慰和期待的微笑。

第二年7月，陈胜起义的消息传到了吴城。9月的一天，会稽郡守殷通悄悄地来找项梁，告诉他：“长江西北一带，都起兵叛秦。‘先发能制人，后发则制于人’，所以我也准备举兵反叛，并打算以你和桓楚二人为将军。”

听到这话，项梁心想，如果让他领先，那么我处心积虑的计划就会成为泡影，于是答道：“听说桓楚逃亡，没有人知道他的去向，我的侄子项羽可能知道这件事。”

他用这句话搪塞后，很快地退席而去。项梁来找项羽，把事情从头到尾告诉他，并定下计策，要项羽持剑等候于屋外。然后项梁再度出现在殷通面前：“请召唤我的侄子，他会带着阁下的命令去找桓楚。”

殷通就叫项羽进来。项羽进入屋里后，项梁暗示他动手！项羽迅速拔剑，一刀斩下殷通的首级。项梁夺得官印，拎着殷通头颅出来。衙役见大事不妙，急急跑来，手持武器向二人进攻。但他们并非项羽的对手，转眼之间，尸横遍地。其余的人纷纷弃剑投降。

于是，项梁集合衙门里所有的人，告诉他们殷通吃里爬外，早就该遭受天谴，现在他将代理会稽郡守的职位，并宣誓举兵攻打秦国。他命令属下平定会稽郡下诸县，收钟离昧、季布的精兵八千人。

项梁授给吴城中的豪杰和属下一班年轻人不同等级的军衔。但其中有一人却未被任用。他向项梁提出异议，项梁却骂他：“上一次要你去帮忙办理某人的葬礼，你都做不好，还能做什么大事？”

听到这样严厉的叱责，吴中之人无一不佩服项梁的精明。项梁当会稽郡守，任命项羽为副将，平定了江南一带。这时，广陵有个人名叫召平，他听说陈胜的军队想平定广陵，于是加入陈胜的阵容，但没想到陈军却连连失利，他便渡过长江，逃到吴地来。

他谎称奉陈胜的命令，封项梁为楚的上柱国，亦即宰相，并要项梁立即率兵攻打秦都。项梁和项羽于是率领八千士兵，渡过长江，浩浩荡荡地踏上了远征之途。他们朝西一直到达东阳。有陈婴率数千兵卒加盟，其后，黥布又领数千精兵加入。

黥布本名英布，是六城人。年轻的时候，有一过路人看到他，惊讶地对他说：“你的面相很奇特，你会遭受一次刑罚，但以后却能为王。”

听到这些唐突荒谬的话，英布只是一笑置之。然而，这预言不久竟然成为事实。英布壮年时，因犯罪而受黥面之刑，并被遣送到骊山陵做苦工，故又称黥布。

在骊山，他胆大且强悍，逐渐便成领头人物。后来，他乘机带领一班人逃到长江下游，以安徽省六安为根据地，落草为寇，使得附近的人一听黥布的名字就畏惧三分。

他听说陈胜起兵抗秦，便率领数千名部下起来响应。又传闻项梁举旗，陈婴已经加入，并进军到淮水来了，他就带着属下投效在项梁的麾下。项梁、陈婴、黥布纠集各地的散兵游勇继续进军，到达下邳时，军队总数已达六七万人，比刚开始时增加十倍之多。

陈胜自蕲州起兵以后，传檄四方，东南各郡县，纷纷响应，戕杀守令，义旗高举。沛县与蕲县的距离很近，蕲县百姓杀官吏的事件很快传入沛县。沛县百姓称快，吓坏了沛县县令。

沛县县令寻求自保的办法，可思来想去，也没有良策。准备举城向陈胜投降，这样可保全性命。萧何与曹参均感到这是一个剧变的乱世，乱世出英雄，他们准备以刘邦为首大干一番。

于是萧何与曹参向县令献计：“君为秦朝官吏，怎么能向强盗投降呢？再者，即使县令投降陈胜也难以保住官位，因为人心难服，也许会有民变，大人的性命仍然难保。”

一席话，说得县令哑口无言。“那就是说没有办法啦？”县令急得满头大汗。

“办法是有，就看你采纳与否了。”萧何的口气很坚定。

“快说，快快说。”县令心急如焚。

萧何侃侃道来：“可以召集逃亡在外的亡命之徒，人数有几百人就可以了，这样，既可压制百姓，不使有变，又可保证城池不丢。”

无计可施的县令只得听从萧何、曹参的建议。于是县城的大街小巷与各主要集镇均贴上了县衙的告示，广招流民乡勇。多事之秋，百姓以能过一个太平日子为目标，所以，前往官府报名的并无几人。

萧何觉得解救刘邦的机会来了，便找到县令，继续进言：“现在告示已贴出，但响应无几，我们还需扩大招人范围。”

“全县不是都贴上了告示吗？范围还能扩大到哪里？”县令问道。

“扩大到不能贴到告示的地方，比如说，逃犯聚集的深山老林。刘邦现在躲避于芒砀山中，这人是个豪杰，手下也有百余人，若把刘邦赦罪找来，刘邦一定感恩图报，成为有用人才。”萧何一口气说出了自己心中的真实想法。

对于这个计策，县令点头称是，所以就派遣樊哙前往芒砀山，召刘邦出山进城。樊哙也是沛县人，家业有限，没有固定的收入，专靠杀狗为生。樊哙的妻子叫吕媭，是吕雉的胞妹，吕公的小女。

县令觉得樊哙与刘邦有亲，于是就派樊哙去请刘邦，这样就可以增加信任度，从而很快达到目的。樊哙得令后，马不停蹄地赶到了芒砀山刘邦的住处。樊哙见到刘邦后，刘邦确实吃惊不小，直到樊哙讲明来意之后，刘邦才彻底放下心来。

此时的刘邦已今非昔比，由于广纳壮士，百姓纷纷投奔，人数已达百人。得知沛县县令相召，刘邦自然高兴。因为他终于可以离开深山了，于是与众弟兄好好庆贺了一番。

第二天，刘邦带领家属徒众，与樊哙一起下山向沛县走去。一队人马，春风得意，浩浩荡荡开向了县城。行至中途，刘邦看见了自己的老友萧何与曹参气喘吁吁地赶来。

刘邦见这两个人如此慌张，也顾不上谈及别后思念之苦，忙问：“两位先生，这样紧张，出了什么事了？”

萧何与曹参没有因为和刘邦许久的重逢而客套，萧何开门见山向刘邦通报了险情：“我们两个原来请沛令召你进城，名义上是帮助官府，而实际上是要你到城中带兵起事，现在已经是天下大乱了，是咱们干一番事业的时候了。”

曹参喘了口气，接着萧何的话茬说：“原来我们的设想挺好，哪知有了变化，县令变卦了，已怀疑我们另有图谋，恐对他不利，所以下令关闭城门，阻止你进城，并下令捕杀我们两人。好险啊！幸亏我们两个人提前得到消息，连夜逃出，才保住性命。”

萧何又说：“现在当务之急，是如何保护城中家眷，免遭不测。”

听到这里，刘邦双手抱拳，对两位朋友说：“两位放心，刘邦会全力相救。多年来，我以及我的家人多次受到二位的关照，在二位有难之际，我绝对不会撒手不管的。”

说到这里，刘邦用手一指他的部属高声说：“我现在已有部众百人，我们总会有办法的。现在咱们先到沛县去看一下形势，然后再决定进城的办法，我们一定要冲进城里，杀掉那些狗官！”于是，百余人的队伍又向沛县县城进发。

刘邦等人走到城下，只见城墙高耸，果然是城门紧闭，一时之间没有办法进城，即使拼命强攻，也不会有什么好的结果。“开门！开门！让老子进城去！”刘邦的部属高声叫骂着，可城内没有一点回应，现在大家该怎样进城呢？

“我倒有一个办法，”萧何开口了，“城中百姓，未必都服从县令，据我所知，早有壮士准备反秦，现在，我们可以先修书一封，叫百姓尽可杀死县令，我们再重重有赏。可是……”说到此萧何有点犯难，“可惜城门未开，无法投递书信，这如何是好？”

听到这里，刘邦哈哈大笑：“这有何难，你刚才讲的这个办法很好，你现在就只管写信吧，我自有办法将信投入城中。”

萧何舞文弄墨绝对是一把好手，在沛县很有名气。不仅字写得好，而且文章写得很漂亮。很快，萧何就写好了一封信，然后递给了刘邦，刘邦展开信仔细阅读，上面写道：天下苦秦久矣！今沛县父老，虽为沛令守城，然诸侯并起，且必屠沛。为诸父老计，不若共诛沛令，改择子弟可立者以应诸侯，则家室可完！不然，父子俱屠无益也。

这封信写得恩威并重，利害分明，刘邦看过之后，脱口而出：“写得真是太好了！”说完，刘邦就派人将信封好，然后自己拿着弓箭来到了城墙下，找了一个地势比较高的地方站住了，高声向城内喊话：“守城的官兵，我刘邦有话要跟你们讲，现在你们一定要看好自己的处境，为沛县守城只会是自讨苦吃，你们现在可以看看我写给你们的信，要是你们按照上面的做了，就可以保全全城人的性命。”

说完之后，刘邦便把书信系在箭上面，然后拉弓射箭，“飕”的一声，箭杆就射中了城楼的墙上，城楼上的人都围在那杆箭的周围，其中一个人拔下箭，然后读起来。读后，大家都认为上面写的话句句有理，其中一个人说：“反了吧，我们何必给秦朝卖命呢？”

“这县令是想让咱们送死啊！门都没有！”

兵卒们基本上都同意反戈一击，但是又担心这样鲁莽行事会有差池，于是便和城中的百姓商量起来。谁知，城中的父老也异口同声，全部赞同杀掉县令，打开城门。

“走吧！咱们一起找那个狗官算账！”其中一位老者振臂一呼。

守城兵卒拿着兵器，百姓便就地取材，随手捡起破砖破瓦，或者找来一截木头，就这样一群兵民相杂的队伍，一路呼叫着，气势汹涌地奔向县衙。

这时的县令还没有意识到自己将要面临的危险，他这时正躺在内室休息。突然，一衙役闯入内室，结结巴巴地向县令报告：“大人不好了，守城的官兵和城内百姓造反了，他们正向县衙冲来了！”

县令一听，马上振作起来，身体不由自主地颤抖起来。此刻的他终于意识到了危险，于是，他第一个反应就是逃跑。可是，门外的兵民早就将县衙围了个水泄不通。县令绝望了，真是上天无路，入地无门。县令只得打开县衙大门，迎接兵民，作一个好姿态，也许这样他还会有一丝生机。

县令命人打开大门。只见门外聚集了一群愤怒的士兵和百姓，看到了这样的阵势，平日威风凛凛的县令有些不知所措了。“各位父老，你们要反秦，本人也是早有此意的，现如今，你们来得正好，不然我还得去请你们。现在，咱们来一起商议一下反秦的大事吧。”县令为了保全自己的性命，先声夺人地说。

“跟你商量个屁啊！”话音未落，有一个黑大汉持刀走到了县令的面前，指着县令的鼻子痛骂道，“狗官，别跟我玩什么把戏了，你是什么东西我们都清楚，你不是还想作威作福吗？老子现在就送你到阎王那里享清福！”说完，手起刀落，县令的人头随着喷溅的鲜血，滚落一旁。众人一片欢呼。

“走，开城门迎接刘邦。”众人呼喊着向城门奔去。

就这样，刘邦没有用上一兵一卒，在百姓的欢呼声中喜洋洋地进了县城。沛县不可一日无主。刘邦进了县城后，就召集全城有头脸的人物商议县中大事。

县衙的大堂里坐满了本县体面人物。刘邦、萧何等坐于中央。刘邦首先说道：“各位，沛县县令已死，从沛县百姓计，今后如何处置，请各位发表高见。”

一位年长的人站起来，面对众人开口说道：“现在，天下诸侯纷纷起兵，秦朝恐怕难以再持久下去，而我县却苦于秦的统治这么长时间，借此良机，沛县应当违背秦朝自立门户。所以，我认为应该推选刘邦为沛县县令，然后让他主持全县，大家认为怎么样？”众人点头称是。众望所归，都愿意推选刘邦为沛县县令。

“背秦自立，这是我们今后定要走的路，只不过县令这件事，请大家再仔细斟酌一下吧！”事实上，刘邦对于大家提出来的背秦自立没有一点异议，因为，自从他进入芒砀山的那一天开始，他就没想再做秦朝的臣民，而正是秦朝的暴政让他无路可走，让他藏匿在深山之中，而今天又有机会铲除暴秦，他自然是百分之百拥护。

刘邦每时每刻想的都是改变自己的处境，想着自己在某一天会大富大贵，可是这一天终于到来了，他又觉得这一切来得实在有些突然，以至于他现在感觉到了自己的心里没有底。因为主持一个县的军政大事，可不是一件小事。

刘邦见众人还是坚持推他为县令，便继续向大家说道：“现如今天下大乱，群雄四起，我要是担任沛县县令这一职位，要是有处理不好的地方，就没有退路，我这样说不是因为小看自己，只是担心自己德薄能低，有负众望，不能保全沛县父老子弟，请大家另择贤能，以图大业。”

众人见刘邦实在有意谦让，于是便有意举萧何或曹参为令。萧何见此，连忙起身推辞：“众人美意，我与曹参都领了，但不能担当一县之主。”

说到此，萧何看了看曹参，好像是在征求曹参的意见。站在一旁的曹参重重地点了一下头。萧何与曹参交往多年，彼此一个动作，一个眼神都能心领神会。

萧何凭直觉知道自己完全可以代表曹参的意见，便继续说道：“我与曹参均是文吏，不懂军事，在这多事之秋如何带领全县百姓保命守城呢？”

其实，萧何还有一种考虑，只是未说。他自知军事能力不济，一旦事败，必株连宗族，这是十分可怕的结局。萧何相信刘邦完全有能力担当沛令，所以他再次举荐刘邦：“目前只有一人可当大任，那就是刘邦，如刘邦为令，我与曹参甘心为辅，定会不遗余力。”

话虽至此，刘邦却仍然推辞。看此事久议不决，众乡绅异口同声再举刘邦：“我等平生素闻刘季貌相奇异，必当大贵，且我等已问过卜筮，只有刘季为最吉，望刘季不要再坚辞，请沛公受我等一拜。”说完，众乡绅跪倒在庭院里，请刘邦担当沛令。

事已至此，刘邦也不好再说什么，便毅然接受了县令一职。当然，刘邦心里也明白，这既是大富大贵的契机，也包含着事败杀头毙命的危险。于是，刘邦被众人举为县令，尊称沛公。时年刘邦四十八岁。

而后刘邦率丰沛子弟投依项梁，成为楚军中的一支重要力量。刘邦的起兵，颇具传奇色彩。

秦末大乱未起之时，刘邦以泗水亭长的身份，为县府押送一批刑徒前往关中，参加骊山陵墓的修建。那些刑徒里，除个别杀人越货的强盗外，大多是交不起苛捐杂税的贫苦百姓。故乡难离。离开妻儿老小，前去骊山，且很可能有去无回。自从出发以来，刑徒逃亡的事情就不断发生，逃亡的人数越来越多。

这让刘邦防不胜防，尤其是到了晚间，更是无法控制。刘邦暗自估计，这伙人可能与自己拼命。哄是不管事的，任凭刘邦口干舌燥地讲利害，他们还是牵挂自己的家人。刘邦左右为难，痛苦不堪。

如果囚徒不能按期到达骊山，或者不能按原有人数到达骊山，按照秦朝的酷苛法律，刘邦作为押送刑徒的负责人肯定要被严厉惩治的，甚至于性命不保。朝廷以暴政待民，人心尽失，刘邦心中料定这个政权有土崩瓦解之患，自己不如早作打算。

“别走了，大伙歇歇脚力。”刘邦不无烦躁地下了命令。

众囚徒一屁股坐在地上，沉默不语。

“几位，喝点酒吧，这酒可解乏。”这一句呼喊从远处传来。

刘邦向远处一看，乐了。原来泽中有一小亭，这小亭是个小酒馆。

嗜酒如命的刘邦当然不会放过这个绝好的机会，尤其是在心绪不佳的时候。刘邦不敢离开众囚徒，只得招呼店家拿过酒肉，席地而饮。这一饮不要紧，刘邦喝了个痛快淋漓，昏天黑地。

喝到日落西山，刘邦也没上路的意思。刘邦乐了，众刑徒也高兴万分。“不走正好，咱喝不上酒，可也能好好松松筋骨。”众刑徒暗自高兴。

转眼间天色渐渐发暗，刘邦用袖口抹了抹嘴，摇摇晃晃地站了起来。刘邦睁着醉意蒙眬的双眼，看着囚徒，突然，刘邦说出了令众人惊讶的话语：“你们若至骊山，必充当苦役，看来难免一死。”

说到此，刘邦顿了顿，提高了嗓门，接着又说：“我今天豁出去了，把你们全部释放，给你们一条生路。”

众刑徒听完刘邦的话，先是愣神，继而如喜从天降一般乐坏了。一个个感激涕零，连忙跪倒，叩头称谢。顿时，响起一片头触地的声音。刘邦替众囚徒一一解开捆绑着的双臂，然后，一挥手，高喊道：“大家回家吧，这里离沛县不算远。”

在刘邦的声音里，充斥着豪迈的大丈夫气。众囚徒转身就走，可刚走几步，都不约而同地站住了。人心换人心：众囚徒想到了刘邦。

“还傻待着干什么？还不快走！”刘邦说。

众人中有一人答话了：“刘公不忍我等送死，慨然释放，此恩此德，誓不忘怀，可刘公该如何回县交代？我等不放心呀！”

刘邦听后哈哈大笑，不无感激地说：“你们尽管去吧，我只能远走他乡了，回县只能寻死，我怎能愚蠢到这种地步。”

有恩不报非君子，见情不动非丈夫。见救命恩人如此豪侠仗义，一种不可名状的感情冲击着众人。眼泪顺着众囚徒的脸颊淌下来。

“我们几个人愿跟随刘公，保卫刘公，同生死，共患难。”十几条汉子向刘邦表示了誓死相随的决心。

听到此话，刘邦也激动万分，用哽噎的声音对众人说：“大家愿走愿留，我刘邦都欢迎。”说到此，刘邦看了看刚才说话的那十几个人，接着说，“有几位朋友想留下来，我也是感激不尽，日后，我们就是患难与共的朋友了。”

说完，刘邦用手使劲地拍了拍那十几个人的肩膀。那情景很有些悲壮色彩。于是，十几个人留了下来，其他人对刘邦千恩万谢，匆匆而去……

刘邦派出一人前行，姑且充作军旅行进的开路先锋。一会儿，前行者神色慌张地回来报告：“前面有一条大蛇，挡住了前行的道路，请退回吧。”刘邦当时还在醉中，借着酒后的豪气，大喊一声：“壮士前行，有什么值得畏惧的！”于是，他挺身前行，拔出身上的佩剑，以他本人前所未见的武勇神态，将拦路的大蛇斩为两段。

蛇死而路开，刘邦雄赳赳地走在前头，带领众人继续前行。走过几里路之后，刘邦醉卧在地，酣然入睡。刘邦斩蛇的豪举，使得追随者敬佩不已。

当天有人在刘邦一行人之后赶路，经过刘邦斩蛇之处，见到有一位

老妇人在深夜痛哭。路人问："为何哭泣？"

老妇人回答："有人杀了我的儿子，所以在此痛哭。"

路人好奇地问："您的儿子为何被杀？"

老妇人回答："我的儿子是白帝之子，化为大蛇当道，今天被赤帝之子所斩，我因此来此痛哭。"

路人认定老妇人一派胡言，准备好好训斥她一番，不料想老妇人却突然神秘地消失而无影无踪了。这位路人当然感觉神奇至极。他继续前行，赶上了正在休息的刘邦一行人。恰恰刘邦也过了酒劲清醒过来。

后来者把途中的奇遇告知了刘邦等人，大家都感到惊奇，唯独刘邦心中特别高兴，自己醉后的斩蛇之举，竟然可以与赤帝之子相联系了！为此他很感自负。这段无法考实的传奇，震慑人心的效果是明确无误的："诸从者日益畏之。"刘邦居然有些神圣性了！

古人按照"五德终始说"的理论框架解释朝代的兴替鼎革，在安排了汉朝居"火德""色尚赤"的序列之后，刘邦以"赤帝子"的身份而斩"白帝子"的传闻，竟然成为刘邦灭秦兴汉的征兆了。

《高祖泗水亭碑铭》就有如下文字：

> 皇皇圣汉，兆自沛丰，乾隆著符，精感赤龙，承魁流裔，袭唐末风。寸木尺土，无俟斯亭，建号宣基，惟以沛公。扬威斩蛇，金精摧伤，涉关陵郊，系获秦王。应门造势，斗壁纳忠，天期乘祚，受爵汉中。勒陈东征，剟擒三秦，灵威神佑，鸿沟是乘。汉军改歌，楚众易心，诛项讨羽，诸夏以康。陈、张画策，萧、勃翼终，出爵褒贤，列士封功。炎火之德，弥光以明，源清流洁，本盛末荣。叙将十八，赞述股肱，休勋显祚，永永无疆。国宁家安，我君是升，根生叶茂，旧邑是仍。于皇旧亭，苗嗣是承，天之福祐，万年是兴。

对于刘邦的"斩蛇剑"，后世赋予了浓厚的传奇色彩，在此应该稍作说明。汉王朝建立之后，刘邦的“斩蛇剑”是作为“国宝”而被珍视和保存的。

东汉学者卫宏撰写的《汉旧仪》卷上记载，皇帝辇驾出动的仪仗摆设之中，就有“带七尺斩蛇剑”。此剑的长度也成为一个问题。《汉旧仪》有“斩蛇剑长七尺”的记载，但是，秦汉时期常人所佩戴的剑的长度是三尺，刘邦晚年为了强调自己是以“布衣”夺得天下，还以炫耀的口吻说：“吾以布衣，提三尺剑取天下。”

刘邦在斩蛇之时，只不过是一位正在逃亡之中的亭长，身边佩剑理应为三尺，或许在刘邦登基做了皇帝之后，为了渲染“斩蛇起义”的神异，说当年所遇之蛇形体巨大，而斩蛇所用宝剑也非寻常佩剑而是七尺宝剑。

东汉末年的官僚兼学者应劭所撰写的《汉官仪》卷上也记载，当时的侍中职掌之一是，“驾出，则一人负传国玺，操斩蛇剑乘”。由此看来，自刘邦开国以来，他的“斩蛇剑”就已经被神化，甚至成为与“传国玺”相提并论的皇权象征。

这种对所谓的“汉高斩蛇剑”的神化，一直持续到西晋后期。据《晋书·张华传》记载，在西晋“八王之乱”发生前夕，永城刘邦塑像保存兵器和历代国宝的武库发生了火灾，“累代之宝及汉高斩蛇剑、王莽头、孔子屐等尽焚焉。时华见剑穿屋而飞，莫知所向”。刘邦的斩蛇剑还有“穿屋而飞”的功能，着实令人吃惊。

至于刘邦醉后挥剑斩蛇的位置，《史记·高祖本纪》的记载简略到只有“丰西泽中”四字。经历了两千多年的岁月磨蚀，它究竟在何处，恐怕很难确指了。

我们知道至少有两个地方筑有“汉高斩蛇”碑、亭之类的建筑物，以此来证明当地是汉高祖斩蛇而起的“龙兴之地”：一是江苏省丰县，据《史记·高祖本纪》注引唐代地理书《括地志》记载，“斩蛇沟源出徐州丰县中平地，故老云高祖斩蛇处，至县西五十里入泡水也。”有人相信，位于今丰县城西十多公里的王沟乡“斩蛇亭”，就是当年的事发之地。

一是河南省永城市芒山镇，此处地处丰邑之西，位于刘邦起事前期隐身之处的芒砀山一带。

民间传说，西汉惠帝时为了纪念斩蛇起义，在此建高祖庙；汉文帝时在庙前立斩蛇碑。现在可见的石碑，是明朝隆庆五年，也就是1571年所立“汉高祖断蛇处”的残碑一块。

宋明以降多有文人墨客来此凭吊，有若干诗文流传于世。可以参看朱继彪、曹长春主编《汉兴史论选编》。因为明代石碑残破，1982年永城市仿照原碑在原址之上重立斩蛇碑，并且建有碑亭。

有趣的是，这块新立的石碑，竟然出现了充满神秘气氛的灵光幻影。在名为《中国·芒砀山》的风景区介绍材料中就有如下文字：“永城斩蛇碑亭”，近年来此碑却出现一种神奇的灵光幻影。每当夜幕降临，灯光直射碑体，只见一尊金光灿灿的古代帝王影像当面而立，恰似当年戎马征战的刘邦再现，被誉为“天下奇观”。

刘邦在斩蛇之后，率领着他的第一批追随者，摆脱了秦朝的人身控制，从而成为一支民间武装力量的首领人物。为了躲避秦朝地方官吏的缉捕行动，刘邦选择了芒砀山一带作为自己的藏身之处。

获得传奇英雄谋士

秦二世皇帝元年，也就是公元前209年，刘邦起兵反秦，雍齿随从，但是雍齿向来看轻刘邦。第二年，沛公因雍齿丰邑的背叛，他献出了丰县投靠了魏国周市，这使得刘邦举步维艰。刘邦大怒，多次进攻丰邑而没有取胜，只好到薛县投奔秦嘉。

刘邦率领大军行至下邳的时候，在道旁有一个很大的广场，场中有士兵正在进行操练，士气高昂，器械鲜明。而这些士兵的首领是一位青年将军，身材细长眉清目秀。其麾下的士兵全部用青巾包裹着头部，看上去不是秦军的装扮，更不是一些草寇，想必那一定是一些反秦的义军。

这位青年将军看到刘邦龟背斗胸，长颈龙须，仪表堂堂，拱手便向其施礼：“末将姓张，名良，字子房，请问将军尊姓大名？”

刘邦缓缓地答道：“在下姓刘，名邦，小名一个季字。”

张良听到“刘邦”二字，顿时惊喜连连，他上下打量着刘邦，他确实是一副帝王之相，只是，我已发过重誓，要光复韩国……

张良的祖先是韩国的公族，姬姓，他本人因躲避秦朝的追捕，改姓张。祖父曾接连担任韩昭侯、韩宣惠王、韩襄哀王的宰相。父亲姬平，连任韩王、韩悼惠王的宰相。悼惠王二十三年，姬平去世。姬平死后二十年，秦灭韩国。

韩被秦国所灭之时，张良还年轻，没能在韩国担任官职。韩国破亡时，张良家中还有奴仆三百人，很是富有。张良一心为韩国报仇，以至于弟死不葬，变卖全部家产寻求刺客刺杀秦王，就是因为祖父、父亲五世连续担任韩国宰相的缘故。

张良曾到淮阳学习典章制度，东游见隐士仓海君。后来寻得一名大力士，造了一个一百二十斤重的大铁锥。公元前218年秦始皇东游，在博浪沙遇到张良所派出的力士的狙击，铁锥误中车队的副车。始皇大为恼怒，令天下大搜捕十天，捉拿刺客。由于追捕紧急，张良便改名换姓，逃亡至下邳躲藏。

张良后来成名，世人对张良也有传奇的说法。相传张良于下邳匿身期间，在一次闲游漫步时，在桥上遇见一位身穿粗布短衣的老汉，走到张良面前，故意将鞋掉到桥下，对张良说："小子，下桥把鞋取上来！"

张良目睹老汉故意把鞋掉到桥下，又听见老汉命他到桥下取鞋，感到很惊讶。想要打他，但又觉得他是一位年老的长者，便忍气吞声，下桥把鞋取了上来。

谁知老汉见鞋已被取了上来，又命令说："替我穿上！"张良有些恼怒，一转念，既然已经把鞋取上来了，就忍气跪在地上替老汉穿鞋。老汉伸出脚让张良把鞋穿好，便含笑扬长而去。老汉的举止言行使张良大为惊讶，注视着老汉离去的背影，张良百思不得其解。

老汉走出约有一里路的光景，又转身回来对张良说："您这小子还可以教诲，五日后的拂晓，到此与我相会。"

张良感到奇怪，跪下回答道："是。"

五日后的拂晓，张良按时赴约前往，到达时见老汉早已站立在桥上，面带怒容地说：“与老年人约会，而后期到达，是何道理？”

老汉转身离去，回首对张良说：“五日后的早上再会。”果然在五日后鸡叫时，天尚未亮，张良便来到了桥头，这时，那位老汉又已立在桥上，再次生气地说：“又是后期到达，是何道理？”

老汉离去时又说：“五日后早晨再来。”张良两次按时或提前赴约，总是被老汉抢先到达，很令张良费些思索。

这第三次，张良在半夜时便到桥上，不一会儿，老汉也到来，高兴地对张良说：“这样做才对。”说着，老汉随即取出一编书来，告诫张良：“读这部书日后可以做帝王的老师，十年后可以发迹。十三年后你小子见到济北谷城山下的那块黄石，那就是我。”

老汉说完便走了，没有留下别的话，张良从此再也没有见到过这位老汉。天明后，张良看老汉授给他的这编书，正是《太公兵法》。张良感到这件事很是奇怪，经常诵读体会这部兵法，有得于心。

张良在下邳匿身期间，行侠仗义。项羽的叔父项伯曾经杀人，跟随张良避难。十年过后，陈胜等人举兵反秦，张良也聚结了百余名少年。当时景驹被立为楚假王，假王即暂时代理为王的意思。在留县，张良想投奔景驹，路遇沛公。

张良与刘邦相见的第一次便有种相见恨晚的感觉，于是张良便请刘邦留下喝酒。刘邦哈哈一笑道：“我正想向先生讨口美酒喝呢！”

张良见他如此豁达，顿时心生敬慕之情，笑着回道：“一大早，窗外的喜鹊喳喳地叫个不停，我就知有贵客光临，特备了几坛美酒相迎！”

刘邦笑说道：“俗话说得好，‘一人动嘴，十人口酸’。”他回手一指，“你看，在下这帮兄弟，有一千多人，个个都是酒鬼，几坛酒，怕是还不够他们沾沾嘴唇呢！”

张良道：“这个您不必担心，偌大一个下邳城，还没有您和弟兄们的酒喝？走，随末将去营中略坐片刻。”

这一坐便是一天，二人越喝兴致越浓，越谈越是投机。通过这次

长谈，刘邦才知道，始皇驾崩之后，张良与项伯正要召集人马，举兵反秦。一场瘟疫把张良击倒，这一病便足半年。项伯倒是也义气，日夜守在床头，端屎端尿，直到项梁在会稽起兵，三次遣人召他共商反秦大计，项伯才恋恋不舍地离去。

活该张良倒霉，病好之后，还没等举兵，便来了一位新邳令，不知道是从哪里得到的消息，硬说张良便是姬亮，便把他抓进了大牢。幸亏有一个不错的仆人，也幸亏张良囊中丰厚，只是坐了半年牢便被无罪释放。出狱之后，张良所做的第一件事，就是广散家财，召集人马，得众八十余人，夜袭县署，杀了县令……

等张良把话打住，刘邦关切地问道："将军旗开得胜，可喜可贺，下一步作何打算，可不可以说来听听？"

张良说道："小弟的志向是复国，世世代代永久做韩臣。但是凭借小弟手中这五百号人马，自保尚且不足，怎么能复得了国？有鉴于此，小弟想去投奔秦嘉，借他之力，杀回郑城，光复韩国。"

刘邦击掌说道："好，英雄所见略同。在下……不，愚兄这次东行，正好也想投奔秦嘉，你我不妨合兵到一处，路上也好有个照应！"

张良朗声答道："此见正合小弟之意，干杯！"二人连碰两杯。

当天晚上，二人同榻而眠，先是谈些时局，然后又谈兵机，你问我答，我问你答，不知不觉中天已破晓。张良喟然叹道："沛公智识，定由天授，我所述说，统是《太公兵法》，别人不晓，为何沛公能神悟呢？"张良对刘邦敬慕有加，不敢以小弟自居，改称其为沛公了。

刘邦也叹道："数年来，我所见过的英雄谋士多如牛毛，其见识、才思、智谋、兵机，都没有一位在先生之上的。"于是，刘邦不敢以愚兄自居，便改口称张良为先生了。这一改口，张良大为感动，便决意跟定了刘邦，被刘邦委为厩将，负责兵马事宜。二人一起吃饭，一起睡觉，就连卢绾都有些嫉恨了。

这一天，大军行进到一个小镇，卢绾飞马来报："秦嘉、景驹都被人杀了！"

刘邦又惊又气，泪水在眼眶里打转，哽声说道：“理语有谚，‘人走背运，喝口凉水也塞牙’。我的运怎么这么背呢？想投谁，谁就出事。”

张良劝道：“沛公不必悲伤，那秦嘉既为楚臣，却追杀楚王之令尹，分明也不是一个正经货色，杀了他也未尝不是一个好事。关键是，他是被何人所杀，杀他的目的又是什么？”

经他这么一说，刘邦忙将眼泪拭去，颔首说道：“先生所言极是，能够杀了秦嘉和景驹，想来也不是一个凡人，应该问他一问。”

卢绾接着说道：“杀死秦嘉的人，确也不是一个凡人。”

刘邦道：“谁？”

“项梁。”

“项梁？”刘邦一脸惊讶道，“同是反秦义军，只是，项梁举义之后，一直盘踞会稽，未曾向外扩张一次，为什么突然向秦嘉、景驹发难呢？”

卢绾道：“这事还得由叔孙通说起。叔孙通和孔鲋私交甚笃，见其死于秦嘉之手，又气又愤，就想要为孔鲋报仇，势力赶不上。又恰逢楚王遇难，恰恰章邯派遣军队进攻广陵。他便对召平说道，凭你我的力量，广陵恐怕难以保全，倒不如渡江东去，伪称楚王尚在，要项梁去攻秦嘉，梁必听命。这样一来，既可报孔鲋的仇，又可以步出困境，一举两得。望召公三思。召平连道，此计真是太好了。于是，便率军东去，矫命拜项梁为上柱国，且传语道，‘江东已定，请即西向击嘉，击秦！’梁信以为真，就带了八千子弟，逾江攻嘉，行至东阳，出书招降陈婴，得两万余人。继而又得黥布、吕臣，又得三万余人。于是，项梁属下的兵士有六七万人，至于战将，除项羽、季布、钟离昧、周殷、周兰、宋义、武涉、丁公、桓楚、龙且、虞子期、利已、黥布、吕臣、项伯、陈婴之外，尚有一个项庄、项佗、项声、项襄，统乃项梁族侄。这十几员大将，六七万兵马，一股脑儿压到郯城，秦嘉如何抵挡得住？连战连败，黥布一并取了性命。景驹虽逃出城去，却死于乱兵之手。”

听卢绾这么一说，刘邦的第一个反应就是投项梁去："项氏世为楚将，素有威名，项梁叔侄，又是英武绝伦，不愧将种，我若向他借兵，万无不允之理！"

张良颔首称是，沛公当即催动兵马，径奔郯城。果如刘邦所料，那项梁见刘邦面貌不俗，又有一个张良相随，且那张良还是项伯的恩人呢！二话没说，借给刘邦兵士五千，战将三员：项佗、丁公和虞子期。加之刘邦、张良的兵士，拥众达七千余人，浩浩荡荡杀回丰邑。雍齿见刘邦势大，不战而逃，投奔魏国去了。

沛公跃马进入丰邑，召集了父老子弟，训责了一番。众人统皆谢过，乃不复与较，但改丰邑为丰县，筑城设堡，并向项梁告捷，送还项军。刘邦旋接项梁的来信，特意邀请他到薛城商议另立楚王的事。问及下书人，才知道刘邦离开郯城后，项梁挥师击彭城击薛城，一举而下，所以移军薛城。与此同时，项羽受命攻襄城，遇到顽强抵抗，城克后尽屠城中之人，鸡犬不留。

听了下书人的话，刘邦沉默了许久。赴郯城借兵的时候，项羽因公外出，没有见过面。只听到别人说他力可扛鼎，气可拔山，似此等英武之人，千载难逢。想不到他小小年纪，竟然这般残暴！

张良命随侍之人将下书的人引进馆驿，盛宴款待。然后，张良笑着问刘邦："沛公莫不是在为项羽屠城一事而心怀忧愁？"

刘邦叹道："秦始皇战败六国，一匡天下，论智见谋略和武功，三皇五帝不及，只因存了个残暴之心，尸骨未寒，义军骤起，千辛万苦挣来的一个偌大江山，眼看就要落到他人的手上。项羽小小年纪，一出师便尽屠襄城的人，其残其暴，可以跟秦始皇相比了，怕是难成大事呢！"

张良哈哈大笑道："沛公见识，向来是高人一筹。项羽屠城一事，您应该感到高兴才是，怎会这样想不开啊，实在让人费解！"

刘邦又是一声叹息："莫说是一个成人，就是一个婴儿，娘为生他，受尽十月怀胎及分娩的诸般痛苦，方才呱呱坠地，容易吗？至于一个成人，父母将他抚养成人，又要费去多少心血和银粮？岂能说杀就杀，且一杀便是成千上万，这有什么值得高兴呢？先生说我费解，我还觉着先生费解呢！”

张良也不和他辩解，连声说道：“好好好，您不应该高兴，您应该哭。但我问您，就像您所说的，项羽成了大事，您怎么办？”

刘邦发愣了一会儿，是啊，项羽若是成了大事，我怎么办？人都说我有帝王之相，相从之人也认为我有帝王之相，才愿意跟着我南征北战，赴汤蹈火，等我为帝为王之后，好共享荣华富贵。若让项羽成了大事，为王为帝，我只有老死丰邑，抑或是向项羽俯首称臣了。我若是一称臣，相从之人怎么办？我怎么如此糊涂！他长身而起，向张良深作一揖：“多谢先生提醒。”

张良忙起身还了一礼：“沛公不必如此客气，请坐下说。”待刘邦落座后，张良方才说道，“对于项羽屠城一事，您不仅要感到高兴，还要设法讨好项羽。项羽这一次屠城，必将受到众人的指责和非议，压力一定很大。您要多多恭维他，大谈屠城之利，挑动他的狂妄的野心。他杀人越多，您距离皇帝宝座就会越近啊。”

刘邦连连颔首道：“多谢先生赐教，我一定谨记在心，遵嘱而行。”

果如张良所言，项羽屠襄归来后，自以为立下了不世之功，趾高气扬。谁料，众将吏见了他，竟然没有一个人向他庆贺，反倒有些敬而远之，甚而当面指责，就连视如生父的项梁也说他过于残暴。他觉着委屈，又无处倾诉。

这时，只有刘邦对他大赞特赞，说自楚起兵以来，凡义军与秦廷的国军接仗，从未有过胜绩，这是唯一的一次，大长了义军的威风。他还说那城屠得也好，你襄城原为魏地，秦灭尔之国，屠尔之民，尔不思报仇，反而助纣为虐，如此不义不忠的人，留着有什么用？！而且项将军首次带兵征战，不屠城何以立威？带兵之要，贵在立威，司马穰苴为立威斩了王的使者，孙武为立威斩了王的爱妃，白起为立威坑杀赵卒四十万。这三个人都为前朝名将。他们可以做的事情，将军为什么不能做呢？

刘邦一席话，说得项羽心中热乎乎的，满面感激地说道：“知我者，沛公也！”

刘邦摇首说道：“什么沛公，那是我自已给自己一个胡乱的封号，将军若是不嫌弃在下出身于乡村僻野，在下想攀一个高枝，与将军结为异姓兄弟，不知将军意下如何？”

刘邦一番阿谀奉承的话，让项羽高兴得不知王二哥贵姓，当即命随侍之人，拿来线香及三牲，祭过天地鬼神，与刘邦结为拜把兄弟。

刘邦周岁四十九为兄，项羽二十五岁为弟。项梁沛公的将吏，闻听项羽、刘邦结拜，纷纷前来庆贺。刘邦存心要讨好项羽，独自出资，设宴款待贺者，摆了二十余席。

刘邦与张良的不期而遇，对刘邦、对张良都是一种特殊的机遇！在我国的古代，虽然有所谓“君择臣，臣亦择君”的名言，但是，由于人们活动范围的狭小和眼光的短浅，选择受到很大局限。

在相当程度上，一个人的成败要取决于机遇，或者说“命运”。正由于这种特殊的机遇，使张良有幸投靠杰出的政治家刘邦，而不是刚愎自用的项羽，或者是徒有虚名的其他人物。

秦二世二年，也就是公元前208年6月，项梁立楚怀王孙子熊心为楚王。张良向项梁进言说：“您已立楚王的后代为王，而韩国的诸公子横阳君韩成有贤能，可立为王，增建与国，以为党援。”

项梁派张良找到韩成，立韩成为韩王，同时以张良为韩王司徒，其职位相当于丞相。于是张良便暂时离开沛公，与韩王韩成率千余人向西攻占原韩国所辖故地。待到张良于河南再次引兵随从沛公，并辅佐沛公兵攻宛城，准备引兵入关之时，已是秦二世三年六月，时隔整整一年。

摧毁秦军主力之战

刘邦为了扩充自己的地盘，与当时强大的项梁、项羽的部队联手，共抗秦军。与此同时，最先举义旗反秦的陈胜逐渐陷入了困境。以陈城为总部，被称为陈王的陈胜，想乘势一口气攻灭秦朝。

于是，陈胜提拔楚国的军师周章为将军，命令他攻击秦都咸阳。周章的军队在进击途中，吸收各地的反叛军，很快地成为数十万的大军。在秦二世二年，也就是公元前208年正月，周章直逼邻近咸阳的戏城。

东方群雄群起叛秦的消息，早已传到二世皇帝胡亥的耳朵里。然而二世皇帝并不觉得事态严重，而将前来通报的人都监禁起来。结果，事实的真相都被扭曲了。

“有成群盗贼作乱，但都被地方官逮捕了。”

“盗贼很快地被军队扫平了，请圣上不用挂心！”

被蒙在鼓里的二世皇帝，仍毫无戒心地过着他荒淫的生活。但是，在陈胜军队逼近咸阳东郊时，朝臣们都吓得狼狈慌乱，不知如何是好。

二世皇帝于是紧急召集群臣，商议对策。

章邯进言说：“贼徒已经逼近，而且兵多士众，声势强大。现在我们即使召集各县军队，也来不及了！幸亏建造骊山陵时，征用了许多囚犯，请皇上赦免他们，让他们携带武器打退贼徒，将功赎罪吧！”

章邯是秦朝的一位名将，勇猛而且足智多谋。二世听了他的话，立即赦免所有的囚犯，命章邯为讨伐叛军的将领。

数十万的陈胜大军，本是一群不甘忍受暴政的乌合之众。他们多为农民、不满分子和无赖之徒，缺乏战斗的训练，而统率他们的又是缺少作战经验的周章。所以一旦正面对阵，他们就吃了败仗，同时周章也被追杀。

接获这个捷报的秦二世，便乘胜增强军力，派遣司马欣和董翳，去帮助章邯扫荡叛军。秦朝数十万的大军，便大举进攻陈的总部。在各地的混战中，吴广在荥阳被属下将领所杀，陈胜则在下城父这个地方被驾车的车夫杀死。

陈胜和吴广的起义，虽只经历六个月即被平息。但是他们起义抗秦的意识，却成为项羽和刘邦等群雄举兵的导火线，使秦帝国步向灭亡。因此，陈胜、吴广两人，得以在历史上留下不朽之名。就在陈胜作最后拼搏的时候，项梁与项羽统领的部队也连连受挫。

项梁率七万大军，从下邳挥兵向西，攻击秦将章邯的军队，却反而被章邯所败，而逃亡至薛城。在此时，传来了陈胜战死的消息。

抗秦武装必须联合起来才有出路。项梁审时度势，得出这一正确结论。他召集诸将，商量以后的战略，并传递公文，要各地诸将赶到薛来帮助他。沛公刘邦、陈的吕臣、楚的宋义等，都陆续到来。

出生于居鄛的范增，当时已年逾七十。他精通天文，善用兵法，是百世难得一见的奇才。以前他自知个性不适合当官，于是隐居山野，对于秦的暴政，十分不满。他听说诸侯群集在薛开会，觉得时机已到，便也赶来了。

会中，范增向项梁进言道：“陈胜失败是必然的结果。秦帝国所征服的六国之中，以楚国人恨秦最深，所以他们并没有被彻底地征服。秦王曾卑鄙地诱骗怀王，又将他软禁起来，不让他回楚国。因为这件事，使得楚国人对秦的恨意始终未曾消失。楚国人坚信‘楚虽三户，亡秦必楚’。

“陈胜在谋反成功以后，并没有立楚王的子孙，而是自己称王，这是他失败的原因之一。现在阁下自江东举兵，起于楚国各地诸将，都争先恐后地加入阁下的阵营，这是因为阁下出身于代代均为楚将的名门世家。他们期待着类似阁下的人物来领导，使楚国再兴，以达成拥立楚王子孙为王的夙愿。

“反抗秦朝暴政的反叛军，并非暴徒，他们是高举着正义之旗，将百姓的期待与力量再度集中，企图消灭暴秦的一群有志之士。”

听了范增这些条理井然的分析，项梁以及诸侯都觉得很有道理。

于是，项梁命令部下找回正沦落为牧羊人的楚王后代，为了纪念怀王，仍称他为怀王，奉为共王。并建都盱眙，任命陈婴为上柱国，负责怀王和都城的护卫，又亲迎范增为军师，准备与秦决战到底。

项梁在盱眙备战妥当后，就带着项羽、刘邦率领全军出击。先攻北边的亢父，再攻东阿，大败秦兵。占领东阿的项梁，将军队一分为二。项羽和刘邦率军进攻城阳，项梁则亲自率领吕臣、宋义等攻打定陶，再度大破秦兵。

接二连三的胜利，使得项梁得意忘形，逐渐产生了轻敌的情绪。这种情绪影响了军队的士气，士兵们也都有了这种倾向。宋义向项梁谏言行事必须谨慎，但是项梁并不理会。终于，秦朝集结兵力反击。章邯率领秦朝大军，乘机奇袭，大败楚军于定陶。由于身边护卫的怠慢，项梁不幸在此战役中被秦兵斩杀了。

项羽和刘邦的军队，攻破城阳，追赶秦兵，攻占濮阳、雍丘，进击至陈留内部。在战场上，项羽极为勇猛善战，经常率先攻入敌阵，如虎入羊群一般，眼看着就要攻入秦都咸阳了。

项梁战死的噩耗，很快地传到项羽的耳里，他哭得死去活来。项梁虽是他的叔父，却比亲生父亲还亲。他要寻章邯报仇，刘邦苦劝说：“楚军新败，军心难免动摇，与其勉强应敌，不如东还护都。”范增等人也支持刘邦的意见，项羽无奈，于是忍着泪，撤回了军队。

他们后退到左边的彭城。项羽在彭城北面，吕臣在彭城东面，刘邦在砀布阵据守，养精蓄锐，等待时机。然而，章邯认为项梁已死，楚军已不足惧，不攻彭城，反而北上伐赵。数日之后，拿下了赵都邯郸，赵王退守巨鹿，形势十分危急。

这个时候，楚怀王正在彭城召开军事会议。这次会议很重要，决定了楚军西进的战略方针。对刘邦而言，这是他的军事生涯中的一个转折点。当楚怀王朗声发问，有没有人敢领兵西进时，帐下并无一人应声。章邯骁勇，秦军强盛，打入关内谈何容易？弄得不好，将被秦军悉数吃掉。

怀王大概料到了这个局面，于是封宋义为上将军，封项羽为鲁公，并任命他为次将，而范增则当末将，组成救援军去解救赵的困境。另一方面要刘邦率军向西攻打秦都咸阳。在出发之前，怀王召集诸侯，对他们说：“谁最先进入咸阳，平定关中地方，谁就是关中王。”

他希望各将都能信守这个约束。关中是指函谷关以西的渭水盆地，秦都咸阳就在关中的中心位置。盆地和周围的地形，形成了天然的屏障，那儿土地肥沃，是我国文化极发达的地方之一，古时有“金城千里，天府之国”之称。

得关中，便制天下。因此，听了怀王的承诺，刘邦站了起来，因为他等的就是这句话。怀王见是沛公应命，面呈喜色，正欲颁令时，项羽又挺身而出，“某也愿往！”

两人同时应命，该派谁去呢？怀王一时之间难以定夺。便说道：“你们二人同心灭秦，其志可嘉，但二人中只需一人前往。究竟谁去，容后再议。”

散会后，几个老将故意迟走一步。在项梁还没被杀之前，曾命令项羽攻打襄城。襄城的守卫固若金汤，项羽久攻不克，经过了接二连三的

恶战苦斗，好不容易才把襄城攻下。

项羽攻入襄城后，便活埋襄城的敌军和当地的居民。后来，他对于顽强的抵抗者，一律格杀，毫不宽容。他的这种作风，逐渐暴露了他暴虐的本性。楚怀王和诸将最害怕的就是这一点。如果把先头部队交给项羽，民众心里一定很不服气。

所以，不愿项羽加入攻秦的军队，是大家一致的见解。怀王未答应项羽的请求，项羽只得率军北上援救巨鹿城。公元前208年闰九月，项羽和刘邦的咸阳争夺战在联合抗秦的旗帜下揭开了序幕。

由彭城出发，前往巨鹿的宋义和项羽的援军，不久到达了安阳，但上将军宋义却在安阳驻兵不动。经过了四十多天，粮食逐渐缺乏，士兵们开始不满，其中尤以项羽最为愤怒。他质问宋义说：“巨鹿城现在就像风雨中的灯烛一般，我们为什么反而把援军留在安阳不动呢？请快发布攻击的命令吧！”

宋义回答说：“俗话说，‘打牛身上的虻，不能同时杀死虮和虱’，如果将章邯比喻为虻，那么秦就是虱。在这里即使能击败章邯，也无法灭秦，这岂不是徒劳无功吗？现在秦兵攻赵，秦军即使胜利，士兵也一定会陷于疲惫的状态，我们不如等秦兵疲惫时再去攻打，这不是更好吗？然后我们再一举向西占领秦的根据地。所以，现在没有出击的必要。若是与敌军对阵相搏，我力不及你，但在运用战略上，我就比你强多了。”

宋义不理会项羽的质问，反而发布命令：“擅自行动者斩首！”然而宋义却私下违反自己所发布的命令，想将自己的儿子宋襄送到齐国去，且正在与齐相频频交涉中。宋义忙于贿赂宴请齐的使者，根本无心举兵出击。

阴历十一月的华北，天寒地冻，兵士们都因饥寒而恼怒。项羽终于下定决心：“今年收成不好，百姓贫困，军粮缺乏，兵多粥少，而宋义却长此逗留，并日夜豪饮，浪费食粮。说是要等秦兵疲惫再进攻，然而新组成的秦军，军势强大。赵将败北是明显易见的事。等赵惨败后，秦军必然更加强大，我们哪有乘虚而入的机会呢？几个月以前，楚败于秦。怀王痛心，寝食难安，于是倾全国之力，将一切都委托给宋义，楚国的兴废，就在此一举了。而这可恶的国贼不顾国事，却积极谋虑自己的私事！”

第二天早晨，项羽借着与宋义见面的机会，在营里一刀砍下宋义的头，并喊道：“上将军宋义与齐密谋，企图叛楚，楚王命我杀他！”

诸将立刻俯身于项羽面前，大家都由衷地佩服项羽，很高兴看到宋义被杀。于是项羽临时代理上将军的职务。

项羽立即派桓楚到怀王那儿，报告诛杀宋义的始末。怀王即正式任命项羽为上将军。项羽立刻带领援军，向巨鹿进击。项羽首先以两万精兵组成先锋队，由黥布率领。

他们渡过漳水抵达巨鹿，朝着重重包围巨鹿城的秦军猛攻。然而因为兵力众寡悬殊，素有猛将威名的黥布也未能获胜。黥布苦战的消息，传到项羽那里。

“我自己来！”项羽愤怒地站起身来。不久，他亲率部队渡过漳水，并立即下令击沉所有的船只，只留下三天的粮食，锅、釜等炊具也全部烧毁。这么一来，大家既不能逃回去，也不能滞留原地，只有拼死奋力向前出击。

他们立誓要得胜，否则再也不回楚境。于是项羽率领楚军，截断了秦兵的粮食补给线，发出震天的厮杀声，杀向围城的秦军。突击，后退，再突击，又后退，与秦军激战九次。面对决死拼命的楚军，军势浩大的秦军也招架不住了。苏角被项羽当头一击而毙命，涉间自杀，王离被掳，失去大将的秦兵，纷纷向四方逃逸。

章邯闻讯赶来，却也抵不住势如破竹的楚军而撤退了。项羽率领楚军在巨鹿展开激战。先前来救援巨鹿的诸侯军，为数颇多，但他们虽诚心想救赵，却畏惧秦军的强大战力，只在巨鹿的四周布阵，不敢轻举妄动。

此时，他们在壕沟中观战，秦、楚的激烈战斗，使得观战的诸侯们

紧张至极。楚军的厮杀声，惊天动地，以一当十，最终战胜。诸侯们被这种紧张的情势震慑得不知所措。

战后，项羽接见各诸侯、将军，他们都无颜正视项羽。项羽的勇武，因为这一战而更加出名，使得诸侯们佩服得五体投地，都愿意跟从他。

秦将章邯于巨鹿败退后，就转而镇守棘原，隔着漳水与项羽的联军对峙。这期间，因为项羽军队的压迫，使他节节后退。秦军在巨鹿大败的消息，很快地传到咸阳。

暴怒的秦二世，即派遣使者严责章邯的失误，章邯也怕被处罪，立即派司马欣向二世请求将功赎罪的机会。司马欣到了咸阳，投书想谒见秦二世，但是掌握实权的赵高，却因嫉妒章邯，而未安排章邯的使者谒见二世。

因此，司马欣就在宫殿外围的司马门空等了三天，仍未获准朝见皇上。机警的司马欣猜到自己会有危险，就急忙沿着原路返回军中。果然不出所料，赵高不久即命令部下追捕司马欣。

司马欣脱离虎口回来，向章邯报告说："朝廷里，赵高掌握着政权，其他人毫无插手的余地。即使你现在打了胜仗，赵高也一定会嫉妒你的功绩；万一打了败仗，那更是必死无疑。将军，这一点请你仔细三思！"

这时陈余劝章邯投降的书信也送到了。内容是："白起、蒙恬都是秦的名将，功绩辉煌，但最后却都被奸臣所谋害。秦虽颇能起用干才，但等到他们功成利就时，就以某种不实的罪名将他们处死。将军现在的处境正是如此。将军率领大军离开都城已快三年了，这期间，损失的将士为数不少，而诸侯的举兵却有增无减。秦帝国的朝廷里，由赵高掌握着实际政权，面临国家存亡的大事时，他为了避免被二世诛杀，便会将罪过转嫁于将军。这样一来，将军无功会被杀，有功也难逃厄运。不管如何拼命为秦效力奋战，生命都无法长存，这点将军应该甚为明白。在内蒙上叛逆的污名，在外成了亡国的将领，陷入孤立无援的境地，与其如此，倒不如和关东诸侯联合攻秦，然后分地自立为王，这才是将军聪明的作法。”

看完这封信，章邯起先举棋不定，其后仔细思量自己的处境，终于决心投降项羽。于是章邯派遣使者到项羽那里，传达秦军投降的旨意。

随后项羽询问诸将的意见说：“我军粮食也已缺乏，这时我接受章邯的投降，各位应该没有什么异议吧？”

诸将均表赞成。过去几次转战于关东各地的名将，陪同项羽和章邯，在殷墟见面，订立盟约。项羽为了安抚章邯，封他为雍王，使章邯不禁感激涕零。这么一来，章邯所率领的秦朝远征军，全部隶属在项羽的帐下。

增添数十万兵力的项羽，意气更加昂扬，他大声地说：“我要一举灭秦！”于是项羽挥军西进，开始朝咸阳进击。

项羽进军到新安时，军中发生了一件大事。楚和秦原是宿敌，楚人对秦的怨恨非比寻常。所以，章邯投降之后，要双方军队联合行动真是煞费周章，问题重重。楚、秦两军之间的协议，似乎只是项羽和章邯二人的事情，兵士之间仍然存在着很深的隔阂。

向西进军时，楚的诸侯和士兵们回想过去被迫参加劳役或兵役，饱受强秦的欺凌，不禁怨从心生，于是对秦兵采取报复行为。秦兵极为不满，悄悄地议论着：“将军章邯诱骗我们投降项羽，将来进入函谷关后，能够灭秦最好，如果不能，项羽一定会将我们俘虏到楚地，并杀害我们的父母和妻儿。”

有一位将军听到了这番话，立即去密告项羽。项羽对于士兵之间的问题，确实煞费苦心。当秦军投降时，项羽把章邯安排在楚军里，另派司马欣代为上将军，率领秦兵前进。其用意在直捣秦的根据地，并避免兵士之间的隔阂。

当他获悉秦兵有反叛的思绪时，他再也无法坐视不顾。于是，项羽找来黥布和几位将军，共同商议道：“秦兵似乎并未诚心归顺，我们都快到关中了，如果这时他们不听命令，那么后果实在不堪设想。我决定留下章邯、司马欣和董翳三人，至于兵卒，则通通除掉。黥布，这事就拜托你了！”

黥布应允后退下。这天晚上，当秦兵正在熟睡之际，有一支武装部队悄悄地包围了秦兵的营帐。他们并未将四周完全包围，而故意留下一边的出口。

“杀！”

指挥者一声令下，划破了静寂的天空。

“冲呀！”武装的士兵缩小包围的阵线，发出厮杀声。

秦兵因白天行军疲乏，正处于熟睡的状态，突然遭到袭击，都忘了抓武器，就狼狈地落荒而逃，他们冲向没有被围的唯一出口。

“哇！”士兵们发出一阵阵惨叫声，迅即消失于黑暗中。

只一夜之间，二十万具尸体堆积如山，情况之凄惨令人不忍目睹。项羽这种大屠杀比起始皇帝的坑儒，真是有过之而无不及。

解除了后顾之忧。项羽不像后来的诸葛亮，火烧藤甲兵，自己却在山顶上大哭，自谓必损阳寿。项羽是简单的，做一件事，只考虑它的直接后果。

黥布和蒲将军回营复命，项羽尚在帐中酣睡。他做了一个梦，梦见的倒不是杀人场面，而是一位绝世美女。女子朝他走来，鲜活的大腿仿佛挟带着雷鸣电闪。疯狂的交欢，力拔山兮气盖世……项羽乐得咧嘴笑了。

一觉醒来，黥布正侍立榻前。项羽定了定神，继而谈起梦中情景，开怀大笑，黥布也跟着嘿嘿笑。笑完了，项羽转问正事，黥布轻描淡写地说：“都解决了。一个不剩。”

“干得好！”项羽使劲拍了拍黥布的肩膀，大呼，“拿酒来，拿酒来！”

正饮得兴致高的时候，忽然，有一个老头踉踉跄跄地走进帐内，泪流满面，指着项羽大声呵斥道：“那二十万降卒都让你杀掉了。真是伤天害理啊！看你干的这些蠢事！”

说话的这个老头正是范增。他的出现搅扰了项羽的好兴致，身边的人都为他捏了把汗。但项羽的脸上却没有显露出半点的愤怒，反而一直面带笑容，一口一个“亚父息怒”。

自从项梁去世后，项羽一直称范增为亚夫，军中无论大事小情都十分尊重范增的意见。可却偏偏这件大事情隐瞒了范增，这让范增如何不暴怒？依他看，项羽大动干戈坑杀降卒，这样的举动实在是残暴至极，这样做的后果不仅是要失去民心，而且必定会遭天谴，这样愚蠢的行为会毁掉一支生力军。

项羽从始至终一味赔笑，范增也无可奈何，只好拂袖而去。也奈何不得，只得拂袖而去。走到帐外，他一个人寻思道：遇上了这种人，真是老眼昏花，这天下是难以得手了。即使用强力打下来，也断不能持久。得民心方能得天下，他教过项羽一万遍，项羽只当耳旁风。看来，本性难移，说什么都不管用的。

范增很想一走了之，但是，思来想去还是按捺住了内心的冲动。“罢，罢，罢……”范增一声长叹，终于决定不走。他认命了，命运让他遇上项羽，到现在也没有别的办法。

项羽坑杀降卒的消息传到关中，哀声动地。半数以上的百姓家都少了亲人，他们捶胸顿足，泣血斑斑，从此，恨项羽入骨。关内关外，项羽失尽了民心。

奉命西征率先入关

刘邦自从奉怀王之命，从彭城出发，率部西行，西征的第一仗是攻打昌邑。昌邑的守将自知战不过刘邦，便紧闭城门，据高墙固守，拒不投降。无奈之下，刘邦只好麾兵猛攻。

这时，突然有位士卒来报：昌邑人彭越带领千余人前来求见。刘邦双眉微微一皱：“彭越？彭越是干什么的？”

这彭越字为仲，原在湖中以捕鱼为生。膂力过人，待到陈胜、项梁相继起兵，海内鼎沸，各地纷纷叛秦，拥戴彭越为渔长的那部分青年坐不住了，也想乘乱世捞一把，都劝彭越据地自立，带领众人反秦。

众青年十分乐意这样做，因为只要据地自立，就有可能不再干打鱼这份苦差事。就是打鱼，起码也可以不向官府交纳苛捐杂税。然而，彭越对此举十分慎重，说是两龙方斗，看看再说吧。

后来，彭越终于答应，然后一脸郑重地对大家说：“没有规矩，不成方圆。咱们既要举事，就得像一个举事的样子，就得严格照军令行事。我宣告，明晨卯时一刻，众人齐来议事，迟来者斩！”

大家都齐声应道：“越哥放心，吾当遵命便是。”嘴上大家都答应得好好的，但心里却不以为然，彭越这小子，还没有当官呢，便摆出一副当官的样子吓人，实在可笑得很。明日我等偏偏迟一会儿来，逗一逗他。

到了第二天早上，大家三五成群，说说笑笑来到相约的地方，但却没有一个准时来的，其中有一个叫张六的，和彭越关系最好，直到太阳正南，才揉着睡眼，打着哈欠向彭越走去。

彭越把脸一沉，说：“我不想举事，诸位偏要我举事，还硬要推我为长。既然我做了各位的首领，各位就得听我号令！昨天我已正告各位，卯时一刻会议，迟来者斩。但迟来的人太多了，都斩杀了不合适，这样吧，把最后一名也就是张六拖出去砍了！”

起初，大家还以为彭越是在开玩笑，讲到最后，其疾言厉色，这才慌了神，便一齐求情道：“越哥，张六与咱们大家可都是情同手足，又是初犯，您就饶了他吧！”

彭越摇首说道：“不可，不可！有道是‘军无戏言’，各位快把张六拉出去砍了，斩首示众！”

众人面面相觑，心跳加剧。倒是张六满不在乎，他不相信彭越会杀他，抱着膀子冷笑。彭越见无人听他命令，勃然大怒，拔出佩剑，照着张六，抹脖子切去，

张六猝不及防，只听“咕咚”一声，那头便掉在了地上，颈腔里喷出一股鲜血，溅了彭越一身一脸。这一来，把大家都吓傻了。彭越杀了张六，一面悬首示众，一面摆设祭坛，告知神灵。从此，大家对彭越又敬又怕。

彭越这个举动，将一帮乌合之众，在短时间内建成准军事力量，尽管有些残酷，但确实证明彭越有胆有识。彭越起事后，又招募各地散兵游勇，不久，就建立了一支千余人的队伍。正当他想攻打昌邑，得知刘邦率军到来，忙投帖求见。

听小卒道罢彭越来历，刘邦满面赞许道：“此人倒是一个人物！请，快请他进来见我！”

于是，越与邦合兵一处，共同攻昌邑，城上矢石如雨，反伤了几个攻城兵。彭越将上衣一甩，叫道：“沛公，您为我擂鼓助威，看我如何攻城！”

刘邦拍着彭越的肩膀笑劝道：“将军莫急，不就一座破城吗？咱攻不下它，就暂放一放，改道高阳，只要我取了咸阳，此城不攻自破，何必要和它怄气呢？而且为了一座破城，将军要是有什么闪失，我会愧疚一辈子的！”说得彭越热泪盈眶。

当天晚上，彭越做东，宴请刘邦的军队，他满面愧疚地说道：“沛公，照理来说，在下应该随您西进，可是，下月初三，正是我的老母亲的忌日，恕在下不能与您一起灭秦了。”

刘邦忙道：“将军不必内疚，反秦大业，岂能是一天能完成的，你就安心为老母过忌吧！只是，请将军千万不要忘了愚兄，一旦有事，相求将军，将军莫要推辞才是！”

彭越说道：“不会的，不会的，沛公什么时候召唤在下，在下便在什么时候去见沛公，若违誓言，天打雷劈。”

二人又说了一阵闲话，才各自去休息。第二天，彭越列队为刘邦送行，刘邦特命萧何赠彭越白银千两，挥泪而别，自己带着人马直奔高阳。话说这高阳是一个县城，城本不固，守军又少，不久就被刘邦一举攻下。刘邦得了高阳，下榻县署。

郦食其是高阳人，他早年爱好读书，时时关注各国局势。魏景湣王三年，也就是公元前225年秋，秦国攻灭魏国，食其家贫落魄，沦为陈留门吏。但是他的性格孤傲不驯。因此，县中的豪杰都不敢役使他，并且都称之为放荡不羁的狂生。

等到陈胜、项梁等人反秦起义时，各路将领攻城略地经过高阳的有数十人，但郦食其听说这些人都是一些斤斤计较、喜欢烦琐细小的礼节、刚愎自用、不能听大度之言的小人，因此他就深居简出，隐藏起来，不去逢迎这些人。

后来，他听说刘邦带兵攻城略地来到陈留郊外，而刘邦的部下恰好有一名与自己是同乡的人，刘邦经常向他打听他的家乡的贤士俊杰。

有一天，刘邦的那个部下回家探亲，正好碰见了郦食其，郦食其看到他后，对他说道："我听说沛公刘邦傲慢看不起人，但他却有着很多远大的谋略，我想这才是我真正想要追随的人，只可惜眼下没有可以引荐我的人。你若是见到沛公，可以这样对他说，'我的家乡有位郦先生，年纪已有六十多岁，身高八尺，人们都称他是狂生，但是他自己说并非狂生。'"

刘邦部下说："沛公刘邦并不喜欢儒生，那时有好多头戴儒生帽子的人来找他，他就会让那些儒生把帽子脱掉，然后往帽子里面撒尿。在他跟别人谈话的时候，他总是动不动就破口大骂。所以您最好不要以儒生的身份去向他游说。"

郦食其听到他的话后，说："你只管像我教你的这样说。"

这时的刘邦因为他双脚的痼疾正在泡脚，热水的浸泡，加之两个女子的轻揉慢搓，使刘邦通体舒泰。连日的劳累，似乎一齐到来，刘邦昏昏然，直打瞌睡。蒙眬中，忽听小卒一声禀报，忙睁开两眼。

部下说："禀沛公，有一老儒持帖求见。"部下果真把郦食其的话转告给了刘邦。

刘邦道了一声"好"字。然后，那人就去召郦食其前来拜见。待郦食其进来之后，刘邦见他儒衣儒冠，既不行礼，也不开口，一副高傲的神态，便生三分不悦，依然高坐床上，张开两足，让人为他洗脚。好像根本就没有看见郦食其一样。

这时，郦食其开口了："阁下带兵至此，是帮助秦国攻打诸侯呢，还是率领诸侯攻击秦国呢？"

刘邦见郦食其举止粗俗，语言唐突，已由不悦转为大怒，刘邦开口大骂："糟老头，不要胡说八道，你应该清楚，天下百姓已受够了秦朝的暴政，都起而抗秦，难道我会逆天道，帮助秦朝吗？你听着，我奉怀王之命，是进攻秦朝的正义之师！”

郦食其不紧不慢地说：“阁下如果是伐秦的队伍，是正义之师，那么，你在会见年长的人时，竟然坐着，还让下女为你洗脚，这成什么样子？行军不可无谋，若傲慢地对待贤士，谁还来献计呢？”

刘邦一愣，人家说的有道理，看来是自己的不是。刘邦连忙起身，整理好衣服，请郦食其坐上位，而后又向他郑重道歉。接着，郦食其谈了六国合纵连横所用的谋略，刘邦喜出望外，派人端上了一桌好饭，与郦食其共同进餐，随后便问道：“依照您的眼光，今天我们该如何制定这个计划呢？”

郦食其说道：“您把散乱的兵卒整合起来，上下加在一起也不足一万人，如果按照现在这样的形势跟秦对抗的话，势必是以卵击石。陈留这个地方是天下的交通要道，是个四通八达的地方，何况现在城里还有很多的存粮。而我和陈留县的县令十分要好，请您派我到他那里说服他向您投降。要是他不听从的话，您再发兵攻城，而我将会在城内作为内应。”

刘邦听了郦食其的话高兴得不知如何是好，连忙请郦食其先行，自己带着人马连夜赶奔陈留。郦食其到了陈留，径直进见县令。两人寒暄几句便转入正题，郦食其将陈留的守与弃的利害得失详说一遍，怎奈守令不为所动，一心跟定秦朝。

事已到此，郦食其便见风使舵，对守令的忠心夸奖一番：“大丈夫不事二主，好！好！”郦食其佯装关心陈留防务，与守令谈论如何守城。陈留守令十分高兴，设宴相待。郦食其本是酒徒，灌上几斤酒，就像喝水一样。

陈留守令不善饮酒，刚下几杯就脸红脖子粗。郦食其鼓动三寸不烂之舌，将守令灌得烂醉如泥，不省人事。郦食其见火候已到，便趁黑夜悄悄混出县衙，打开城门，放刘邦的一支精干人马入城，并引兵到县衙。

县衙守军早就逃之夭夭。陈留守令尚醉卧未醒，被刘邦的兵卒乱刀砍死。此时天已大亮，郦食其命人打开四门，迎入刘邦，并贴榜安民，秋毫无犯。

刘邦没有去县衙，直接去了粮仓。打开仓门一看，刘邦乐坏了：里面的贮粟太多了，足够吃一阵子。军中有粮，心中不慌，刘邦进军关中的信心更足了。郦食其因攻占陈留有大功，被刘邦封为广野君。以表其功。

郦食其有一弟，名叫郦商，智勇双全，原在陈留设坛传艺。经郦食其引荐，拜为裨将。商之徒众及陈留少年，得知郦商投了刘邦，相继归附，刘邦得四千余人，军威愈壮！

经过一月休整，刘邦亲率大军，转攻开封，数日未下，忽听探马来报，说秦将杨熊自北领军来援开封。刘邦害怕两面受敌，忙麾兵撤围，径去截击杨熊。行至白马城旁便与杨熊前队相遇，那前队的裨将不知道周勃的厉害，只三回合，被勃刺于马下，秦兵见状大惊，慌忙后撤，任你杨熊喊破了嗓子，也无济于事。

及至退到曲遇东偏，地势平坦，熊方收住败军，就地布阵。顷刻，刘邦率兵赶到，杨熊挺枪跃马，指名要战周勃。勃没有答话，斜刺里冲出一将，刘邦举目看去，竟是高起，正要开口阻拦，高起已经冲到了杨熊马前，“叮叮当当”地打了起来。高起不是杨熊对手，五回合不到，便被杨熊挑飞了长枪，拨马便逃了。

“小子休走，吃我一枪！”杨熊拍马追了过来。

在刘邦军中，论关系，陈贺、薛欧与高起最铁，双双抢出阵来，共战杨熊。杨熊一杆枪抵住刘邦两员战将，居然面不改色，气不发喘。

刘邦暗自称奇，转脸对周勃说道：“勃弟，要想收拾杨熊，怕是还得由你亲自出马呢！”

周勃道：“沛公放心，末将这就上前，替换陈、薛二将。不出二十回合，定然斩那杨熊狗头！”

谁料，秦军乖巧得很，见杨熊独战刘邦二将，略占上风，便将马鞭一挥，驱动三军，杀向刘邦之军。刘邦军队防不胜防，慌忙向后撤退。

秦军乘胜追击，追了十几里后，忽然停了下来。

刘邦大感诧异，这秦军怎么不追了呢？收住败兵，遣夏侯婴前去打探消息。

一会儿工夫，夏侯婴折了回来，满面欣喜地说道：“秦军正在追我，冷不丁被张良抄了后路，这才是‘螳螂捕蝉黄雀在后啊’。妙，实在太妙了！”

这样，战斗的优势马上转到刘邦手里。原来，项梁在薛地召集天下诸侯拥立怀王、复兴楚国的时候，张良没有忘记他的韩国梦，所以就向项梁建议：秦所灭的六国除韩国外均已恢复，不如恢复韩国，可以号召更多百姓起兵抗秦，当然，韩国名为自立，实属于楚。

项梁接受了张良的建议，立韩王后代成为王，任命张良为韩司徒，派他们到韩地广招兵马，收复失地。张良依依不舍作别项梁，与韩王成一起攻取原属韩地的城池。

因为张良的人马过少，只有千余人，虽然夺得几座城池，也时得时丢，没有固定的根据地，只得到处打游击，现在听说沛公到此，于是特来相助。

两人战场重逢，自然都十分高兴，当即择地安营，共叙衷肠。刘邦决意帮助张良夺取原属韩地的颍川。第二天黎明，刘邦命樊哙做先锋，率军三千，朝颍川杀去，己则与张良殿后。

颍川守兵，满打满算，不到两千，如何挡得住樊哙之军，只一仗，便被杀得人仰马翻，龟缩到颍川城不敢露头。刘邦欲要强攻，张良献计道：“城内有二武师，一名孔熙，一名陈稀，与末将相善，早有反秦之心，见末将势单力薄，未敢轻举妄动。如今，章邯兵败巨鹿，颍川又大军压境，正是促其叛秦之大好时机。以末将之意，修书一封，射进城去，让其杀令以应我。不知沛公意下如何？”

刘邦不假思索道：“此计甚好，先生快快修书，吾当亲手射进城去。”

这一射，县令人头落地，颍川落入张良之手。张良一边置酒盛宴刘邦，一边商议收复荥阳之事。忽有探骑来报，秦将杨熊，因吃了败仗，竟然被赵高杀死。

“好，杀得好！”刘邦敲着桌子赞道，“赵高可真是一个可意人儿，什么时候能将所有守将都杀了，我将为赵高请功。”说得诸将哈哈大笑。

杨熊一死，荥阳不战而胜，下一个目标便是韩都郑地了。兵未及发，忽闻赵将司马印，也欲渡河入关，夺取咸阳。咸阳一旦为司马印所破，刘邦要做关中王的美梦，岂不是打了水漂？故而害得他双眉紧锁，食不甘味。

张良倒也识趣，向刘邦劝道：“复韩之业与灭秦之业相较，灭秦为重。试想，暴秦既亡，韩还不得复吗？”

刘邦道：“如先生之言，是要我舍弃韩而入关了？”

张良道：“正是。”

刘邦默想片刻道：“先生处处为我着想，我真不知如何感谢先生才好。不过，我有一不情之求，说出来先生莫要生气。”

张良道：“你我一见如故，亲如手足，有什么话尽管说。”

刘邦道：“入关之路，关隘颇多，守兵也多，可谓困难重重，我一人身上，实在有些太重，我意邀先生随我同行，参赞军戎下如何？“

张良深思良久，才回答说：“韩王是末将所立，末将若是随公西行，丢下他一人实在放心不下。但公又是末将生平所最敬重之人，公之命末将不敢不遵。这样好不好？公给末将三天时间，末将去寻一个人，若是寻得到此人辅佐韩王，末将便随公西行。”

刘邦满面困惑道：“先生所寻之人，何许人也？竟对先生如此重要？”

张良道：“此人姓韩，名信，是故韩襄王的一个庶孙，智勇兼备，若能寻得他来，由他辅佐韩王，末将方可高枕无忧。”

刘邦道：“既然韩信对韩如此重要，在下陪先生一同去寻，岂不更好？”

张良接着言道：“万万不可。那韩信无父无母，无妻无子，行踪飘忽不定。”

刘邦一脸沮丧道：“既是这等说，先生去哪里寻他？”

张良道：“信有一乳母，于信有救命之恩，就葬在郑地郊外。昨日乃乳母忌日，信很有可能回来为乳母上坟。”

刘邦道：“既然那韩信有可能回来给乳母上坟，在下为何不能陪先生一道去寻呢？”

张良道：“郑地如今还在秦军手中，您这一去目标太大。”

刘邦立刻说了一声：“原来如此。”

刘邦正想送张良上路，一个小卒来报：“沛公，帐外一人，自称韩信，前来求见，请沛公明示。”

没等刘邦开口，张良抢先问道：“来人可是身长八尺有余？”

小卒道：“正是。”

张良满面欢喜道：“沛公，此人正是末将所寻之韩信。”

刘邦鼓掌说道：“天助我也。快请，大帐请。”

张良道：“不，末将要亲去迎他。”他这一说，刘邦也不得不迎了。三人见面之后，略略寒暄了几句，张良便径直奔向主题：“韩兄来得正好，沛公西行攻秦，邀弟同行。弟正愁无人辅佐韩王，兄便来了，兄说这不是天意吗？”

韩信笑道：“正是天意。只是，愚兄德薄才浅，怕是辅佐不好韩王呢！”

张良也笑道：“韩兄不必谦虚，兄若早日出山，暴秦怕是已经被吾等赶出韩地！”

韩信道：“贤弟如此高看我，我也不能令贤弟失望，贤弟尽管随沛公西行，辅佐韩王之事，交给我好了。”

张良谢过韩信，随刘邦一道西行。刘邦原打算沿黄河一线，通过函谷关进入关中，不料在洛阳东打了一败仗，几乎全军覆没，弄得刘邦长吁短叹。

张良道：“沛公不必懊丧，洛阳这一关咱冲不过去，他司马印未必就冲得过去。即使冲过了洛阳这一关，还有函谷关，东自崤山，西至潼津，全长二百余里，山险、路陡、谷深，内有一关，深险如函，故名函谷关。素有‘一夫当关，万夫莫开’之称。当年，楚、赵、魏、韩、卫等国，合纵攻秦，也是大败而还……”

这一说，刘邦愈发懊丧：“如先生之言，这西征暴秦之事，几成泡影了？”

张良道：“沛公别急，末将还没把话说完呢！谚语说‘咱惹不起还躲不起吗？’进攻咸阳之路，除函谷关之外，还有一条，只不过有一些绕远而已。”

刘邦恍然大悟：“知道了，知道了。先生是要我绕道南阳呢！”

张良微笑着点了点头。

刘邦果断地说道：“好，我就绕道南阳，打暴秦一个措手不及！”当即传令三军，改走南阳。

刘邦军队势如破竹，连下十余城，与张良一起，直逼南阳郡。南阳太守多少懂得点兵法。南阳太守为了争取主动，免于围困，便主动迎战刘邦。

哪知南阳太守根本不是刘邦的对手，被刘邦迎面一击，就败逃南阳郡的宛城。刘邦追至宛城下，见宛城的城防确实高于它处。宛城城墙高大而厚重，城头上秦兵人头攒动。看来，城内秦兵早有防范。刘邦生怕久攻城池不下，形成削弱战，影响进兵关中的速度。所以，刘邦命令士兵避开攻城，从城外绕道而过，向关中急进。

刘邦的军队浩浩荡荡，迤逦而去。走过宛城十余里，张良骑马追上刘邦，力主刘邦先攻宛城。熟读兵法的张良比刘邦要高明，他已看到轻易越过宛城后患无穷。

张良对刘邦说：“沛公想急入关中无可指责，可我们要注意身后，防止秦军两面夹击。前面，秦军的防守肯定更坚，若不拿下宛城，肯定留下后患，秦兵在前面抗击我们，后面，宛城的守军再堵住我们的退路，我们难以进退，处境可就危险了，不如先攻宛城。乘宛城守军没有防备，突然而至，收复宛城，可解后顾之忧。”

一席话，刘邦恍然大悟。刘邦一拍脑袋：“多亏有了子房，要不就坏大事了。”然后，刘邦马上掉头而回，给宛城一个回马枪。刘邦军队偃旗息鼓，悄然而行，神不知鬼不觉地来到宛城城下。待到天色微明时，已将宛城包围三圈。

南阳守令做梦也没有想到刘邦这么快就杀回来，原来，他见刘邦队伍绕开宛城而去，长长地松了一口气，便邀集部下，痛饮一场，尔后，痛痛快快地睡了一夜，那觉睡得真叫高枕无忧。

早晨，他尚处在甜甜的梦乡，他的亲兵突然而至：刘邦又回来了。南阳太守战战兢兢地穿上衣服，跑到城楼往外一看，魂飞天外，傻了。城外，刘邦的军队环集如蚁。南阳太守自感自己的末日到了，此次必死无疑。

南阳太守口中反复说着两个字：“完了，完了……”

说着说着，便抽出佩剑，横在肩上，意欲自刎。

在千钧一发时刻，后面传来喊声：“大可不必，离死还早着呢！”

南阳太守忙回头，见是舍人陈恢，便冷冷地又毫无希望地问：“你不叫我死，你有什么办法解脱困境？”

“办法有的是，就看郡守办不办了。”

“那你说说看。”南阳太守似乎又看到了希望。

陈恢也神气起来，大胆进言：“沛公宽厚待人，有容人之量，依我之见，太守不如投奔沛公，既可免死，也可保全禄位，何乐而不为？”

“你说的有道理，你愿到沛公大营与沛公商议吗？”南阳太守一改往日骄横的神态，几乎用乞求的口吻对陈恢说。

“大人有难，小的怎敢不帮。”

当下，陈恢出城与刘邦相见。陈恢见到刘邦开门见山：“仆闻楚王有约，先入关中者为王，今沛公要取宛城，理所当然，然而宛城连着几十个县城，吏民甚众，自知投降必死，逼得他们不得不凭城固守，沛公虽有精兵猛将，未必能一口气全都攻下，且多伤士卒；若舍宛不攻，贸然西进，宛城必发兵追出，沛公前有秦兵，后有宛卒，腹背受敌，这样，胜负难卜，沛公如何进得了关中呢？依敝人的看法，最好招降郡守，给他封爵，仍用他守宛城，沛公可带宛城士卒继续西进。郡守都降了，其他城池必效仿，沛公西行路上所遇各城，必然会开门迎接沛公，这样，沛公可长驱直入，毫无阻碍了。”

刘邦连连称好，对陈恢说：“我从不拒绝受降，如果南阳郡守出降，我自然给他封爵，烦君向郡守通报一声。”

陈恢急速返城，通报郡守。南阳郡守亲自打开城门，引导刘邦入城。刘邦封南阳郡守为殷侯，陈恢为千户，命他们两人留守宛城。刘邦带着原有人马，再加上宛城兵卒向关中进发。

果然，沿途城邑，见刘邦军队到了，纷纷归降。刘邦对降将一般按功封赏，让他们各得其所。刘邦大大加快了进军速度，并且队伍像滚雪球一样迅速壮大起来。

而后，刘邦经丹水，沿途城邑闻风而降，不到两个月的时间就抵达茂林村。那村距离武关，已不到一百里，刘邦正在暗自高兴，突然有一军拦住去路，为首一将，黑马铁枪，眉如卧蚕，面如银盆，勒马大叫道：“快请沛公出来相见。”

傅宽见了，也不等刘邦答话，跃马舞枪来战黑马将，不到二十回合，被黑马将生擒过去。樊哙见傅宽被擒，大吼一声，冲出营来，与黑马将大战了四十回合，不分胜负。

高起、薛欧双双抢出阵来，相助樊哙，黑马将自知不敌，高声说道：“我求见沛公，并无他意。吾等聚众两千人，要取关中，情愿与沛公合兵一处，一同征进！”

刘邦在门旗内观阵，听了黑马将的话后，急忙下令鸣金收兵。自个儿骑马挺身来到阵上，问道：“壮士要见刘邦，有何指教？”

黑马将瞪着眼问道：“你真的是沛公？”

刘邦笑道：“壮士看我不像吗？”

黑马将把刘邦仔细打量一遍，自言自语道：“龟背斗胸，长颈龙颜，像、像极了！”于是，便下马拜伏在地，“末将在此等候多时，仰思真主，今日见面，适才与诸将对敌，不过面试勇武，想要我主留用耳，不是想与大军抗衡！”

刘邦道：“壮士高姓大名？”

这个人回答道：“在下姓灌名婴，睢阳人。弱冠后在咸阳经商，同伴有五六人，过茂林，忽然遇到草寇百余人，吾与盟兄靳歙，双双抢出，共战草寇，草寇不敌，跪伏于地，愿奉末将和靳歙为士。末将见二世无道，也有反秦之心，所以便答应，从者如蚁，得三千人。听闻沛公行仁义之兵，所过望风归附，我们不敢逆天而行，极愿归附沛公，请沛公千万莫要拒之。”

刘邦听了大喜：“将军如此英武，世所罕见。我巴不得像你这样的将才，尽归我的麾下。将军快快请起，快快请起。”

等灌婴起身之后，刘邦复又问道：“哪一位是靳将军，能否让我见一面？”

灌婴道：“靳歙到乡下筹集粮草去了，晚上才能回来。”

刘邦点了点头道：“如此说来，我就在此歇上一宿，等到明天五更的时候，你亲自为我带路，兵发武关。”

而后刘邦率军出胡阳，下析、郦，直抵武关。武关系秦朝重关，只因刘邦进兵太快，守将来不及征调兵力，只有老弱残兵数千人，守将如带兵迎敌，不值刘邦一扫。就这样，好端端的一座关城，白白送给了刘邦。

过了武关，就进一步临近咸阳。此时咸阳城里讹言四起，人心惶惶。就在刘邦与项羽分兵攻打秦兵的时候，秦二世与赵高已把堂堂秦朝搞得七零八落，乌烟瘴气。秦朝垮台已成定局。秦朝垮台首先败在内部。当然，这也帮了刘邦等反秦力量的大忙。

秦二世胡亥是昏庸无道的天子，赵高是阴险残忍的奸臣，这种奇妙的组合，断送了秦朝的数百年基业。昏君任用奸臣才更助昏庸，奸臣因为昏君才有存在的市场。赵高由于二世的宠信，几乎控制了整个朝廷。他担心群臣不服，便要借机检测，威慑一下。于是便有了“指鹿为马”。

有一天，赵高告诉二世，他有一匹马要献给二世。二世听后很高兴，对赵高说：“丞相献马，定是好马，你将马牵来。”

赵高将一只鹿牵入宫中。二世一看，便笑了说：“丞相错了，你怎么将鹿误认为马呢？”

赵高十分肯定地说：“这分明是马，不是鹿，”然后问众臣，“你们说是鹿是马？”

左右侍臣面面相觑，不知赵高葫芦里卖的什么药，谁也不敢表态。

“你们说是鹿是马？”二世又问众侍臣。

这时，几个傻乎乎的侍臣，壮着胆子说了真话：“那确实是头鹿。”说完他们偷偷看着赵高的反应。

不料，赵高愤然作色，调头离去。几天后，赵高把说鹿的几位不识时务的侍臣，诱出宫禁，随便给他们安上一个罪名，全部斩杀。从此，宫内的近侍，宫外的大臣更加畏惧赵高，谁也不敢有违赵高，惟恐自丧性命。

秦二世三年，也就是公元前207年9月，丞相赵高逼杀秦二世，去秦帝号，立子婴为秦王。五天后，子婴诛杀了赵高。而后急召群臣入宫。公子婴指着赵高的尸体，历数赵高的罪恶。众臣见赵高一除，胆子马上就大了，纷纷争颂公子婴英明，说赵高死有余辜，还应诛杀赵高三族。

公子婴深以为然，命人捕捉赵高家人，将赵成、阎乐一并拿获，俱处死刑。尔后，公子婴入庙告祖，登上王位，率兵五千，进驻峣关，力守最后一道关口，以拒刘邦。

而刘邦原以为赵高必杀子婴，乘秦国大乱之机，发兵进攻咸阳，不料，子婴反而杀了赵高，不仅稳定了局势，且遣兵相拒，不由得勃然大怒，想要自引大兵，前去攻打峣关。

这时张良对刘邦说：“守峣关的秦将，系一个屠夫的儿子，肯定贪利，沛公可派人带着金银珍宝，送与秦将，同时，我们在峣关外面的山上，多竖旗帜，多多益善，给秦将造成大兵压境之势，这样，秦将内贪重赂，外怕强兵，必不战而降。”

“不战而屈人之兵，是上策，子房的计谋太好了。”刘邦看到不费兵卒即可以巧占峣关自然高兴万分。当即派郦食其带着大量的金银珠宝只身进峣关，招降秦将，并拨兵数千，悄悄上山，遍列旗帜，一时，峣关外面的山上旗幡招展，似有无数兵马。

此时秦将正在休息。几天来，峣关危机四伏，刘邦随时都有可能进峣关，一场恶战已不可避免，秦兵秦将均无斗志，战战兢兢，如履薄冰，秦将寝食不安。这天早上，守关秦将，一夜未眠，他怕刘邦深夜偷袭。见一夜无事，困意袭来，秦将回室休息，刚入梦乡，突有兵卒来报：“峣关外面，突然出现大量楚兵，多得不可胜数，简直人山人海。”

“少啰唆，带我去看一看。”秦将打断了士兵的报告，急急忙忙登上峣关门楼。极目东望，山上山下竖立无数的楚军旗帜，秦将心里顿时打起了鼓：“这个仗没法打了，尽管峣关易守难攻，可刘邦的军队太多了，如此数量的军队能将我峣关踏平，这如何是好？”

正在秦将抓耳挠腮，束手无策之际，又有士兵来报：“刘邦派来一位老头，要见守将。”

“有何来意？”秦将追问。

“老头说要见了守将再说。”士兵回答道。

秦将命人把刘邦的使者带入内室相见。郦食其捧着一个大盒子来到了秦将住处。秦将坐在椅子上，两边是十来位护卫亲兵。郦食其是一位胆量极大的老者，见到秦将面无惧色。

秦将见来人凛然不语，只是看着两侧的亲兵，知道来人有密话要对他说，他见来人是位老者，一位体衰的老人不会对他构成威胁。于是，秦将挥手屏退护卫亲兵，室内只留他与刘邦的使者。

郦食其开口了：“本人郦食其，是沛公的部下，今奉沛公之命，前来商议两军大事。”说完，他将盒子打开，请秦将过目。秦将哪见过这么多珍宝，一时心花怒放，见一样，爱一样，对每一件珍宝都爱不释手。

郦食其见火候已到，便坦言说道：“沛公素仰将军大名，所以特命我携物向将军致意。”说到此，郦食其话锋一转切入正题，“不知将军对今日局势是如何看法，老朽认为，秦朝已维持不了多久，将军若一心为秦，孤守峣关，沛公带领的几十万兵马，肯定会与将军兵戎相见。可据老朽所知，将军明白事理、明察事机，也深知利害，所以，沛公先礼后兵，不过沛公再三明示老朽，沛公爱才，不愿与将军兵戎相见，请将军明断。”

秦将早已动心，没有等郦食其把话说完就一口应承：“我愿与沛公合作，同攻咸阳。”

郦食其见大功告成，当即辞别，返回楚军大营。郦食其有个毛病，每有成功之处，便喜不自禁，言辞也大大咧咧。郦食其见到刘邦先哈哈大笑一通，然后自吹自擂一番：“沛公，办妥了，那小子经不住我一番鼓动，很快就有了反意，我这利嘴能将死人说活，能将活人说死，日后若有游说之事，就交给我去办，我一定能办成。”

刘邦听说峣关马上可得，心花怒放，对郦食其说：“你又立了大功，如此取峣关，不仅可免伤兵卒，又可加快进攻咸阳的速度，甚好！甚好！当然，如有游说之事，非你莫属，你这套功夫，别人赶不上。”

刘邦为郦食其准备了丰盛了午饭，见郦食其酒足饭饱，刘邦对郦食其说：“你现在马上去见秦将，告诉他我同意合兵一处进攻咸阳。”

“沛公不可！不可啊！”张良出面阻止。

“嗯？”刘邦扭头看着张良，可心里却打着问号：前日你说不可强攻，你说的对，我依了你，今日要与守关秦将兵合一处，怎么你又有异论了？

张良见刘邦有疑问便进一步说明理由：“现在同意跟我们一起打咸阳的只有守关秦将一人，此人系贪利之人。贪利必轻诺言，谁知他什么时候反悔，再者，他的部下未必全听他一人的号令。我们若贸然与守关

秦朝兵将联合，一同入关，很难意料会发生什么事，万一与我们同行的秦朝叛军途中有变，偷袭我军，我们就太危险了。依我之见，最好乘守关秦将不备，突然发动袭击，定获全胜。这样既可免忧，亦可收容秦兵编入我军，到时，再打咸阳也不迟。”

刘邦听后，恍然大悟，拍拍张良的肩膀，高兴地说：“子房，有你的！有了子房，我可无忧矣！”

当即，刘邦点齐兵马，让周勃带领，走小路绕到峣关后面。峣关之上，一片寂静，除了呜咽的秋风不闻人声。秦军确实放松了戒备。

秦将送走郦食其后，一边等郦食其的音信，一边看着满盒的珍宝算计着美妙前程……正在此时，屋外号角连天，杀声动地。

一支强干的人马从秦军营后杀来，秦兵十分茫然：这是哪家的人马？楚军在东面啊，难道后面是自己的援军，以为峣关失守，前来阻击？

好呀，这可能是自己人打了自己人。秦兵在发出一连串的疑问后，作出了荒唐的判断。从秦营杀过来的军队越战越勇，一路砍杀。秦兵也顾不上分清是哪路人马，四散而逃。

秦将也慌了，抬步出门，跑到后营，想看个究竟。尚未分辨仔细，一大将持刀站在他的面前，刀光一闪，秦将头颅被劈成两半，秦将至死也没有明白为谁所杀。

砍死秦将的大将就是刘邦的得力战将周勃。周勃偷袭峣关成功后，刘邦带领兵马越过峣关，追杀秦兵。刘邦的军队连连大捷，士气正高，一阵痛击，秦军大败，逃回咸阳。

此后，刘邦军队竟然没碰上秦军的一兵一卒，一路无阻，到达咸阳附近的灞上。咸阳距灞上仅有数十里路，既无天险可凭，又无兵将可战，把子婴急得就像是热锅上的蚂蚁，忙召集大臣计议，可是那些大臣也都束手无策了。

子婴越加焦灼，连声问道：“诸位爱卿，你们到底说说现在该怎么办？”任他喊破了喉咙，终无一人应腔。子婴喊累了，伏在桌子上哭了起来。

忽然，有一个侍卫疾步而入，双手呈给子婴一封信，子婴打开一看，原来是刘邦写的来书，大概意思就是让他投降。

子婴捧着书信，就像傻了一样，久久没有说出一句话。这时韩谈走过来，接过这封信，大致看了一下，然后又转给了别的人看。大家接二连三看过信件之后便都没了表情。

子婴长叹一声，泪流满面地说："既不能战，又不能和，看来只好依书出降了！"说完，便又"哇"的一声大哭起来。

这时内侍劝道："大王，哭不是办法，那楚使还在门口等着要大王的回信呢！"

子婴一边哭一边说："你去转告一下楚国的使者，请沛公择定受降之日及受降之地，我当带着传国玉玺如约而降。"

而后，沛公便将受降之日定在十月十六，受降之地定在织道。织道，是一个亭名，距咸阳东南之城门五十里，东去灞上四里。到了受降那天，子婴带着文武百官，捧着传国玉玺，满面泪容地来到织道旁，等候刘邦。

这时，刘邦带领全军列队而进，耀武扬威地来到子婴面前，子婴忙双膝跪地，双手捧着玉玺，叩首说道："罪臣子婴请降，祝沛公千秋万岁！"

子婴为王，只有四十六天，便把大秦江山双手奉献了出去。其实这并不是子婴误国，是始皇过于残暴，不知道体恤百姓，而后的胡亥，更是残暴至极，而且还昏庸至极，怎会不亡国。

秦朝至此灭亡，共立国十五年零四十七天。

重回灞上约法三章

秦二世三年，也就是公元前207年十月，刘邦在接受秦王子婴的投降后，以胜利者的姿态进入了咸阳城，并以“关中王”自居。咸阳这个地方刘邦不止一次地来过，但他何时来过秦宫？何时见过这般富丽堂皇的金殿？何时坐过雕龙宝座？如今他都做到了。此刻的他便心生贪念，准备就此住下，享受享受。

咸阳城头竖起的一面白底黑字“刘”字大旗随风飘动。萧何、张良、樊哙、周勃……文者长袍高冠，武者盔甲罩身，征战的风尘疲倦掩饰不住内心的喜悦，人人精神饱满，胜利之情溢于言表。

这些来自东土上的贫苦农家子弟，在经年累月的浴血奋战之后，在秦都咸阳看到的是另外一个世界：数不清的壮丽宫殿，雄伟的咸阳城墙，宫中的无数珍宝、美人……令起义军的将士们目不暇接，眼花缭乱。

且莫说义军的将士们意想不到人世间竟会有这等美妙的天堂，就连沛公本人，虽然曾多次带领服役的民夫和刑徒来过咸阳，但除了见到过咸阳城墙、正在建设中的阿房宫工地，并有幸纵观秦始皇的车驾出游之外，无数的宫殿内部又是何等景致，这怎么会是他一个小小的亭长可以涉足和参观的地方？

可以预料，当沛公的将士们沉浸在欢庆胜利的海洋之中的时刻，他们是何等的兴高采烈，那是怎样的一种气氛。面对昔日供秦皇帝一人享用的宫室、财宝、美女，今朝一旦归属于自己所有，这些出身于社会底层的义军将士们，头脑中会想些什么？又将如何地对待？

此刻，内心中最为激动的，莫过于沛公刘邦。“大丈夫当如此也”，几年前面对秦始皇威武雄壮的出游队列发出的感慨今天变成了现实，看来，人们常说自己有帝王之相也确非奉承的妄言……而如今，秦皇帝所享用的一切又都归他所有。

做了多年的皇帝梦，今朝岂不已成为现实了么？刘邦是那样急不可待地想享受一下皇帝所过的生活，似乎这个世上只有他沛公刘邦和部下将士们的存在。项羽率领几十万大军直扑咸阳而来的这一事实，刘邦却没有去想。

因此，这位原本“好酒及色”的刘邦，想要留在秦皇帝的宫室之中。这就是《史记·留侯世家》中所记载的：

> 沛公入秦宫，宫室、帷帐、狗马、重宝、妇女以千数，意欲留居之。

“关中王”“关中王”，城墙上一阵热烈的欢呼声打破了刘邦的遐思，紧接着锣鼓齐鸣，声乐奏起，欢呼声夹杂着器乐声，相唱相和，气氛非常热烈。先入城的将士为刘邦举行盛大的入城欢迎仪式。

“哈哈哈……”刘邦仰天朗声长笑。

然而，在刘邦的部下中，至少有三个人仍然保持着清醒的头脑，这便是樊哙、张良和萧何。樊哙在沛县时以屠狗为生，为避祸曾与刘邦一同匿身于芒砀山。

沛县起兵后，樊哙跟随刘邦南征北战，屡立战功，“赐爵封号贤成君”，仅“攻武关，至灞上”的路上，便“斩都尉一人，首级十个，捕虏一百四十人，降卒两千九百人”。

这时，性格直爽急躁的樊哙看到刘邦不顾天下至今还未定的事实，想要留在秦皇宫中享乐，由不理解转而气愤，首先站出来据理直谏道：“沛公是想要夺得天下呢？还是想要做富家翁呢？眼前这些奢侈华丽的东西，都是造成秦王朝所以灭亡的祸根。这些东西，对于您沛公有何用途！愿急速回军灞上，不要留在宫中！”

屠狗出身的樊哙，在包括刘邦在内的众将士都头脑发昏的情况下，会有这般见识，真是有些出人意料；他所阐述的道理，已如此清晰明白。可是，刘邦没有听从。

这时张良深深一揖言道：“末将扫了沛公雅兴，末将罪该万死，末将向您谢罪！”说完便又是一揖到地。

刘邦忙道：“先生说哪里话？先生何必如此？”

张良道：“末将有一事不明，想请教沛公。”

刘邦笑道：“先生学富五车，见闻又广，你都弄不明白的事情，我如何知道。”

张良道：“沛公不必自谦，末将之才、之识，若是有沛公一半，也不至于去韩地闹腾了半年多，差点还没有了立足之地！”

这话刘邦最爱听，口中却道：“先生过奖了，先生有什么事，尽管明言，我洗耳恭听。”

张良道：“沛公，您得以破关灭秦，您可知是何原因？”

刘邦道：“我得以破关灭秦，一靠天命，二靠将士之命，三靠先生的出谋划策。”

张良道：“沛公之言只说对了一半。您得以破关灭秦，既靠天命，又靠将士之命，更靠秦帝无道。正因为秦帝无道，众叛亲离，公才得以至此。公入关之前，亦曾布告天下，此次攻秦，乃是除残去暴。要除残去暴，首应反秦弊政，力与更新。今始入秦都，便想据此为乐，恐怕昨日亡秦，明日公亡，何苦要为了一时欢娱，贻误终生，古人有言‘良药苦口利于病，忠言逆耳利于行’。愿沛公听从樊哙的苦口忠言。”

一席话，说得刘邦幡然醒悟，朝张良也是一揖，谢道：“多亏先生提醒，我险些坏了大事。那眼下我该怎么办？”

“还军灞上，恭请项羽入咸阳这是一种姿态，表明无意称王关中，等避过了这一阵，日后再与他周旋。除此之外，恐再无良策。”以豁达大度、从谏如流而著称的刘邦，经樊哙、张良的一番苦谏，终于清醒过来，立即下达了“还军灞上”的命令。

刘邦说话算数，十万大军第二天就退出咸阳，于汉高祖元年，也就是公元前206年11月，还军灞上。灞上是灞水上游的一个小镇，小镇四周，有层层波浪式的小丘环绕，这一带被当地居民称为“白鹿原”。除灞上外，方圆百里不见人烟。

萦绕在关中百姓心头的疑虑和恐惧仍然没有消失，市井间流传着各种各样的谣言，部分兵卒偶然的扰民事件便为谣言的流传提供了口实，人心活动，惶惶不安，有人在作举家搬迁的准备，有人暗里招兵买马，要成立武装以求自保。

刘邦在关中人心目中仍然是个谜，只有通过刘邦的实际行动才能破解。回军灞上以来，刘邦一直在思索破解之法。

一个秋高气爽的日子，刘邦举行盛宴，向关中诸县的父老豪杰和部分原秦朝的地方官发出了请帖，邀请他们到灞上军营中“议事”。“议事”就是征粮索财的代称。他们不知道刘邦的胃口有多大，一路上，每个人都战战兢兢，像是赴法场似的。

走进大营，远远地就望见有一排人在等候。走到近前，他们仔细向对面观望：大约十几个人，有文有武，个个精神抖擞。中间一人，面色白里透红，浓眉大眼，密黑的胡须显然经过了精心的梳理，通顺干净，身着黄袍，腰系一条绿丝带，精干利落，身材虽不高，却显得威风凛凛。

就在这些父老豪杰和官员们迟疑观望的时候，中间那个人却先说话了：“各位父老，一路辛苦，刘邦这厢有礼了。”说着抱拳拱手，深施了一礼。这就是刘邦。这些人吃惊了。他们根本不会想到刘邦会亲自出帐迎接他们，并且还表现得彬彬有礼。

“大王辛苦，大王辛苦。”“大王”是对当时拥兵自成一体的人的最高称呼。父老豪杰和官员们忙不迭地用“大王”称呼刘邦，还礼致谢，不知是受宠若惊，还是恐惧，他们的声音都有些颤抖。

对“大王”的称呼，刘邦听了当然十分愉悦。

“诸位请！”

刘邦身体一转，左手指路，很优雅地做了一个“请”的手势。地方豪杰和官员们不敢先行，不约而同地都说：“大王先请，大王先请。”

刘邦也不推辞，迈步先走，地方豪杰们紧紧相随，进入了中军大帐。

中军大帐的陈设既不简陋也不繁杂，但给人一种庄严肃穆的气势。这些人都是平生第一次涉足这类地方，既好奇又恐惧，想环视，不敢，低头垂目又不甘，眼神极不自然。

桌上备有酒菜，主人不动，这些人当然也不敢用。从刘邦的表情看，他们似乎看不出什么凶兆，不过心中依然敲鼓，急急地等待着刘邦的下文。

“带上来。”一声威严的断喝，着实让他们吓了一跳，主席位置上的刘邦正襟端坐，声色俱厉，和刚才的温良谦恭已判若两人。

事情来得太突然了，突然得使这些父老豪杰和官员们没有丝毫的思想准备，他们感觉到今天的生活像是在走钢丝，像是在攀峭壁，像是在履薄冰，步步提心吊胆，时时惊心动魄。刘邦要杀人，杀谁呢?

雪亮锋利的刀刃会不会架在他们的脖子上？这些人冒出了冷汗。营帐内一阵骚动打断了他们的胡思乱想。三个下级军官被五花大绑地押了上来。

走到帐中，三个军官一齐跪倒，脑袋深深地埋下，一声不响。整个营帐内鸦雀无声，人们似乎连呼吸都屏住了。空气凝固了，沉重得让人感到窒息。父老豪杰们直直地看着三个跪着的军官，他们不知道发生了什么事，当然也不知道刘邦把这三个人提上来和他们之间有什么联系。

"啪！"有了声音。空气开始流动。这是刘邦拍桌的响声。刘邦眉头微蹙，面沉似水，威严的声音在大帐内回荡："本王起兵的本意就是除却暴秦，使天下百姓能够安居乐业。所以自起兵之日起，便时时恪守这一原则，不敢有丝毫遗忘。我军所过，秋毫无犯，百姓莫不夹道欢迎。"

说到这里，刘邦稍微停顿了一下，嗓音又突然提高了几度，用手一指三个军官："你们三个狂徒，胆大妄为，竟不顾本军原则，在光天化日下哄抢百姓财物，追逐调戏良家妇女，既祸害了百姓，又玷污了本军的声名，实在罪恶难赦。来呀，拉下去，斩！"

刘邦上述一番话既是对三个犯罪的军官讲，又是在对父老豪杰和军官们讲，他们中间有政治头脑的人已经明白了刘邦此举的意图。刘邦指出的三个军官的罪行确是事实。

那是三天前的事，这三个军官喝多了酒，就在集市上撒野。因为是集市，人们一聚一散，消息很快大面积地传播，闹得沸沸扬扬。刘邦当场斩杀了三个军官，一来以正军威，二来挽回已经造成的消极影响，重塑爱民的美好形象。

三个军官在被拖下去的时候，高喊"饶命"，刘邦不予理睬，文臣武将也没有一个上前来求情，他们都知道这件事的分量，其中的重大政治意义不是这三个人的身家性命能够比拟的。

三个军官在求饶声中送了命。营帐内又归于平静。还是刘邦先打破了沉静。他又向坐在下边的父老豪杰和官员们左右一抱拳，开口说道："诸公受惊了。邦自入关以来，军政事宜繁忙，对部下的约束稍有放松。对部下有祸害百姓之事，邦今日当面致歉。"

刘邦说完，站起身来，又向父老豪杰和官员们深施一礼。父老豪杰和地方官们也都赶忙站起，向刘邦还礼。其中一个地方官恭敬地说道："大王入关，实在是关中人民的福分，大王爱民如子，士卒有不法行为，也是极偶然的个别现象，这是十分正常的，大王也不必愧疚。”

“十分正常，十分正常。”其他人也都随声附和。

“诸位请坐。”刘邦一抬手，示意众人就座，同时他也缓缓坐下，又接着说道，“刚才诸位所言差矣。邦生于民，长于民，理当为民谋福，此乃邦一生志愿。兵不法，将之过，部卒祸乱百姓，邦实难辞其咎。”

说到这里，刘邦把头转向他的文臣武将。“传我的命令，晓谕全军将士，今后若再有骚扰祸乱百姓者，格杀勿论。”

“是。”众人齐声应道。

“萧何，对遭士卒祸害的百姓人家，你要详尽调查，妥当善后，不仅要当面道歉，还要赔偿钱物，此事从速办理。”

“是。”萧何应声作答。

“大王英明。”父老豪杰中不知是谁带头喊起颂词。

“大王英明！”

“大王英明！”

帐内齐声高呼，气氛顿时热烈起来。这是起事以来刘邦得到的最高级别的欢呼。刘邦听了心甜如蜜。怀王与诸将约定，先入关中者为王。进入关中后，刘邦确实也感觉到自己是个“王”了。

虽然他也有不少担心，如秦民是否臣服，特别是关外势力强大的项羽及其他诸侯是否承认，这都是问题。不过刘邦还是一直有意地为自己树立“王”的形象，一言一行都在强化自己“王”的感觉。当然他的部下出于谨慎或者是习惯，依然还称他为“沛公”。

欢呼声落，刘邦向下环视一周，见众人都在专注地看着自己，完全一副毕恭毕敬的神态，刘邦非常满意，“王”的感觉又得到了体现。他略一沉吟，又朗声说道：“暴秦无道，大兴土木，滥用民力，苛捐杂税，猛过于虎。尤其严刑峻法，迄今未有，百姓深受其苦。现本王已经过关，就要彻底废除这些严酷的法律。”

若说是秦朝刑律，确实严格残酷，长期以来这些刑律像套在脖子上的枷锁，紧紧束缚着广大人民。使得人民只能在有限的空间内苟延残喘。

刘邦的话就等于砸碎了这个枷锁，所以当父老豪杰们听到刘邦的宣布后，他们的心情简直可以用欣喜若狂来形容。于是，“大王英明”的欢呼声伴随着热烈的掌声又一次在营帐内响起。

声音稍平，刘邦接着又讲：“不过，常言道，‘国有国法，家有家规’，本王进入关中，称‘关中王’，就要从善治理关中。为了维护百姓的正常生活秩序，我今天要与大家约法三章。”刘邦又故意停下，扫视了一下全场。

人人都在聚精会神地聆听着。

“杀人偿命，借债还钱，这是我们的古训。所以，本王今天与大家明确的第一条就是‘杀人者斩’。”

刘邦又停了下来。众人悄悄议论着，交换意见，都点头称许。“第二条，”刘邦话一出口，议论声便停息。

“第二条是伤人者治罪。”又是赞许声。

“第三条是盗窃者治罪。”帐内又是一片掌声。

刘邦的话还没结束：“暴秦无道，是说秦帝无道，各级地方官吏也身不由己，所以对原秦朝官吏本王既往不咎。但要求你们按照以上三条秉公办事，维护地方治安和百姓生产生活秩序。今日回去，你们首先要与各位父老豪杰一起，走街串巷，把本王的法令通知给全体关中百姓。”

“遵命。”这些官吏齐刷刷地站起，习惯地拿出了往日听差的姿势。

一切宣布完毕。刘邦命令摆酒加菜，款待来客，营帐内一时推杯换盏，觥筹交错，人们轮番向刘邦敬酒，歌功颂德，刘邦满心欢快，喜不自胜，他似乎更找到了“王”的感觉，直喝得昏昏然，飘飘然。

酒席散的时候，太阳已经偏斜。父老豪杰和官员们兴高采烈地离开了刘邦设在灞上的营帐，返回各乡。工作积极性和工作效率往往成正比。刘邦“摒弃秦律”“约法三章”以最快的速度得到了传播。疑团和恐惧消失了，人们奔走相告，无不拍手称快。

慰问和感谢蜂拥而至。各条通往灞上的大道小路上，前往拜谢刘邦的百姓络绎不绝。他们带给刘邦满心的感激之言的同时，还带来了大量的慰问品。推车的，赶车的，提篮挎包的，装满了粮草酒肉。有的甚至赶来了成群的牛羊猪鸡……

刘邦亲自接见了一批又一批的来访者，不厌其烦地听着大同小异的赞美感谢之词，同时又进一步为自己做着“本军是仁义之师，本王爱民如子”的宣传。

但对百姓送来的慰问品，刘邦都一一婉言拒收。这一举动，使百姓对刘邦除了感激之外，又多了一层佩服的情愫。此时，刘邦在百姓的心目中，是一位救世主，是一位宽厚仁慈的圣人。当然，这也正是刘邦所期盼的情景。

对某一事物强烈的反叛就是对这一事物反面的渴求。秦律严苛，秦帝暴戾，百姓深受其苦，也深表痛恨。秦朝灭亡，百姓正呼唤一位宽厚仁爱的人来执掌天下。

刘邦，反秦朝而行之，收揽了民心，取得了百姓的拥戴和支持。应该说刘邦是一位识时务的政治家。

鸿门宴上死里逃生

汉元年，也就是公元前206年11月，项羽率大军抵达函谷关，函谷关地势极为险峻，两边是陡峭的山峰，无法攀援，中间筑起一座城池，城墙厚实高大。

这里是进出关中的必经之地，可用咽喉要塞比喻它的位置，所以历代军事家都非常重视这个军事要地，对它都曾加以修筑加固。易守难攻，这是人们对函谷关的普遍看法。

那时，刘邦为了确保对关中的控制权，立即派兵镇守函谷关。刘邦派兵抢占函谷关，就是想凭借险关，阻止以项羽为首的关东军队西入关中。其战略意图不言自明。

项羽在坑杀了秦的二十万降军之后，封降将章邯为雍王，率诸侯联军一路西进。项羽兵至函谷关，在很远的地方就看到了城墙上面插着颜色各不相同的大旗在风中呼呼摆动，只是看不清楚上面写的是什么字。

这时，项羽率领几位大将军和卫队飞马来到关前，仔细一看，旗上都绣着硕大的“刘”字。这时，项羽真正明白了，这俨然已经成为了刘邦的军队驻防地。

黥布扯着嗓子高声大喊道：“城上的人给我仔细听着，将军项羽在此，还不快快打开城门出来迎接。”

城上的兵士听到项羽的名字后，不禁引起一阵骚动和慌乱。从由远而近涌动的黄尘判断，一支大军奔到了关前。从旗帜辨别，这是项羽的部队。但他们不敢相信项羽会处在先锋的位置，而且眼下就在关下。

士兵们都非常害怕项羽，项羽力可举鼎，气冲斗牛，杀人如麻。在普通兵士的心目中，项羽是魔鬼。

“沛公是否已进咸阳？”

一个军官回话：“沛公已去过咸阳，但他现在不在咸阳，驻在灞上。”

项羽听说刘邦已经先入了咸阳，顿时震怒了起来，大声叫道：“本将军在此，还不打开城门迎接。”

“我们是奉沛公命令，驻防这里。没有他的命令，任何人不准入关。”城墙上传来的还是那个军官的声音。军官的回答比较讲策略，没有讲明是在堵防项羽。尽管如此，在项羽听来已经非常刺耳，甚至不仅是刺耳，而是刺心！

“哇呀呀！”项羽暴叫起来，像一头发怒的野兽，“刘季小子实在无礼，竟敢派兵阻挡本将军的进路，公开与本将军为敌。黥布听令，命你火速攻下函谷关，杀他个片甲不留。”

黥布得令后，即刻组织、指挥军队攻城。一时战鼓擂响，杀声四起。一队队兵士扛着云梯，呐喊着蜂拥扑向城墙。

守城的士兵张弓发箭，密集的箭雨使许多楚军倒地毙命，相当一批人受伤。但仍有不少人冲到城下，搭起云梯攀登。可是，城墙实在太高了，竖起的云梯根本无法伸及城头。项军无可奈何，刘军乘势扔下许多滚木和雷石，楚军又倒下一片。

观战的项羽又气又急，哇哇暴叫，他命令英布把两支云梯相互绑结起来，云梯的长度增加了一倍。一排排的士兵扛着云梯再次冲向城墙。

云梯高高竖起，项军攀登而上。刘军一边掷石猛砸，一边把搭上的云梯推翻。云梯有的被中间压断，有的被推倒，项军被摔伤、砸死的又多了一批。他们败退下来，可迎接他们的是项羽咆哮的怒骂和宝剑的无情地砍杀。

对于后退的士兵，项羽的惩罚非常简单：格杀勿论。今天的项羽眼睛瞪得血红，淌血的宝剑在败退下来的士兵中间挥舞翻飞。士兵害怕了，又冲了上去。

项军攻城的人马越来越多，他们都像拼命的野兽，一群群、一轮轮地扑向目标。守城的刘军人数不足一万，一天的坚守已死伤过半，在项军的猛烈攻打下，顾此失彼，顾彼失此。到傍晚，函谷关陷落。守军大部被杀，只有少数侥幸逃脱，跑到灞上向刘邦报信去了。

项羽挥师入关，行至鸿门已是人困马乏，便驻扎下来。项羽下令杀猪宰羊，犒赏三军，同时召集高级将领和谋士到大营议事，商讨对付刘邦之策。

黥布首先发言："刘邦无才无德，我等与秦兵冲杀，他却乘势进入关中，又派兵驻守函谷关，阻挡我军，他野心太大，应趁早将他消灭。"

针对黥布的意见，众人当下便展开了讨论，有人主张应与刘邦决裂，也有人主张从缓。项羽为人本来有谋无断，一时也举棋不定。大厅内你讲我驳，争执不下。

正在吵吵嚷嚷之际，门卫进帐通报，说有人求见。项羽不耐烦地摆手拒绝接见。门卫退出。不一会儿，门卫再次通禀，说求见之人是刘邦属下左司马曹无伤派来的使者，有要事禀告项羽。

听说是刘邦手下的使者，项羽马上允准接见。

使者进帐，向坐在上首的项羽深施一礼，说道："小人是刘邦左司马曹无伤的属下，今有要事向大将军通报。"

此人说完，警惕地向帐内的前后左右扫视了一下。

"有事快讲，不必顾虑。"性急的项羽催促道。

这时的使者定了定眼神说道："将军可能有所不知，刘邦进关中

后，四处招揽人心，屯粮聚兵，准备封秦王子婴为相，自己做关中王，欲与将军抗衡为敌。”

“哗啦”，项羽一脚踢翻桌子，破口大骂起来。

“刘邦匹夫，自不量力，敢与本将军为敌，本将军定将其生擒活捉，碎尸万段。”

主张与刘邦决裂的谋士范增见项羽动怒乘机帮腔，试图从其他角度阐明与刘邦决裂的依据，他捋着花白的胡须，缓缓说：“刘邦本一无赖好色之徒，进入关中，却不近女色不贪富贵，着意拉拢人心，可见其野心勃勃。”

范增是项羽的高级谋士，他说话的时候，人们一般都聚精会神倾听，今天同样如此。范增见状，故作神秘地接着说道：“刚才我派望气之人远眺灞上，天空有龙虎之气笼罩，此乃帝王之相，对将军而言，刘邦便是死敌，因此，歼灭刘邦势所难免，而且应及早动手。”

秦汉时期，人们对天象的认同胜于人世，所以，范增所谓刘邦有“龙虎之气”笼罩的说法对项羽的刺激更大。

对刘邦先入咸阳的嫉妒，对刘邦派兵阻挡他的行动的愤慨，对刘邦“龙虎之气”笼罩的恐惧，以及曹无伤密报所提供的证据，这一切，都在此时坚定了项羽要与刘邦分裂的决心。项羽重赏了曹无伤派来的使者，命他火速赶回灞上，要求曹无伤明日在内部接应，一举消灭刘邦。

随后，项羽又瞪起了一双豹眼，发布命令：“全体将官听令。今日全军酒足饭饱后，好生休息，明日一举杀向灞上，取刘邦首级。”

当时，项羽有兵四十万，号称百万，驻扎在新丰的鸿门；沛公有兵十万，号称二十万，驻扎在灞上。

项羽的军师范增见项羽下令明日清晨发兵出击沛公，觉得这样做十分恰当，于是便对项羽说：“沛公在山东时贪于财宝，喜欢美女。今天看他入关后，对于财宝一无所取，也不再接近美女，可见他志向不小。我派望气者观察他那边的云气，回报都说显现出龙虎形状，五彩缤纷，这可是天子气啊。应急速发兵进攻，切勿坐失良机。”

其实，范增说这些话是为了激励项羽。于是，项羽、范增决定第二天袭击沛公，没过多久，这个消息传到了项羽的叔父项伯那里，他不禁为之一惊。

值得为刘邦庆幸的是，项羽的叔父项伯，与当时作客于刘邦军中的张良曾有生死之交，他不忍心看到好友丧身于玉石俱焚的兵劫之中，于深夜暗入敌方军营，动员张良避难。

张良说道："我替韩王伴送沛公，如今沛公处于危难之中，我怎么能够独自一个人逃走呢，这不符合道义，不能不告诉他！"于是，张良立即将这一消息告知刘邦。

刘邦听到后大惊失色，心慌意乱地向张良求教："该如何是好？"

张良反问："沛公自认为部下将士，足以抵挡得住项羽吗？"

刘邦沉默良久，才不情愿地说："确实无法与项羽匹敌。但事已至此，如何是好？"

张良说："只好安排您与项伯相见，说明您绝对不敢背叛项羽，请他代向项羽求情。"

"那您与项伯是有旧交？"沛公问。

"秦朝的时候，项伯与我交游。他曾杀过人，我救过他的命。"张良回答道。

沛公又连忙询问："你与项伯谁年龄大？"

张良说："项伯比我大。"

刘邦接口说道："请你邀他进来，我理当用兄长之礼相待。"

项伯碍着张良的情面，不得不进见刘邦。刘邦置酒相待，把樽祝寿，极尽殷勤；又与项伯约定，将自己唯一的爱女许配项伯的儿子。在做了足够的铺垫之后，刘邦才向这位刚缔结了婚姻之约的"亲家翁"开口转入正题："我进入关后，秋毫无犯，登记官民，封存府库，等待将军的到来。至于派人把守函谷关，那只是为了防备其他强盗。我日夜盼望的是将军能够早日到来，怎么会做出那些大逆不道的事情？希望你详细地向项王说明，我决无背叛自立之心。"

项伯答应了，但是又觉得：两军已成敌对之势，仅凭自己的转告求情，恐怕难以避免这场劫难。于是建议：“明晨沛公您务必早些来鸿门当面向项羽赔礼道歉，消除误会。”

刘邦回答：“遵命。”

项伯连夜返回军营，把刘邦的话转告项羽，并真切地劝解：“如若不是沛公先攻下关中，您怎么能够这样顺利长驱直入呢？现在人家立了大功，可又要攻击他，这完全不符合道义啊，依我看不如好好款待他一番。”

项羽听后，觉得项伯讲得十分有道理，就答应了。这时已经过五更天了，范增翻身下床，正要准备披挂出征，可是却发现周围没有半点动静，一问士卒才知道原来是项羽改了军令。朝令夕改，这怎么能行！范增心里滋生起一团怒火，直奔中军帐。

这时的项羽还在梦中，脸上挂着笑意，看来是一场好梦。范增三两下就把他摇醒。项羽两度被人摇醒，大怒，叫道：“老子杀了你！”定睛看时，却是范增，只得按下怒火，怏怏地问，“亚父有何事？”

项羽发火，范增先是吓了一跳，挟带的一腔愤恨消失了一半。毕竟年纪大了，哪里禁得住项羽打雷似的吼叫？他冷冷地质问：“听说你又改了主意，不打刘邦了？”

“是的。”

“这是为什么啊？”

“刘季这小子，谅他也不敢对我无礼。要是我攻打了他，天下一定会嘲笑我，说我不仁不义。”

“面子重要，还是破敌的机会重要？失去这一次良机，你将悔之莫及！”范增十分焦急地说。

“亚父，你恐怕把刘季估计得太高了。他只是沛县的一个无赖而已，不足为惧。十万人马无非是乌合之众，我要擒他，易如反掌，不必非要在这一次动手。”项羽满不在乎地说。

“将军糊涂啊！将来与你争天下者，必是刘季！”

“那又怎样呢？他能打过我么？”

“他今天打不过你，明天可说不定。”

这话说得可把项羽激怒了，他又吼起来：“我今日偏要放他一马，看他明日能奈我何！”

范增缓和了语气对项羽说：“不发兵也罢。老夫有三条计，望将军选择其中一条。”

“亚父请讲。”

“明日请刘邦到鸿门赴宴，不等他入席，就责备他入关的三条罪过：放子婴，藏玉玺，派兵守关，拒我入内。要是刘邦回答不上来，就将他一剑杀死，这是一条上计；要是将军不想自己动手，可以在帐下埋伏二百余人，等到刘邦入席后，老夫看准时机，举玉玦为号，然后让伏兵把他杀了，这是一条中计；要是这第二计行不通，可以派一个人将刘邦灌醉，喝醉后必定会失礼，进而将他杀死，这是一条下计。”

“亚父的这上中下三条计，每一条都想要杀刘邦。莫非他这是跟刘季有仇？”项羽闪过这个念头。可他认为这刘邦杀不杀掉与他的影响都不大，现在要是亚父有合适的理由，杀了就是了。于是，项羽表示同意，并委托范增安排一切。

范增离开后，便以项羽的名义写了一封信，然后派一个士兵送到灞上，呈给刘邦。信上说：“初与公受怀王约，共伐暴秦，以安黎庶。幸今天兵西下，子婴授首，关中收附。百工之绩，三军之劳，宣陈宴乐，以贺亡秦。公为元勋，礼请端席，惟乞早临，以倡群僚。”

士兵拿信走后，范增捋须暗笑。刘邦看过信后，立即把张良、萧何、曹参、樊哙、郦食其等人叫进了帐内。刘邦把信给他们看后，大家都认为这个彬彬有礼的邀请暗藏杀机。

刘邦原本计划主动去戏下的，这跟对方的邀请大不相同。越是讲得委婉，越是让人放心不下。张良猜测，这信一定是范增写的，跟项羽没有关系，最多也就是征得了项羽的同意。既然信是范增写的，那么主意也一定是他出的。因此，几个人断定这次在鸿门设宴一定凶多吉少。刘邦经过权衡，决定还是要走这一趟。

第二天清晨，刘邦率领百多名骑兵会见项羽。到达鸿门，随从的骑兵被留在项羽军门之外，沛公由张良陪同步入项王大帐之内。面见项王，沛公首先道歉，说道：“我与将军协力攻秦，将军在河北作战，我在河南作战，然而没有料到能够首先入关破秦，得以于此地同将军再度相见。今日有人散布流言，使将军与我产生隔阂。”

“这都是你的左司马曹无伤。不然的话，我项羽何至于这样。”项羽说道。然后请沛公饮酒，入席后，项羽、项伯向东而坐，军师亚父范增向南坐，沛公向北而坐，张良向西而坐。宾主各自落座后，范增多次向项羽使眼色，再三地举起所佩带的玉玦向项羽暗示。但项羽却总是装作没有看见，不予回应。

项羽是位乐于公开在战场上通过交战来决定胜负的英雄，亚父范增让他在酒宴上暗杀沛公，这使项羽心中颇有几分厌恶，同他素来禀性有些格格不入。然而，项羽也觉得军师是为自己着想，不得不答应。

但是，在项羽的心中，自昨夜项伯从沛公那里回来后的一番劝谏，对如何处置沛公已是举棋不定。善于言辞的沛公，见面后以赔礼道歉的形式与项王重温当年并肩同秦军作战的友谊和分手后的离别之情，使项王不由得生出缅怀往事的感慨。

沛公在道歉时点出了有小人挑拨离间，这反而使对朋友向来坦诚的项王觉得有几分对不住刘邦，赶忙向沛公做出解释。在这种心情之下，项王怎能动手杀害沛公？

范增见项王对暗示拒不做出反应，便起身走出帐外，召唤项羽的堂弟项庄并对项庄说：“君王为人不狠，你进去向前祝寿，祝寿后请求舞剑助兴，趁势将沛公刺杀在座席上。否则，你我都将成为他的俘虏。”

项庄受命后，进去向宾主祝寿，敬酒后说道：“君王与沛公饮酒，军营中无有什么可取乐的，请允许我舞剑来助兴。”

项王说：“可以。”

项庄随即拔剑起舞。项伯见范增离席出帐之后，重新返回座位，项庄随即进入帐内祝酒舞剑，为了预防意外，也随即拔剑起身与项庄同舞，舞剑时常常用身体遮护沛公，使项庄难以向沛公行刺。

张良亲眼看到项庄舞剑，实意是在沛公，感到情况紧急，便起身到达军门去见樊哙。樊哙见张良出来，便急切地问："事情怎么样？"

"很危急，现时项庄正在席间舞剑，他的意图实是在沛公身上啊。"

"这就太紧迫了，让我进去，同他拼命。"说完，樊哙便带剑提盾闯入军门，两旁持戟交叉的卫士想要阻止，不让他进去，只见樊哙侧盾一撞，持戟的卫士都仆倒在地上，樊哙进入营门，直奔大帐走来。

入门后，樊哙掀开帷帐，向西站立，瞪着眼睛看项王，头发竖立，两边眼角都裂开了。项王见撞进来这么一个持剑提盾的不速之客，两眼瞪着自己，便下意识地手按宝剑起身，说道："来客是干什么的？"

"他是沛公的参乘卫士樊哙。"张良代刘邦向项王报告说。

"好一位壮士，赐给他一杯酒。"项王吩咐说。

仆人给一杯酒，樊哙拜谢，起身站立着一饮而尽。

"赐给他猪腿。"项王又吩咐。

仆人拿给他一条生猪腿，樊哙把盾牌扣在地上，放上猪腿，拔剑切肉而食。"好样的壮士，还能再喝酒吗？"项王问樊哙。

樊哙说："臣连死都不怕，一杯酒有什么值得推辞的！那秦王怀有虎狼心肠，杀人唯恐不尽，用刑唯恐不够，所以天下人都叛秦。

"怀王与诸将领本有约定：'先破秦攻入咸阳者称王关中。'今沛公先破秦攻入咸阳，秋毫不敢有所侵犯，封闭宫室，还军灞上，以此等待大王的到来。

"所以派将守关的原因，是为着防备盗贼的出入和出现意外情况。沛公如此劳苦功高，未有封侯的赏赐，而大王却听信谗言，想要诛杀有功的人，这不过是步已亡秦朝的后尘而已，私下以为大王不会采取这种做法。"

樊哙本是出身狗屠，竟能如此慷慨陈词地讲出这样一番大道理来。也正因此言是出于壮士之口，更使得自感理亏的项王一时无言答对，只是连声说道：“请坐。”于是，樊哙在张良的身边坐下。樊哙坐下不久，沛公为逃出虎口，便借口说是上厕所，趁机叫樊哙出来。

沛公出来后准备逃走，向樊哙说道：“刚才出来时，没有告辞，怎么办才好？”

“干大事不拘小节，行大礼不避细小的责备。如今人家是屠刀和砧板，我们是砧板上的刀下鱼肉，有什么可告辞的！”

樊哙说完，拥着沛公便走。沛公回身令张良留下来答谢主人。张良问：“大王来时带有什么礼物？”

“我带来白璧一双，准备献给项王；那双玉斗准备献给亚父。”

“遵命照办。”张良回答。

当时，项王的军队驻扎在鸿门下，沛公的军队驻扎在灞上，相距四十里。沛公为隐蔽目标，置车骑于军门而不用，独自单骑脱身，随同他的只有樊哙、夏侯婴、靳强、纪信，四人都是持剑提盾，步行护卫沛公，从骊山直下，抄芷阳走小路。

分手前，沛公嘱托张良：“从这条小道前行，到达我们的军营，不过二十里路而已。估计我已回到军营的时候，您再进帐答谢。”

沛公离去后，抄小路回到军营。张良这才进去向主人致谢说：“沛公不胜酒量，不能当面告辞，特派良奉上白璧一双，敬献给大王足下；玉斗一双，奉献给大将军足下。”

“沛公现在何处？”项王问。

“闻大王有责怪他意思，独自离去，现已回到军营。”张良回答。

项王接受玉璧，放置在座上。亚父范增接受玉斗，放在地上，拔剑将玉斗击碎，指桑骂槐地说道：“唉！这小子不足以与他共谋大事。夺项王天下的，必定是沛公，我们这些人都将要成为他的俘虏了。”

项羽鸿门宴杀刘邦未成，范增痛心疾首，项羽不以为然。在他看来，刘邦的分量太有限了，不足以构成日后的威胁。再说，刚灭暴秦，便杀兄长，名声不大好。项羽把名声看得极重，由此，嘲笑他的人多，钦慕他的人也不少，但无论如何，这最终导致他自取灭亡。

鸿门宴富于戏剧性，是由于宾主诸人，均有鲜明的个性，也由于这是历史转折的一个契机。它实际上是楚汉之争的序幕，当时，项羽如果有意杀刘邦于酒席之间，确实易如反掌，但是，他太重情感，过于轻信人言，低估了潜在强敌刘邦的心机权变，纵敌遗患，以致后悔莫及。

项伯夜入敌营，泄露军情，又堂堂正正地归营转告刘邦的表白，并极力批评项羽击刘部署为不义之举；酒席间，当项庄奉范增之命，借舞剑之名而欲刺杀刘邦之时，项伯竟公然以身掩护刘邦，项羽对这种公开袒护他人的行为，未有半句批评。

刘邦派兵守关，拒绝项羽等入关，显然是一种背友为敌的举动，但刘邦稍作解释，项羽也就前嫌尽释，甚至于把刘邦阵营中的通风报信者随口道出。

席间，对范增所设杀机，一压再压，并且面对樊哙的责问，项羽如同做了亏心事一般，甚至刘邦一行私自离席，借醉酒之名，不辞而别，也未引起他的警惕。这些举动，反复证明他坦诚如赤子，宽厚似长者，其政治谋略远比范增、刘邦、张良等人逊色，所以才会以优势地位而受控于人。

刘邦恰恰相反，他认清了危机，立即决策委曲求全，极力拉拢项伯，待之以兄长之礼，又以婚姻相约。他冒着被扣留，甚至被杀的危险，亲自向项羽卑词赔礼、勉力表白，终于骗取了项羽的信任。

项羽不杀刘邦，却对另一个人耿耿于怀，这就是降于刘邦的秦王子婴。项羽西进以来，杀气腾腾，恨不得把秦地的一切毁个精光。这种愤怒，可理解的成分不多，更多的是疯狂，是不可理喻的复仇之举。

子婴投降刘邦，旋即受到刘邦的庇护，可惜好景不长。项羽一来，刘邦的庇护就立刻显得苍白无力，项羽向刘邦索要子婴，刘邦不敢不给。他叫来子婴，对子婴说："项羽有信来，要你去见他，我是留你不住了。"

子婴一声长叹："此去唯有死路一条。项羽的为人，我早已听说了。"

"未必。你多赠些珠宝给他，或可保命。"

子婴的旧臣劝他逃走，他拒绝了，理由是：他一旦逃走，项羽很可能屠城，那样一来，咸阳的百姓就要遭殃。子婴死到临头，还为百姓考虑，可见他与胡亥不是一路货色，项羽不管这些，只要砍他的头。子婴携了大量珠宝，提心吊胆地前往楚营。

项羽简单问了他几句，便喝令推出斩首，送来的珠宝照收不误。帐外，年轻的子婴人头落地，这仅仅是个信号，是大屠杀的开始。刘邦进咸阳，第一件事是直奔后宫，专在美女身上下功夫。项羽则不然，对他来说，首要的快感源自杀戮。

项羽坑杀二十万秦军降卒，秦地百姓恨不得剥他的皮，吃他的肉。项羽丝毫不考虑缓解这种仇恨。他迎着仇恨上。他铁蹄踏入咸阳，身后跟着四十万强大的楚军。他有的是力量反击任何一种仇恨，并在旧仇之上再添新仇。

项羽是什么人？力拔山兮气盖世！区区咸阳百姓，何足挂齿。他每天杀一千人，让黥布和钟离昧统计数字，不多不少，正好一千。接连杀了好几天，几千个脑袋在空中飞舞，咸阳终于鸦雀无声了。项羽提长槊，骑乌骓马，耀武扬威地走过咸阳街头，百姓从门缝里偷看他，内心满是恐惧。

“彼可取而代之！”当年的豪言壮语，如今变成了现实。岂止取代，项羽是有过之而无不及。当然，他的寿命比秦始皇更短，仅仅是后者的一半。不说天命，只看人事，他也活该倒霉。而眼下，他得意得很。

他把宫中的珠宝玉器悉数装车，并将有姿色的女人捆在车上，准备东归。曾与刘邦有过一夜之欢的赵吹鸾亦未能幸免，她隐瞒了身份，并把自己弄得又脏又丑，这样，连项羽的部下都没人要她，车行至中途，她被放回了咸阳。几年后，刘邦称帝，赵吹鸾再度入宫，封为妃子，一辈子荣华富贵，尽管不复受宠。

项羽东归，反对的人不少，最激烈的当数范增。咸阳是一块宝地，秦始皇因之以成霸业，放弃了太可惜，但项羽偏要一意孤行。于是，这范增气得不行，在项羽帐下，他真有生不完的气。什么远见卓识，全不管用。

项羽愚蠢也罢了，还自以为是。范增简直觉得自己像个糟老头子，被尊为亚父，完全是名义上的。项羽执意东归，有个堂皇的理由，这在历史上是出了名的，叫做富贵不归故里，如衣锦夜行。这段话，项羽是对一个叫蔡生的人讲的。

蔡生是当时咸阳高士，他对项羽说："大王切不可东归，咸阳是最理想的都城，土地肥沃，山河险要，周围有函谷关、武关、散关和峣关，再强大的敌人也不易进犯。大王据守咸阳，就能做天下诸侯的霸主，何必非要回江东呢？大王听我一句话，霸业可成。"

项羽听了，哈哈一笑，对蔡生道："你这个书呆子，只知其一，未知其二。咸阳有什么好？我看这地方很有些晦气。胡亥的下场如何？还有那个子婴，刚刚被我杀了，可见咸阳待不得。至于雄关险隘，更是扯淡，连刘季都挡不住！还有一个道理，你在书上是学不到的，让我来教你吧。富贵不返故乡，不让家乡父老知道，就譬如穿着锦绣的衣服在夜里行走，有谁看得见呢？"

项羽话没说完，蔡生心就凉了。原来项羽是这种人，表面上刚猛无敌，其实呢，是个目光短浅的家伙。且让他回江东，衣锦昼行去吧。

蔡生说了句"谨受教"，然后躬身而辞。一代高士，从此不问世事，终老于咸阳。

蔡生之后，又来了一位韩生，亦有高见。不过，这位韩生与蔡生不同，他喜欢讽刺别人。他也劝项羽留在咸阳，本是一番好意，可项羽听了心烦。项羽懒得跟他饶舌，只打发走人，韩生走也罢了，偏偏又在出门之前冒出一句俏皮话，惹来杀身之祸。

韩生说："我常听别人说，楚人是沐猴而冠，干什么都只凭心血来潮，今日一见，果然如此，大约楚人都是猕猴变的吧。"

话音未落，忽听身后大喝："站住！"韩生扭头看时，脸立刻白了。

项羽吼道："来人，把这狂妄之徒给我烹了！"

可怜韩生，活生生被扔进油锅，转眼间，变成了一堆香气四溢的炸肉。项羽撤离咸阳之前，还做了一件惊天动地的事，那就是火烧阿房宫。

阿房宫位于渭水之南，与咸阳隔水相望。秦始皇以七十万劳役，经年累月，建造这座前所未有的宫殿，未及建成，就一命呜呼了。到二世胡亥手中，阿房宫大致成形，选自全国各地的美女源源不断地流入宫中，但胡亥没享几天福，也一命呜呼了。接下来的三世子婴，在秦王位上仅四十六天，历代史家一般都对他忽略不计，秦二世而亡，并没有三世。

在我国历史上，阿房宫极富盛名。其中有两个原因，一是它的规模空前绝后，二是它刚刚建立，就被一把大火烧了。此外，唐朝杜牧的一篇《阿房宫赋》，也为它增色不少，全仗着这篇文字，人们才得以想象阿房宫宏丽规模。

阿房宫号称三百里，其规模可以想见。一座绵延百里的宫殿，在今天看来，已不可思议，何况它还是“五步一楼，十步一阁”，豪华得令人目瞪口呆。正由于它，蜀中的山全都变成了荒山，所有的林木均被伐光，用以建筑宫殿，难怪后来的大火一烧就是三个月。

阿房宫是秦始皇性格的外化，秦始皇不愧为中国第一个皇帝，干什么都要求第一流。燕赵齐楚的建筑艺术，在阿房宫得到最完美的体现。

如此堂皇宫殿，项羽何以要毁它？有人认为，宫殿是建立在人民的血肉之躯上，所以项羽才看它不顺眼。为什么不顺眼？因为它是秦王朝最大的宫殿，而秦王朝之于项羽，国有国仇，家有家恨。项羽西进灭秦，灭就是灭掉一切，与刘邦的概念大不相同，后者的目的只在于推翻一个王朝。

项羽一路杀过来，心中始终有一团复仇之火，坑秦卒，屠秦都，焚秦宫，这一连串举动，都是这团复仇之火喷发的结果。换句话说，阿房宫毁于项羽的私愤。

如果项羽决定不走，以咸阳为都，那就是另一回事了，阿房宫会免于劫难。而项羽东归，留它何用？这么漂亮的宫殿，项羽不享用，别人谁敢享用？与其白白矗立于渭水之畔，不如放一把火，烧掉了事。

然而，鬼使神差的是，项羽烧阿房宫，不仅烧出了一个千古骂名，也烧出了一段千古姻缘。美人配英雄，虞姬配项羽，中国英雄美人的模式，大约就由这对男女而起。这里略去不表。

几天后，项羽连同他的四十万大军撤离咸阳，又放火烧掉了这座有六百年历史的都城，皇家宫殿成为焦土，富豪府第变为瓦砾。百姓逃亡，街巷一空。那些凄凉景象，在项羽看来，大抵称得上赏心悦目。他惬意地微笑着，如果不是对范增和虞姬的态度有所顾忌，他随时都可能开怀大笑。

其时刘邦在灞上，见咸阳方向烟火蔽日，不禁悲从中来。冠绝天下的一座都城，就这样被毁了，但他实力有限，欲与项羽抗衡，只能假以时日。项羽驻军戏下，开始筹划一件大事：分封诸侯。谁来分封呢？当然是项羽本人，他觉得自己像春秋霸主，号令天下，莫敢不从。唯一的一个障碍就是彭城还有一位楚怀王，号令天下者，名义上是这位当年的牧羊童。项羽耐着性子，修书一封，命人火速驰往彭城，看怀王对分封之事怎么说。

怀王回答说："按原来的约定办。"这显然是使沛公称王关中。对于楚怀王的指示，项羽大怒道："怀王这个人，不过是我们项家所立而已，没有讨伐暴秦的战功，凭什么得以主管约规！那是天下刚刚发难的时候，借着立诸侯的后代为旗号来讨伐秦朝。然而，身披坚甲而手执利兵发难、暴露于野外三年、最终灭秦而平定天下的，都是各位将相与我项籍的力量啊！怀王虽无战功，当然也应当分地称王。"

项羽这番话的意思，是想要自己首先称王，然后由他来分封诸将为王。诸将明白项羽的意图，都一致称赞他讲得好。

汉王刘邦元年正月，项羽尊奉楚怀王为义帝，说道："古时的帝王，地方千里，必须居于江河的上游。"于是以此为理由，将义帝由彭城迁徙到长江以南，都于郴。

同年二月，项羽分封天下诸侯。首先，项羽自立为西楚霸王，称王于原魏、楚故地的九个郡，都于彭城。

汉王刘邦。项羽立沛公为汉王，称王于巴、蜀、汉中三郡，都于南郑。

项羽三分关中土地，以三名秦军降将为王，来抵拒堵塞汉王北上的通道。

雍王章邯。项羽立章邯为雍王，称王于咸阳以西，都于废丘。

塞王司马欣。长史司马欣原为秦栎阳县狱吏，曾有恩德于项梁，所以立司马欣为塞王，称王于咸阳以东，抵达黄河，都于栎阳。

翟王董翳。都尉董翳劝章邯投降有功，所以立董翳为翟王，称王于上郡，都于高奴。

西魏王魏王豹。项羽为自己取得魏国的故地，徙魏王魏王豹为西魏王，称王于河东郡，都于平阳。

河南王申阳。项羽立申阳为河南王。申阳是瑕丘人，原是张耳的近臣。他首先从秦军手中攻下河南郡，在黄河边迎接楚军，所以被立为河南王，称王于河南，都于洛阳。

韩王韩成。韩王韩成仍称王于韩国故地，都于故都阳翟。

殷王司马。赵将司马平定河内，数次立有战功，所以立司马为殷王，称王于河内郡，都于朝歌。

代王赵歇。项羽改封赵王赵歇为代王，称王于代郡，都于代。

常山王张耳。张耳是赵王歇的丞相，向来有贤能的名声，又随从项羽入关，所以项羽立他为常山王，称王于赵国故地，都于襄国。

九江王黥布。当阳君黥布身为楚将，勇冠全军，战功卓著，所以项羽立他为九江王，称王于九江郡，都于六。

衡山王吴芮。番君吴芮曾率领百越族的部队佐助诸侯伐秦，又随从项羽入关，所以项羽立他为衡山王，称王于湖南省及湖北省东部和安徽省西部，都于邾。

临江王共敖。共敖是义帝的柱国，因率兵攻击秦南郡，立功颇多，所以项羽立他为临江王，称王于南郡，都于江陵。

辽东王韩广。韩广原为燕王，项羽徙封他为辽东王，称王于辽东郡，都于无终。

燕王臧荼。臧荼原为燕将，随从楚军救赵，又随从项羽入关，被立为燕王，称王于燕国故地，都于蓟。

胶东王田。原齐王田被项羽徙为胶东王，都于即墨。

齐王田都。齐将田都随从楚军救赵，并随从项羽入关，所以项羽立他为齐王，都于临淄。

济北王田安。当初项羽渡河救赵时，田安攻下济北数城，率部队投降项羽，所以项羽立他为济北王，都于博阳。

其他将领如田荣，因多次背弃项羽，又不肯率兵随从项羽击秦，所以未得受封。成安君陈余因受张耳责备，一怒之下，将将印交给张耳，领数百人走往河上泽中捕鱼打猎，又不肯随从项羽入关，然而向来有贤能之名，有功于赵国，闻知他在南皮，所以把南皮附近三个县封给他。番君吴芮的将领梅，因功多封十万户侯。

同年四月，项羽于分封诸侯后，下令从关中撤军，受封诸王各自率兵前往自己的封国就任。这次分封中还有一段插曲。对刘邦，项羽和范增商议之初，打算封刘邦为蜀王。蜀地僻远，乃秦时罪地，也就是专门流放犯人的地方。刘邦功最高，反而被打发得最远。

然而好景不长，不久便有几个诸侯王就起来造反了。项羽分封诸侯的根据，是诸将领在反秦战争中的功劳和作用，同时也与这些将领同他个人关系的亲疏有关。因此，分封诸侯之后，随即便发生了一些不大不小的变动和战乱。

项王因张良随从汉王刘邦，韩王韩成又无军功，所以项王没有派遣他到封国就任，而是令他与自己一同回到彭城，废除韩王封号，以为穰侯。不久，又将韩成杀死。

田荣闻知项羽将齐王田徙为胶东王，以田都为齐王，自己没有受到封赏，因而大怒。五月，田荣不让齐王赴胶东，在齐地造反，发兵抵拒并攻击田都，田都逃亡至楚。齐王田畏惧项羽，私下偷偷地到胶东就国，田荣大怒。

6月，田荣追杀田于即墨，自立为齐王。当时，彭越在巨野泽，有部众万余人，无所归属。田荣授予彭越将军大印，使令他出击济北王。七月，彭越击杀济北王田安。于是，田荣重新兼有项羽所分割的“三齐”之地，又派彭越击楚。项王命萧公角率兵攻彭越，彭越大败楚军。

张耳受封为常山王，并到襄国就国，陈余越发大怒，说道：“张耳与我陈余，功劳相等；今张耳受封为王，唯独我陈余为侯，这是项羽主事不公平。”

与此同时，陈余派张同、夏说向齐王田荣游说道：“项羽主宰天下，太不公平。如今把原有的诸王都封在坏地方，把他的群臣诸将都封在好地方，把原来的赵王赶走，令他北居代地，我陈余以为不可这样。闻知大王已经起兵，并且不听从项羽的不合于道义的命令，愿大王给我一些兵力，请以此攻击常山王，恢复赵王的领地，请以赵国作为齐国的屏障。”

齐王田荣答应陈余的请求，派兵前往赵国。陈余征调他所受封的三县全部兵员，与齐军合力攻击常山王，大破常山王的军队，张耳逃往汉王那里去了。陈余把赵歇从代地迎接回来，返归赵国故地。赵歇因此立陈余为代王。

秦始皇的主要历史功绩，在于他统一六国之后，废分封，郡县天下，创立了中央集权的封建专制制度。项羽在灭亡秦国之后，分封诸侯，这无疑是逆历史潮流而动的一种倒退，必然在中国大地上再次引起连年的诸侯战争。而项羽本人，最终也以他的暴虐关中和分封诸侯为起点，一步步地走向自取灭亡的深渊。

巧用奇谋暗度陈仓

鸿门宴之后，项羽便领兵西进，入咸阳，烧阿房宫、杀秦王子婴；又分封各路将军为王，刘邦为汉王，负责有巴、蜀、汉中三郡，南郑为都城。巴、蜀地处偏远，汉中盆地又狭小，三郡都是在崇山峻岭环抱之中，对外交通受山险阻隔，道路艰险，极不便利。同时削减刘邦军队至三万人。

更令刘邦不能容忍的是，项羽在封他为汉王的同时，把本应封给他的关中这块宝地一分为三，封给秦朝的三位降将章邯、司马欣、董翳，分别称王于关中。

项羽把关中封给秦朝的三位降将，其用意显而易见。他是使令三名降将监视汉王，使汉王的势力不得越过秦岭这道天然屏障，进入关中，把汉王刘邦的势力遏止在汉中一隅。

很显然，如果汉王不能越过秦岭，据有关中，以汉中这块小盆地，是不会有力量东向同项羽争夺天下的。这样一来，项羽自以为便可以放

心地在东方稳坐“西楚霸王”的交椅，从此号令天下了。

消息传到了灞上刘邦的驻地。刘邦一听项羽竟敢抗拒义帝的圣旨，违背前约，四分秦地，只给他一分，不由得大怒。将士们也都不愿意到巴蜀去，说：“巴蜀是秦国放逐囚犯的地方，我们不去！”

刘邦一时愤怒想要调兵遣将，这当然是匹夫式的冲动，以刘邦的智力，原不该在此列的。他被迫离开咸阳，接着又在鸿门宴上惊出一身冷汗，心中早已憋了一大口闷气，眼下又被扔到蜀地，封个什么王，哪能不怒？众将一嚷，他越发血往上涌，拔剑在手，大有一日之内把四十万楚军扫平之势。

刘邦准备与项羽一决雌雄时，周勃、灌婴、樊哙都进前劝说，认为万万不可如此。张良默然。他吃透了刘邦，知道刘邦是虚张声势，稍一冷静，自会把宝剑插回鞘内。吼几句也好，免得憋气生病。

萧何急了，连忙劝谏。萧何说：“虽说称王于汉中是件坏事，总还是比一死要强些吧？”

“何至于一死？项羽欺人太甚，这口气我咽不下。”刘邦说。

萧何说：“小不忍则乱大谋。大丈夫能屈能伸，何在一时屈辱？只要我们暂时接受封地，广招天下豪杰，秣马厉兵，同时把巴、蜀、汉中治理好了，就能收复三秦，也就是雍、塞、翟，到那时再出关与项羽决一死战，才能一举获胜。”

刘邦说：“不。项羽听从了范增的计谋，让章邯、司马欣、蒲广三员大将据守三秦，分明是把我堵在巴蜀之地，不让我动弹。现在趁他们立足未稳，我速派兵先去攻占三秦，不是易如反掌吗？”

萧何连连摇头，说：“不可，不可。如若派兵占领三秦，项羽必定与我争夺。他有三十万大军，恰是我们的三倍。我们难以制胜。到那时，我们进有强敌，退无稳定的后方，必将被项羽所灭。望沛公三思！”

刘邦说：“你就会长他人的志气，灭自己的威风。这次，我非不听你的。众将听令，樊哙带一支兵马攻章邯；曹参带一支兵马攻司马欣；

夏侯婴带一支兵马攻蒲广。不拿下三秦，你们别来见我！”

三位将领齐声说：“遵命！”转身欲走。萧何伸开双臂，拦住他们。

“沛公，胜败常在一念之间。一步棋走错，就可能满盘输掉。”萧何苦苦劝谏。但刘邦就是不听。萧何无奈，说：“沛公若是不听我的，为何不听听张良的高见？”

刘邦低头一想，是啊，这么大的事，我怎么不与张良商量商量呢？于是说：“快请张良！”

张良应召而至。他听了刘邦的意见，哈哈笑道：“沛公啊沛公，封你为汉王，已经够意思了。我还担心项羽会发兵来攻打你呢。这几天，我一直在思谋退敌之策，看来是多余的了。人都说范增奸狡，足智多谋，照我看，不过是酒囊饭袋而已。如让我为项羽谋划，立即将得胜之军扑向关中，消灭沛公的十万兵马，则天下无人再可与他抗衡了。项羽便可以真正称霸天下，为所欲为了。可笑范增，可笑项羽！”

刘邦气消了一半，张良又说：“我有一个想法，未必行得通。我试试看，成功了，再告诉沛公。”

刘邦忙问是何妙计。帐内人多，张良不便明言，便附在刘邦耳边说了几句。刘邦听了，面呈喜色，几个文臣武将不知所云，个个茫然，又都想知道张良说些什么。别人不作声，唯有樊哙叫道：“子房先生有妙计，何不说出来？我也想听听，吃个定心丸。”

张良有些为难。这事的把握并不大，再者，牵涉到另一个人，那人几乎是打入敌人心脏的间谍，轻易暴露不得。张良只得目视刘邦，后者瞪樊哙一眼，斥责道：“不让你知道，你就不要问。”

其余的人一看樊哙这样，便不再打听了。

张良的妙计，就是利用一个人，而这个人就是在鸿门宴上帮了刘邦大忙的项伯。鸿门宴后，刘邦感激张良，赠他金百镒、珠二斗。一镒等于二十两，百镒就是两千两。刘邦出手阔绰，一则是张良功高，二则是他多年养成的习惯：没钱则罢，有钱则随手闲抛，不当回事。一大帮人才方能团结在他周围，替他卖命。

而张良不爱财，且不说视钱财如粪土，至少和刘邦一样不当回事。天下第一高人，胸中装着万里江山，一点钱自然不算什么。沛公所赐，他悉数转赠给了项伯。赠给项伯是为了大局，是为了公事。这等举动，刘邦对他更是敬重有加。

当天晚上，张良潜入楚营。这时，项伯正在火炉旁打盹，这几天他心情不好，范增跟他吵了一架，说他在鸿门宴上袒护刘邦，坏了大计。他反唇相讥，指责范增不该暗地里放冷枪，自作主张，简直目无霸王。二人各不相让，范增气得发抖，项伯呼地拔出了剑，要不是项羽把他们分开，说不定会打起来。

张良进来时，项伯揉了揉眼，原本模糊的双眼忽地发亮，眼前竟摆着几大箱子金银珠宝。“子房，你这是干吗？”

“一点小意思。”张良说，“你救我一命，这些东西不足以报答万一。”

“真是见外了。当年你救我一次，如今我救你，也算扯平，何必又送此大礼。”

“务必收下。项兄请不要多言。”

“好吧，恭敬不如从命。”

项伯旋即命人把几个沉甸甸的大箱子抬入内帐。项伯问起刘邦。十七个诸侯王齐集戏下，为何单单不见沛公？张良回答说，沛公染疾在身，已向霸王禀告过了。停了停，又叹口气说，沛公眼下情绪亦欠佳。

项伯问：“什么事让沛公心烦？”

张良再次叹气：“唉，这事不提也罢。”

项伯哪肯放过，追问道：“沛公究竟怎么了？子房但讲无妨。我这儿，不碍事的。”

张良这才说：“沛公先行入关，不做关中王也罢了，却被封为蜀王。蜀地险恶，尽人皆知，沛公有被流放的感觉，故而不乐。我想，这未必是霸王本意，多半是范增的主意。”

提起范增，项伯气就来了，将日前吵架之事向张良讲了一遍。张良暗喜：撞上这种事，真是运气。于是简单附和几句，未作过多的表示。此时的张良，看上去像个老滑头。

话题回到刘邦身上，张良方直言，请项伯在项羽面前美言几句，改封别的什么王。后者想了想说："替沛公求情没问题，但没有绝对把握。范增那老匹夫……"

说话间，有人掀帐进来，项伯随即住口。来者是陈平。美男子披着虎皮风衣，进门后脱下，里面是一身玄裳，越发显得身子修长。汉朝初年，以貌美著称的男人，仅他一人而已，张良状如好女，亦须让他三分。

陈平官居都尉，在项羽帐下不可谓不得志。但此人聪明绝顶，且能审时度势，他跟随项羽已久，知道项羽难成大器。陈平看好刘邦，所以才有鸿门厕所旁之举，任刘邦溜掉。

近来，陈平跟项伯往来密切。自然，有些话还不能说到明处。三人寒暄后，陈平对项伯道："刚才你二人好像谈得很起劲。什么新鲜事儿，且说来我听听。"

项伯支吾着："也没说什么。只闻戏下有一美人……"

陈平笑着打断他："别哄我了。那美人是否叫范增？且是个老匹夫。"

三人大笑。张良以实言相告，说沛公被封蜀王，有些牢骚。陈平快人快语："项伯兄为沛公说情，甚好。适当的时候，我也助上一臂之力。"

陈平此言，显然是讨好刘邦，为日后的前程做铺垫。张良已猜到了七八分：陈平有不悦项羽之意。三个男人想法一致，谈话就轻松了。项伯唤随从摆酒，围着火炉欲畅饮一番。张良告辞，说是回灞上还有事，项伯强留不住，任他去了。留下项伯与陈平对饮，谈起张良的离去，都感觉到有些遗憾。

事实上，张良没有事情，之所以要走，是因为心中有别的考虑。陈平与项伯，一个是有心向汉，一个是无意间做了内奸，二人可抵千军万马，其重要性，张良最明白。留下来围炉煮酒，畅快倒是畅快，却容易引起怀疑，为日后计，大不划算。

智与忍，张良一生就是这两个字。眼下是小忍，不值一提。夜色中，他纵马归灞上，单骑走荒原，但闻马蹄嗒嗒，天上不见月色明，天外几颗星，隐隐约约地放着寒光。张良放慢了速度，荒原有种特殊的韵味，说不清，摸不着，只在胸中鼓荡。

张良缓缓行进着。坐下的良驹，日行八百里，去灞上，须臾可至。它此刻却悠悠晃晃，和它的主人一样悠闲，想必对荒原之美亦有某种感悟。它沉默着，像个旷世智者，偶尔朝天打个响鼻，以示内心之愉悦。

远处忽见几簇火把，有人飞骑而来。原来是樊哙和周勃。刘邦见张良久不归来，担心出事，特派二人前来接应。樊哙眼尖，见前面一人一骑，必是张子房，于是大叫，那巨大的嗓门，在寂静的荒原听上去像是鬼叫，野狼都吓得屏声静息。

张良走得慢，看上去似乎没精打采。二将便想：大约在楚营碰了钉子，所以才垂头丧气的。唉，高人亦有不高明之时。樊哙话多，待张良走近了，便安慰说：“先生好像不快活，莫非事没办成？没办成就没办成，有甚要紧？回灞上，俺陪你痛饮几杯。”

张良笑了笑：“回去再说吧。酒是要喝的，倒不是为替我解闷。”

周勃忙问：“先生大功告成了？”

张良去戏下，所为何事，二将并不知晓，只猜测必是大事，与沛公封王有关。樊哙缠着张良，想让后者透露点消息。张良但笑不语，猛一加鞭，良驹四蹄扬起，绝尘而去，樊哙与周勃奋力追赶。

不多时，三骑到达汉营。进中军帐，张良对刘邦耳语了几句，刘邦大喜，包括萧何在内的其余诸人都有些莫名其妙。刘邦不宣布，大家不便问，连樊哙也学乖了，只大呼：“拿酒来拿酒来！”

第二天，项伯入见项羽，未提刘邦事，项羽先问：“听说昨夜张良来过，他找叔父何事？”

项羽斜着眼睛看项伯，说不上怀疑，但目光有点深意。幸亏项伯有备而来，从容道：“刘邦染疾，不能来戏下，特遣张良前来通知我，让我转告大王。”

“这张子房，何不直接来找我？”

“他有点害怕你。”

项羽一笑：“世之高士，怕我一武夫么？”

项伯亦笑，“上次鸿门宴，刘邦和子房都吓坏了。”

说着，瞟了旁边的范增一眼，范增扭头看一边，不一会儿，借故出去了。范增一走，项伯转向项羽：“张良到戏下，大王您是怎么知道的呢？”

项羽没有心机，直截了当说是范增告诉他的。一大早，范增进到帐内，谈的就是这件事。项伯听完之后哼了一声，想要说什么，但是，项羽打断他：“你二人一个是我叔父，一个是我亚父，论亲疏，你在他之上；论职位，他在你之上。你俩不团结，我就难办了。从今往后，不可这样做了。明白吗？”

项羽问起刘邦得的什么病，项伯趁机说，刘邦卧病，一来是身体不适，二来是情绪欠佳。被封为蜀王，远走蜀地，心里着实不舒服，又不敢声张，闷在胸中，故而闷出病来。

项羽笑道：“这刘季原来如此小气。蜀王好歹也是个王，若我不封他，他岂不是要气死？人称刘季大度，看来徒有虚名。”

“刘季可怜，确是实情。大王能否改封他，让他到别的地方去？”

“叔父对刘邦蛮有感情嘛。鸿门宴上护着他，如今又为他求情。但这事不好办，十八个诸侯王，已然受封，不便更改。再者，亚父一再提醒，对刘季这样的人，得时时加以防范，他手上毕竟有十万人马。”

正说话间，陈平掀帐进来，问项伯与霸王讨论何事。项伯说刘邦为封蜀王事，生病云云。陈平沉吟道：“此事在诸侯王中亦有议论，替刘邦叫屈。刘邦先行入关，分封倒落在众人之后，难免有气。依我愚见，对刘邦这种人，要么一刀杀之，要么加以安抚。他若心怀不满，暗中联络诸侯，鼓动是非，反于我们不利。”

项羽点点头。陈平说话，水平就比项伯高。项伯系武将出身，而陈平是读书人，应付这类事，当然比项伯强。何况他在项羽手下，一向扮演心腹的角色，心中所想，不漏点滴。

项羽思忖片刻，对二人说，可将汉中之地加封给刘季，且改蜀王为汉王。二人互相瞧瞧，心想这也不错了，于是告退。项伯亲往灞上，把这消息告知刘邦。

刘邦改封汉王，胸中略平，众将也不复嚷着要跟项羽拼命。现在，刘邦得到的地盘是：巴郡、蜀郡、汉中，以南郑为都城。然后他便唤回樊哙等将领，说：“移兵南郑，当汉王去！”于是刘邦决定退出灞上，遵照霸王的分封前往南郑。至此，刘邦称为汉王。

关中百姓听说刘邦要离开远去，成群结队地前来送行，不少其他部队的将士也仰慕刘邦的仁厚为人，纷纷前来投效，愿意跟随刘邦西去，前后差不多有数万人马。

汉王刘邦率所部人马前往汉中就国，所经由的路线是从杜县南，进入蚀中。一是可走直南通往汉中的重要谷道即子午谷，南端的谷口是汉中的南康县；一是可以向西到达眉县西南、走斜谷，再入褒谷。

从《史记·留侯世家》“良送至褒中”的记载来看，汉王是从杜南，经蚀中，然后西行到达眉县，由眉县西入斜谷，经斜谷由关中到达汉中。

在进入斜谷之前，汉王刘邦所率领的将士们一路西行。途中，这些来自东土的士卒，仰望南面那横亘东西的秦岭，远方那层峦叠嶂、耸入云端的高山，听说山峦的那边便是汉中，心中顿生迷茫之感，真不知自己所要奔往的去处，究竟是天下的何方，离家乡又有多远，会是怎样的一个世界。不用说，在这一段西行的路上，将士们的心情是低沉的，人人少言寡语。

到达眉县西南，大军进入斜谷。斜谷道路狭窄，几万大军一字穿行于峡谷之中，蜿蜒有十余里之长。自进入斜谷，穿越秦岭，又是一番景象。脚踏谷底的碎石，两侧是令人望而生畏的悬崖峭壁，飞鸟哀鸣，猿猴啼叫，亦是一片凄凉的气氛。

唯有头顶上的那一线天空，它既给士卒们以希望，又有几分令人恐惧，但最终还是觉得自己的生路，只能系在这一线天空的前方。途中，有时要行进在峭岩陡壁的栈道之上。

这种栈道是在峭岩陡壁上的险绝之处，傍山岩凿出洞孔，施架横木，铺上木板，以通行人马，而栈道下面则是万丈深渊。第一次走上这种栈道的士兵，他们一般不敢往栈道下边观看。即或如此，也难免胆战心寒。

当将士们将要走出斜谷时，人们回首顾盼，都深深地出了一口长气，经受了他们跟随刘邦转战南北以来所未经受过的洗礼与考验。

至于汉王刘邦，一路上也是思绪万千。他总是用萧何的劝谏，来驱散时时袭来的无名烦恼；又幸亏有张良等人一路陪同，或指指点点，谈笑风生，或倾听张良讲述兵法，谈古论今。在部下将士们看来，他们的汉王如此神态自若，真是他们的安危和希望所系。

张良一路陪伴，到达褒中，人马已将要走出褒谷。这时又发生了一件更令刘邦伤心的事，智勇双全、忠心耿耿的张良要离他而去，前往阳翟投奔韩王成。张良不想离开刘邦，他被逼无奈。

鸿门宴上，项羽看张良才学过人，大智大勇，是当世少有的高级谋士。对张良的敬佩马上转变成为对刘邦的嫉妒，从那一天起他便暗下决心要设法让张良离开刘邦，砍掉刘邦的一只臂膀。

对项羽来说，做成这件事实属不难，机会太多了，俯拾皆是。项羽进关途中，韩王成没有跟随。项羽分封诸王前夕，韩王成才赶来拜见，这使项羽非常不满，所以在酝酿分封其间，项羽起先并不准备让韩王成仍居任原地。但又虑及韩王成也无其他罪过，便不得不许复旧封，但韩王成必须答应项羽一个条件，那就是召回张良。

显然，在刘邦与项羽的斗争中，张良成了一个重要的筹码。张良的去向归离势必会成为重新爆发战争的因素，这是涉及到刘邦生死存亡的又一关键。因此，张良不得不离开刘邦。

在刘邦政治生命跌入低谷，情绪异常低迷的时候，既是良师又是益友的张良要离他而去，刘邦的心灵又经受了一次沉重的打击。

但张良是必须要离开的，张良无法改变，刘邦也无法改变。离别是痛苦的，特别是在这种艰难时期。刘邦、张良的眼眶早已盈满了泪水，二人默默地对视着，似有万语千言要诉说，可是一句话也说不出来。

在场的人也都流出眼泪，不仅仅是因为气氛的感染。张良为人热情正直，人缘很好，此刻，他要离去，怎不令人留恋，令人伤心！张良强忍悲痛，哽咽着说：“诸公此去，地势偏远，气候不适，一定要保重身体，你等精心辅佐汉王治理汉中，一有时机便要东进关中，然后问鼎中原。如有良机，良也要重归汉营，与诸公共成大业。”

在场的人纷纷表示，希望张良珍重，早早归来。张良又一一与众人送别。特别是对萧何、樊哙、周勃、灌婴等重臣更多加慰勉和嘱咐。最后他转向刘邦：“大王请屏去左右，良有一事相告。”

众人不解，但料到张良必有要事，未等刘邦说话，便都主动回避。

不长时间，刘邦与张良携手走出。众人围上前来，张良拱拳：“张良要走了，诸公珍重。”说完，翻身上马，走出几步，又回马拱拳，连道珍重。

刘邦的泪水挂满了两腮，直到张良的人影消失了许久，才缓缓转过身来命令军队继续西进，声音已苍老了许多。

褒谷这个地方，是关内关外的分界。此处被崇山峻岭环抱，沿途皆是悬崖峭壁，无路可通；只有栈道凌空高架，仅供行人走路。自古以来，这里就是由陕入川的南北通道，因此也成为兵家必争之地。

队队汉军小心翼翼地沿着栈道缓缓开行。这是一次极其艰难的行军。汉军多为江南、中原人士，从未走过如此艰难的道路。栈道皆为木制，非常狭窄，人走在上面吱吱嘎嘎作响，向下一望，山谷深不可测，令人头晕目眩。

寒风呼啸，天色阴沉，汉军都在默默地行路，士气十分低沉。后队人马突然惊呼喧嚷起来。有军吏飞速报告刘邦说，后面起火，烈焰冲天，栈道都被烧断了。

将士们听说栈道被烧毁都十分惊慌。这可是他们的退路啊！有的人叫骂起来，有的人呜呜地哭出了声。刘邦并不理会，催促部队快行，一切到了南郑再做计议。将士们不敢违抗，只好前行，只是骂声哭声依然不断。

哭骂的对象渐渐地集中到了张良的头上。因为将士们听说栈道是张良所烧，都骂张良心狠手辣，断绝了后路，永远不能回到故乡，不能见到父母妻子。

栈道确实是张良烧毁的。事实上，张良密告刘邦的就是这件事。普通将士当然不能理解张良的用意。烧毁栈道此招十分高妙，第一可防止敌兵沿栈道进击刘邦，第二则示意诸侯，刘邦再无东归之心，用以麻痹项羽。

刘邦对于烧毁栈道当然十分坦然，只是督促加快行军速度，一心一意地驰往南郑。从褒中南行数日，汉王终于从秦岭中间的谷道中走出，呈现在他们眼前的汉中盆地，褒水、汉水是那样的清澈，绿树和小溪所环绕着的农家田舍，一块块的水田之上，早已插种上了水稻的秧苗。这时，只有这时汉王和他的将士们才个个喜笑颜开。

他们好奇地观看汉中的景物，与家乡确实是有些不同。但同从关中到汉中的一路行军比较起来，将士对汉中却是倍感亲切，感到自己确实是又回到了可爱的人间。

据《史记》记载：

及高祖起为沛公，何常为丞督事。

按楚国制度，县宰称“公”，故刘邦起兵占据沛县，称“沛公”，而“丞”则是各级官吏的主要助手，如郡丞、县丞等。萧何自跟随刘邦起兵后，“常为丞督事”，是说他在沛公南征北战直至兵入关中这段时间内，萧何一直是作为沛公的主要助手，负责掌管沛公这支起义军的一切政务，其工作是相当繁杂而艰巨的。

由于当时主要是行军作战，萧何所掌管的政务亦是为作战服务，因而他在这一期间的活动和功绩，史书没留下具体的记载。

当沛公率十万大军首先进入关中、接受秦王子婴投降并将军队开入咸阳后，在秦王朝业已灭亡的历史条件下，夺取全国政权已提到以沛公为首的这一政治军事领导集团的议事日程之上。

此刻，萧何以其深刻的政治眼光，“独先入收秦丞相御史律令图书藏之”，又劝谏沛公不要意气用事，接受封号，提出了“养其民以致贤人，收用巴、蜀，还定三秦，天下可图”的正确路线，从而显示出萧何作为一位政治家的才华。

因而，当沛公接受项羽赐给他的汉王封号并率大军来到汉中就国后，所做的第一件大事便是任命萧何为丞相。

在南郑的汉王府，汉王刘邦步出府门，环顾四周远方的高山，这时他才对汉中这块盆地有所体会。几万大军进入汉中，然而这狭小的汉中盆地却不可能成为将士们的用武之地。

此时他佩服萧何在关中为他所制定的“养其民以致贤人，收用巴蜀”路线，是何等的正确而及时。这时，汉王认识到目前的首要任务是安定秩序，发展生产，招纳贤才，制定各项制度，征收赋税，总之，是积蓄力量，养精蓄锐，准备“还定三秦”。而这个中心任务，主要落在萧何的肩上。

韩信治军之严，从他颁布的十七条禁令中可窥见一斑。禁令一出，三军为之震动。有一天，汉王刘邦巡视军营。巡毕，汉王进中军帐。汉王落座，大将韩信在东侧面西而坐，与西侧的丞相面面相对。韩信坐下之后，汉王向韩信说道：“丞相曾多次谈到将军，将军想以什么妙计见教于寡人？”

韩信谦让一番，便向汉王问道：“如今向东争夺天下，难道对手不是项王吗？”

“是。”

“大王自己估摸一下，在勇猛、强悍和兵力方面，同项王比谁强？”

“不如项王。”汉王沉默了半天，回答说。

韩信起身再拜，说：“我韩信也以为大王不如项王。然而，臣曾侍奉过项王，请允许臣谈一下项王的为人吧。项王厉声怒喝，成百上千的人都会被吓得动弹不得，然而他不能任用有才能的将领，只不过是匹夫之勇而已。

“项王为人表面上谦恭仁爱，说话时显得很温和的样子；将士们有病，他泣涕着把自己饮食分给患者。但他派出的将领一旦立功而应当封爵时，他却把已经刻好的印信握在手中，直到印在手中被玩弄得磨去了棱角，仍然不舍赐给有功的人，这就是所说的‘妇人之仁’啊。

“项王虽称霸于天下，以诸侯为臣，却不居于关中而以彭城为都。又违背义帝先入关者称王于关中的约定，封那些与自己所喜爱的人称王关中，被诸侯认为不公平。

“诸侯见项王把义帝从彭城赶出来，迁往江南，自己以彭城为都，便都效法项王，回去后驱逐自己的国君，占据好的地方自立称王。项王大军的所过之处，无不遭到残害，天下人都很怨恨他，百姓不愿意归附，只是在威势的逼迫之下，不得不服从而已。项王名为霸主，实际上已失去天下人心。所以说，项王的强大很容易就会转化为衰弱。

“如今大王果真能一反项王之道而行，任用天下的英武勇敢人才，有什么不可消灭的？！用天下的城邑来封赏给有功之臣，有谁会不心悦诚服？！顺从士兵思乡东归的愿望，指挥义军东征，有什么敌人不能击败？！况且关中的三王都是秦军的降将，他们统率关中秦地的子弟在山东作战数年，死伤者不计其数。

“他们又欺骗士卒，向诸侯投降；但西进抵达新安时，二十万秦军将士都被项王坑杀，唯独邯、欣、翳三人得以脱身。秦地的父老兄弟怨恨这三个人，可以说是痛入骨髓，不共戴天。如今项羽依仗威势，强行封这三个人为王，秦地人民并不拥护他们。

“大王自武关进入关中，对秦地人民秋毫无犯，废除秦朝苛法，与秦地人民立约，颁布了三条法令，秦民无不希望大王称王关中。按照义帝与诸侯的约定，大王应当立为关中王，关中的人民无不知晓。大王失去关中王而入汉中为王，秦民没有不怨恨的。如今大王发兵东征，只要向三秦地区发出一道声讨三王的公文，就可以平定。”

韩信向汉王的长篇谈论，对当时的局势作出了精辟的分析：既承认项羽的一时强大，又指出了项羽的致命弱点，结论是“其强易弱”。对于关中的形势，指出项羽以威势强令分封的三王，秦民对他们“痛入骨髓”；而汉王的秋毫无犯，除秦苛法，约法三章，又深得民心，因而平定三秦将会是“传檄而定”，易如反掌。只要能一反项羽之道而行，是可以夺取天下的。

汉王听了韩信对局势的分析，格外高兴，深感得到韩信是太迟了。于是，汉王听从韩信的计谋，着手向诸将布置各自的出击目标和任务。

还定三秦的作战方案，是由韩信制定的。这一作战方案的要点，是对敌军实行奇袭，因而进军路线的选择和确定，便成了关键所在。

汉元年，也就是公元前206年8月，一切布置就绪，汉王命丞相萧何留守汉中，收巴蜀田租，安抚巴、蜀、汉中三郡百姓，为大军提供粮饷。《华阳国志》记载：

> 汉祖自汉中出三秦伐楚，萧何发蜀、汉米万船而给助军粮，收其精锐以补伤疾。

于是，汉王与韩信率大军北上，而韩信为汉军所选定的进军路线是从故道县出兵袭击雍王章邯。韩信所选的这条道是一般人想象不到的，因此这个计划相当保密，连韩信部下樊哙也不能知晓。韩信先让他去完成另一件任务。且说韩信开始部署进攻事宜。他召来樊哙，命他带一万人马，在一个月之内修复被张良烧毁的栈道。

樊哙一听便咧嘴笑道：“大将军，你大概没走过栈道吧？你知道它有多长？地势有多么复杂？”

“我没走过栈道，但并不等于不了解栈道的情形。樊将军，执行命令吧。”

韩信提到命令，樊哙不敢作声了。弄不好，又犯下他的哪一条，要砍你的脑袋。这家伙，不知是真糊涂呢，还是故意找我的碴儿。——樊哙心想。

樊哙进宫见汉王，进言说修栈道将是如何艰难：“别说一个月，就是一年也未必能修好。”

一席话，把刘邦逗笑了。刘邦说道：“你想得太多了，这可不像你平常做事的风格。大将军既已下令，我也不能就这样随便改了，你就照他说的话做吧。”

“命令可以执行，哪怕这是一个狗屁命令！一个月修复栈道，简直异想天开。”

“去吧。”刘邦拍着樊哙的肩膀说，“我只能向你保证一点：你不会被杀。”

脑袋保住了，樊哙便去修栈道。这自然是一项荒诞的工程，比17条杀人军规更不可思议。三百里栈道，接连云汉，杂木丛生，三军基本没有立足的地方。樊哙同周勃、陈武登上孤云山顶，举目一望，不禁倒抽一口冷气：如此险峻的工程，虽有十万壮夫，只恐怕一年也完不成。

然而，军令如山，不修也得修。樊哙向部属下令：有条件要修，没有条件，创造条件也要修。士卒不得已，只得硬着头皮上。高崖插木，巅峰搭桥，半个月下来，一个个筋疲力尽。

时间过半，而栈道只修了十余里，照此进度，足足需要数年。樊哙咬紧牙关不作声，士卒则怨声载道，不敢骂韩信，却骂张良：狼心狗肺张子房，走便走了，何苦烧毁栈道！

韩信每天都派人催促工程进度，派来的使者是个细皮嫩肉的汉中大夫，对樊哙也打官腔，只问进展，不管困难，樊哙恨不得撕碎那张小白脸。

工期一天天逼近了，栈道又延伸了几百米，士卒却垮掉了一半：有人受伤，有人掉下山崖，有人开了小差。樊哙没有办法可想，只好待在工程的指挥部喝闷酒。

韩信遣人修栈道的消息，经由开小差的汉军传入关内，雍王章邯几乎笑掉了下巴。他想：刘邦拜韩信为大将，已经是一个大笑话，而韩信想从栈道出师，则是更大的笑话。不过，话说回来，刘邦这人，除了闹笑话，难道还能传出什么佳话？刘邦拜韩信，乃是痞子拜胯夫，正所谓物以类聚，人以群分。胯夫能做什么呢？只能修栈道。等他修完了，师出蚀谷，我再把他打回去。再放一把火，把栈道烧个干净，章邯这样想着。他曾经是项羽的手下败将，现在对付痞子出身的刘邦，应该说是够了。

7月中旬，韩信限定的日期到了，栈道修复三十余里，这比头几天预想的要好，虽然仅仅是全部工程的十分之一。这天下午，韩信亲自到山中视察，樊哙陪他走了一圈，闷声不响。事实摆在眼前，樊哙也懒得诉苦。他偷眼打量韩信，发现这位大将军同样不说话，似乎心情沉重。

“你干得不错。”回到营帐，韩信对樊哙说。樊哙吃惊地望着对方。

“我事先估计不足。”韩信继续说，“再给你十天吧，十天之内，务必完工。”

樊哙大叫：“不可能！十天时间，神仙也做不到！大将军，你这不是逼我么？”

韩信冷冷地说道：“你再闹，我只给你三天。”

“姓韩的，你要杀就杀，别跟我来这一套！”樊哙把眼睛瞪圆了，头发上指。当年吓唬项羽，他就是这副模样，有过胯下记录的韩信不吓得昏死过去才怪。

不料，韩信笑了笑：“樊将军，你这副凶神恶煞像，最好拿去对付项羽，对我没用。我要你三天之内撤出此地，留下几百军士继续修复。这条栈道，以后还是有用的。其余士卒，全部撤回南郑待命。”

“待命？待什么命？”

“命你做先锋，杀回关内。”

樊哙又想笑：“杀回关内？可是路在哪儿？你不会让我飞过去吧？”

这时，樊哙在想：这大将军，或许脑袋有问题。

然而韩信一眼看穿他的心思："别担心，我脑袋没问题，比你够用。有一条小路，可通陈仓，我早已经派人将它拓宽了，车马也能从此通过。让你修栈道，使的是障眼法，令章邯那伙人无法防备。这条计，叫作明修栈道，暗度陈仓。张良先生早在去年就定下了，你这做将军的，怎么一点心思都没有！"

8月的一天，汉兵突然出现在陈仓，陈仓守将被惊得六神无主，他们一方面紧急迎战，一方面派人赶往废丘，报告章邯。章邯环顾左右道："栈道还没有修好，难道汉兵是从天而降不成？"

这时一位部下将士说道："刘邦一贯狡诈，怕有小路通达陈仓，我们不能不防！请大王派探马再探个究竟。"

探马出发不久之后，便于路上遇到从陈仓败下来的士卒，只得返回废丘禀报："报大王，刘邦、韩信亲统汉军，自山间小路，暗出汉中，今已攻取陈仓。"

章邯如梦初醒，始知汉军修栈道是假，暗取陈仓为真。这著名秦将，竟为痞子胯夫所算，不禁气冲牛斗，亲率大军，扑向陈仓，想要阻汉军东下。此时，汉军在离废丘五十里处安营。

两军相遇，二话不说便开始厮杀。章邯愤怒已极，亲自出阵，汉军中夏侯婴拍马相迎。战三十回合，夏侯婴不敌章邯，拨马便走。章邯欲挥军掩杀，忽听汉军阵上一声大吼："章邯匹夫，休要逞狂！"

话音未落，一红脸大汉跃马挺枪，直取章邯。来人是樊哙，二人正是对手，大战五十回合，不分胜负。汉军将多，曹参、周勃、灌婴等一齐出马，章邯的部将抵挡不住，先自乱了阵脚，章邯心神不安，险些吃了樊哙一枪。自知敌不过汉军，章邯急令后退，直退入废丘城中，坚守不出。

韩信催动人马，把废丘四门围了，传令诸将，队伍各安下营寨，预备攻城器具，随时发动进攻。这废丘周围都是高山，山麓之下，通白水大江，城池坚固，三五日难以攻下，董翳、司马欣救兵一到，势必对汉军构成威胁。

韩信决定暂缓攻城。当晚，他带了周勃、曹参，骑马围着废丘城转了一圈，长时间盯着护城河看，然后再往高处察看地形。忽然他心生一计，吩咐周勃、曹参如此如此。

二将得令，各带一千人，每人扛一具沙袋，潜入废丘城外东南河口边，将沙袋抛入水中，堵住河口。时值秋水泛涨之时，河口受堵，那水不得顺流，直冲入废丘城来，城四边墙垣原是山石垒就，遇水一冲就倒，河水奔入城中，一路咆哮，有如千军万马。

章邯落荒而逃。翌日水退，韩信入废丘城。不久，槐里、柳中、咸阳等地，均已平定。雍已归汉，刘邦转攻翟、塞二王，二王不战而降。自此三秦之地，尽归汉有。“还定三秦”的战略目标迅速地得以实现。自韩信出陈仓以来，前后仅用了二十来天。

项羽闻知刘邦平定三秦，怒不可遏，决定率兵反击。张良早已料到这一点，于是寄书蒙蔽项羽，声称：“汉王名不符实，欲得关中；如约既止，不敢再东进。”

同时，张良还把齐王田荣谋叛之事转告项羽，说是“齐国欲与赵联兵灭楚，大敌当前，灭顶之灾，不可不防啊”，意在将楚军注意力引向东部。项羽果然中计，竟然无意西顾，转而北击三齐诸地的毫无生气的腐朽力量。

张良的信从侧面加强了“明修栈道”的效果，把项羽的注意力引向东方，从而放松了对关中的防范，为刘邦赢得了宝贵的休养生息的时间。

楚汉争雄天下

张良上前凝视了一下汉王，神秘地说道："汉王，我们常年征战，风餐露宿是为了什么呢？难道只是为了与楚王修和吗？大王您不想扫除异己，统一天下吗！如今，我们正好可以一鼓作气，与项王一决雌雄。"

刘邦听完张良的一席话，如同久旱逢甘霖，心里豁亮极了。连连称是，两手抓住张良的手，久久地握在一起。刘邦改变主意后，经过周密的安排，决定先派人与齐王韩信、魏相国彭越联系，三军合兵一处，共同打击楚军……

东渡黄河收降魏王

汉王刘邦还定三秦，不过是实现他东向争夺天下的第一个战略目标。三秦平定后，汉王抓紧时间安定关中，把关中作为他同项羽争夺天下的可靠后方，将关中建设成为击败项羽的巩固根据地。为此，汉王刘邦、丞相萧何做了大量的工作。

汉高祖二年，也就是公元前205年10月，项王秘密派九江王黥布、衡山王吴芮、临江王共敖击杀义帝，将义帝杀死在大江之中。

陈余征发所属三县兵力，借齐兵合力袭击常山王，常山王张耳败走，在废丘城下拜见汉王，汉王给他以优厚的待遇。陈余将赵主从代地迎回，复立为赵王；赵王为感谢陈余的恩德，立陈余为代王。陈余没有前往代地，留下来任赵王丞相。

张良逃离彭城后回到韩地，又从韩地抄小路回到汉王那里。汉王再次见到张良，十分高兴，封他为成信侯。张良体弱多病，未曾单独领兵作战。作为谋士，时时随从汉王，为汉王运筹于帷幄之中，事实上是汉王的军师。

汉高祖二年，也就是公元前205年初的形势是，由于还定三秦和四出略地在军事上所取得的一系列胜利，塞王司马欣、翟王董翳、河南王申阳皆已降汉；韩王郑昌不听从汉王，汉王派韩信率兵击溃他的部队。

于是，在攻占的土地上重新设置了隶属于汉王的陇西郡、北地郡、上郡、渭南郡、河上郡、中地郡以及在函谷关外设置的河南郡。更立韩太尉韩信为韩王，是为韩王信。汉王发布命令：各诸侯王的部将凡率众一千人或献地一郡前来投降的，封为万户侯。下令修筑河上郡的要塞。原秦朝的苑囿园池，听任无地或少地的百姓耕种，恢复生产，长养人民。

同年正月，俘虏雍王章邯的弟弟章平。发布大赦罪人的大赦令。汉王刘邦出函谷关到达陕县，慰问关外的父老，安定秩序，争取民心。

同年二月，下令废除代表秦王朝国家的秦社稷。社与稷，分别是古代君主祭祀土神和谷神的场所，常用来作为国家的代称。刘邦入关中以及还定三秦后，不仅秦帝国的社稷被暂时保存下来，而且秦王朝的地方政权以及官员也暂时被保存下来，照常履行公务，隶属于汉王。

这种权宜之计，对于安定秩序是必要的。当关中及邻近各郡已被汉军平定，汉王在这一地区站稳脚跟时，汉王便不失时机地下令“除秦社稷，更立汉社稷”。

“除秦社稷，更立汉社稷”，它标志着汉王的中央政权及地方政权，在陇西、北地、上郡、渭南、河上、中地以及河南等七郡已经正式建立起来。汉王刘邦正是凭借着汉政权的力量，东向同项羽展开了争夺全国政权的军事斗争。在汉政权的建设中，丞相萧何无疑做出了巨大的贡献。

同年三月，汉王刘邦决定率领大军从临晋东渡黄河。于是，他将韩信找来出谋划策，对他说：“我军要渡黄河，你看如何行事？”

“这件事并不难，我们只要找到大渡船过河就可以了。”

“那魏王军队不会阻挡吗？”刘邦有些疑虑。

“魏王豹本身就不服霸王，只是慑于霸王的威力，才不敢说什么。如今我们过河，他定会顺水推舟的。”韩信自信地说。

“果真如你所讲，我们就去找渔船过江。”刘邦也有了几分信心。

三日之内刘邦聚集了大小渡船三百余只。开始大举渡过黄河。临晋是关隘名，在今陕西大荔县东的黄河西岸，因关下有蒲津渡，又称蒲津关，是古代秦晋间的重要通道。

汉王这次率大军东渡黄河，并非是执行一般的作战任务，而是他在安定关中、正式建立汉政权的基础上，为实现东向与项羽争夺天下这一重大战略目标，所采取的第一步战略行动。

汉高祖率大军决定从临晋渡过黄河，是因为齐、赵、魏的反楚势力，此刻正在与项羽进行军事上的较量。显然，汉王是想在临晋东渡黄河之后，通过上党进入河北及河南地区，联合河北及河南各路反楚军事力量，向项羽发起总攻击。

汉王这一进军路线的选择和战略决策的制定，无疑是十分正确的。因此，汉军在临晋东渡黄河之后，旗开得胜，势如破竹，各路诸侯的联合反楚力量得到了迅速的发展，一举而攻下楚都彭城。

汉高祖三年，也就是公元前204年3月，刘邦率兵自临晋东渡黄河，收降魏王豹。曹参和韩信各率军从关中分两路渡黄河伐魏，这次讨伐魏王，曹参和韩信是平级，没有上下级之分。此前，曹参就频频立下战功，从来没有打过败仗，绝对称得上是名将。

曹参和韩信事先商量好，曹参率领汉军主力驻蒲津关吸引黄河对岸临晋关魏军主力，而后韩信趁机从夏阳龙门渡黄河偷袭安邑。韩信偷袭安邑得手后，曹参从正面攻临晋关魏军主力，韩信从安邑南下由背后攻临晋关。

韩信率汉军从关中出发驻夏阳准备从龙门渡口渡黄河，实际上韩信过夏阳后使临晋关魏军惊惶失措，曹参趁机渡黄河克临晋关。而黄河那么多渡口，魏军不可能不重要渡口也派兵驻守。

龙门渡口这么险峻不适合渡河，魏军根本不会想到汉军会从这渡河，所以没有派兵驻守，韩信率军用木罂缻渡过无兵防守的黄河渡口，渡过黄河后首先面对安邑，必须攻克安邑才能放心南下从背后攻临晋关，韩信明显低估了安邑防守力量。

安邑是魏国早期都城，就是因为安邑是魏国以前都城，所以魏王派重兵把守，派大将王襄严力守护。韩信率军到了安邑，本想直接偷袭而下安邑，可惜被魏军发现，偷袭没成功。所以韩信没有打下防守严密的安邑。

可是，要是攻不下安邑，安邑守军就会切断汉军后路粮草，趁韩信攻临晋关时从背后夹击韩信。他作为名将当然知道其中利害关系，所以韩信率军猛攻安邑。

虽然没有攻下安邑，但临晋关魏军大军守将孙遬接到安邑守军战报，知道韩信汉军竟渡过黄河防线，大吃一惊。魏军大将孙遬分析必须彻底剿灭这支渡过黄河的汉军，不然黄河防线将全线崩溃。

曹参率军从关中出发，由另一路军从蒲津关渡过黄河攻克对岸临晋关在临晋关旁边东张大败魏军将军孙遬。临晋关魏军大将孙遬，听说韩信率汉军攻安邑，马上率军支援安邑剿灭汉军，自从魏国大将孙遬率大军离开后，此时临晋关人心惶惶，都知道汉军渡过黄河了。

这时，曹参得到战报，孙遬率大军剿灭韩信去了，马上把握战机率大军渡黄河攻临晋关，此时临晋关人心惶惶哪有心思抵抗，被汉军一攻而下。汉军攻下临晋关，曹参率汉军马不停蹄追赶魏国主力孙遬大军。

此时孙遬率领的大军才刚刚出发不久，才走到临晋关旁边的东张，得到战报汉军渡过黄河攻下临晋关，大吃一惊！听说汉军追赶过来，孙遬率大军马上前军变后军在东张摆开阵形，与魏国大军展开激烈交战，结果魏军大败，魏国大将孙遬战死。

汉王率大军在临晋东渡黄河后，魏王魏王豹率部下向汉王投降。魏王豹是魏国王族的后裔，其兄魏咎被陈胜立为魏王，因兵败于秦将章邯而自杀。魏王豹再起为魏王。项羽分封诸侯时想占有魏国土地，将魏王豹迁为西魏王。魏王豹对此不满，故汉王东征大军至此，他背叛项羽，率部队投降汉王，随同汉王一道东征。

在殷王司马印境内，刘邦遇到了抵抗。司马印迎战刘邦，首战失利，退守朝歌，任凭汉军叫骂，只坚守不出。刘邦兵多将广，欲强攻这座殷国的都城，被韩信劝止。韩信要另出高招。

这天傍晚，守城殷兵忽见汉营火起，杀声震天，忙报知司马。司马闻讯，匆忙登城察看，只见汉营多处起火，朦胧中，但见一将率领士卒，正向汉兵冲杀。一杆大旗在风中飞舞，旗上隐约可见一个斗大的“楚”字。

“援军到了！”

司马印大喜过望。几天前，他曾派人向楚军求救。现在，楚军终于杀来了。他跃马挺枪，杀出朝歌城，汉军四下逃走，他催动人马直赴激战的地方。

赶到时，杀声已然停止。司马这才发现，起火之处都是空营，那些楚兵，都是汉兵所扮，那杆带给他无限希望的楚旗，倒在地上，任凭马蹄践踏。

司马印知道情况不妙，立刻下令退兵，却哪里来得及？正欲拨马回头，忽听一声炮响，一彪人马直冲过来，站在最前面的就是汉军第一猛将樊哙。樊哙指着司马印，大叫：“你这脓包，已中我大将军之计，快快下马受降，免你一死！”

司马印一听，立刻恼怒，挺枪直取樊哙。这时，周勃又引兵杀来，司马印被死死围住，倘若要以死抵抗，那么就只能让全军覆没，终于，他决定要下马受降。殷王既降，朝歌便落入刘邦之手。汉军继续前进，西向攻取了修武。这时，项王属下的都尉陈平因惧怕项王诛杀而投奔汉王刘邦。

陈平是后来继萧相国、曹相国之后，与王陵同为汉帝国的左、右丞相。他是阳武户牖乡人，少年时家贫，好读书。长大后身材魁梧，仪表堂堂，但不肯从事产业。闾里祭祀社神时，请陈平主持分配祭肉，他把祭肉分得很均匀。

父老们称赞他说："太好了，陈家这小子分得真均匀！"

陈平感叹地说："唉，如果让我陈平管理天下，我也一定能像分祭肉这样公平。"

陈胜起义后，立魏咎为魏王。此前，陈平曾侍奉过魏咎，这时被魏咎任命为太仆。陈平向魏咎献计，魏咎不听，又有人诽谤他，陈平因此而逃离魏王。

项羽略地到达黄河边上，陈平投奔项羽，并随从项羽入关，被赐予卿一级的爵位。项羽东归彭城称王，汉王还定三秦而后东进，殷王反对楚国，项羽封陈平为武信君，率魏咎留在楚国的部下，击败投降汉王的殷王而回。项羽派项悍任命陈平为都尉，赐黄金二十镒。

不久，汉王攻占殷地，项羽大怒，想要杀掉前次平定殷地的将领。陈平因害怕被杀而派人将官印送还项羽，单身抄小路逃走。渡过黄河时，船夫怀疑他身上藏有金玉宝器，不时地注视他，想把他杀死在江上。陈平机智地解开衣服，袒露上身，协助船夫撑船。船夫见陈平一无所有，便没有向他动手。

陈平到达修武投降汉王，汉王召见他，赐予酒食。饭后，汉王对客人说："饭已用过，到馆舍休息去吧。"

"我为要事而来，所谈的事不可挨过今日。"陈平说。

于是，汉王将陈平留下，同他交谈，谈后很喜欢陈平，因而向陈平问道："您在楚担任什么官职？"

"担任都尉。"

当天，汉王任命陈平为都尉，为汉王做参乘，成了汉王的卫士长，又主管监督和协调各将领，众将领为此而哗然，说道："大王当天得到一个楚国的逃亡士卒，不知他的本事高下，便让他陪乘大王，反而使令他监督我们这些老将！"

汉王闻知有些老将对重用陈平不服，反而对陈平更加亲近，带他一同东进讨伐项羽。

汉王南下从平阴津渡过黄河，到达洛阳。行军途中，新城某乡的一位姓董的“三老”，人称董公，在路旁拦住汉王的马头，向汉王诉说项羽杀害义帝的经过，并说道：“我听说‘顺德者昌，逆德者亡’‘兵出无名，事故不成’，所以说，‘明其为贼，敌乃可服。’

“如今项羽行为无道，放逐并杀害他的君主，是天下的乱臣贼子。己有仁，则天下归之，可不用勇而天下自然归服；己有义，则天下奉之，可不用力而天下自定。大王应下令三军将士为义帝身穿孝服，遍告天下诸侯，举兵共同伐楚。如此，则四海之内没有不仰望你的大德，这就是汤、文、武三王当年所奉行的取天下之道。”

汉王认为董公讲得很对，袒臂大哭，下令全军为义帝发丧，为义帝举哀三天，分派使者通告各路诸侯：“天下共同拥立义帝，都甘愿向他北面称臣。如今项羽放逐义帝，指使九江王黥布、衡山王吴芮、临江王共敖把义帝杀死于江南，这是大逆不道。寡人亲自为义帝发丧，诸侯也应身穿孝服。我将调动关中全部兵马，征集河南、河东、河内三郡的士兵，沿长江、汉水南下，愿随同诸侯去江南讨伐楚国杀害义帝的那些人。”

汉王派出的使者到达赵国，赵相陈余对使者说：“汉杀死张耳，方能发兵随从伐楚。”于是，汉王寻找一个相貌同张耳类似的人，斩首后将人头送给陈余，陈余派兵助汉伐楚。

张良在祭完义帝之后向刘邦进言道：“项羽残暴，各地诸侯不服。我们不若借祭义帝诏告天下，共伐项羽。”

刘邦觉得有理，表示赞同。于是，就在这义帝遇害之地，刘邦诏告天下：“天下人共立义帝抗秦，项羽却大逆不道杀了义帝，现在我要发动关中的士兵，跟着天下诸侯，一起攻击杀害义帝的项羽。”

刘邦正是利用了人们对于项羽的不满，而挑起了各地诸侯联兵，共伐霸王的战争。这可以说是刘邦对项羽的正式宣战，从此，就展开了一场龙争虎斗。

彭城之战的大溃败

汉高祖二年，也就是公元前205年5月，刘邦乘项羽深陷于齐国，无力抽身的机会，率领诸侯联军五十六万一举攻占西楚都彭城。短暂的胜利使刘邦失去理智，天天与诸侯们喝酒庆祝。项羽听到之后，紧急率领三万轻骑兵悄悄地回师突袭。

怒火中烧的项羽，以闪电般的速度，向刘邦发起了致命一击。楚汉之间的第一场大战彭城之战，轰然暴发。从双方投入的兵力数量而言，项羽处于绝对的劣势，但是项羽的用兵方略，从一开始就是按照围歼战而不是击溃战而展开的。这固然表现出项羽蔑视对手的气魄，更重要的是项羽对双方实际战斗力的对比，有着极为清醒的认识。

刘邦的军队虽然号称有五十六万之众，但是其盟军多为受裹挟而来，故实际是乌合之众；再加上入据彭城之后，又军纪涣散，缺乏警觉，其作战能力实在无法与项羽的精锐骑兵相抗衡。项羽不是想把刘邦的军队击溃、赶走，他是想把刘邦的军队彻底消灭。

一场恶战摆在了刘邦面前。黎明的阳光懒懒地射向萧县东南的汉军大营。营房中的汉军兵士尚未脱尽睡意。懵懂中，他们无法预见宁静的黎明兆示着死神的降临。突然，杂乱的脚步声，凄厉的马嘶声从天而至。汉军大营顿时乱作一团。戒备不足的汉军无法抵挡项王的精锐之师，死伤不计其数，其余人等，一律溃逃。

萧县本为彭城门户。萧县的失守，致使彭城完全处于楚军的目光之下。汉王刘邦自近日入得彭城，日夜有美女相伴。贪恋不尽的珍珠宝货，觥筹交错的酒会，早已使汉王及其众将忘却了所处的境地，一味追求“牡丹花下死，做鬼也风流”的生活，整天醉醺醺的。

萧县城头的消息，刘邦方才得到。稍作思忖，他觉得调动兵马反攻楚军还是可能的。正待举令箭派兵布将，阵前的几声轰响又搅乱了汉王刚平静的心绪。

“楚军已兵临城下。”报信士卒的报告声在刘邦耳际回响着。

“这可能吗？兵贵神速，楚军用兵之快何以至此呢？”刘邦在心中反复自问，不愿意接受这一严峻的事实。王者的处乱不惊，这时已不属汉王风范，一身淋漓的冷汗眼睁睁浸湿了王袍。

形色匆忙也罢，心神慌乱也罢，汉王仍然要作出反应，“兵来将挡，水来土掩”，这是不可推卸的事。一惊一慌，反倒使汉王及诸将彻底将倦意抛开，生死非儿戏。穿戴整齐后，刘邦率队出城，列开阵势迎战。晨风中，汉王放眼向敌阵中望去。旌旗飘飘，兵将士气旺盛。军正中簇拥着一员坐着乌骓马，手持火尖枪的威武将军，一身铁甲叮当撞击，透出难以名状的英气。

收回目光，汉王倒吸了一口冷气。再看自己的士兵，仓促集合，军容倦怠，士气上已输掉了几分。旗进人进，面对凶悍的楚军，汉军不得已发起冲锋。胆战心寒的汉王谨慎观战，他希望将士们齐心合力打退项王的军队。事与愿违，越是盼望取胜，越是败绩连连：战一合，败一合；战十合，败十合。阵前的刘邦手足无措，感叹回天乏术。

两军阵前，短兵相接，人喊马嘶不绝于耳。突然，一声大吼，如晴天霹雳，霎时淹没了阵前的厮杀声。是手执火尖枪的项王。喊声落地，项王亦纵马冲入汉军阵中。火尖枪左右乱戳，枪到之处，士兵纷纷倒地。几番冲杀，便到汉阵的最前沿。

护卫刘邦的几员大将慌忙将主帅团团围住。圈中的刘邦为这突如其来的险情惊呆了。汉王张目无主之际，身边的几员将官已纷纷落马，其他几人也血染征袍。

以勇冠三军著称的樊哙在项王火尖枪面前也逊色一筹，只有招架之功，无还手之力，只好放弃打斗，护住汉王退逃。汉王、樊哙一行，纵马逃离阵前，只跑了几步，回头望去，汉阵中的主旗已被项王拔去。

军旗为全军头脑，是全军将士拼死保卫的对象，与主帅有着同等的重要地位。尚有一息气在，军旗是不容许倒地的。它一倒地，必然导致全军的溃败，且一败不可收拾。至关重要的军旗被敌将拔倒，汉王也无暇顾及。逃命才最关键。几鞭下去，坐骑便放蹄飞逃，汉王落荒奔去。主帅只顾个人逃命，身边的将官也各顾各，最惨的当数众多的士卒。

他们没头苍蝇般的乱窜，除死于对方兵士的兵器之下，倒地互相踩踏而死的也不在少数。项王的一通滥杀，直杀得昏天黑地，日月无光。汉军一溃千里。仓皇逃命，慌不择路。

汉军一部几万人逃至谷水、泗水河边。为活命，争渡过程中，自相残杀，自相践踏的以万计。渡河的捡条命，滞后的则死于项军刀剑之下。谷、泗岸旁，汉军留下二三余万死尸。又有三四十万的一大部，窜入了南面的山中，有几万人死于穷追不舍的楚军手中。

最惨不忍睹的，要算睢水败军了。睢水，河宽水急。数十万军队逃跑，找不到许多舟楫，泅水过河，淹死、冲走的很多。睢水沿岸，挤满了败退的汉军，拥挤之间，挤落水中的兵士达十万人。顿时，睢水表面浮满汉军尸体，且随波漂流。整个睢水流动的不是水，流动的是死人，因为睢水已无水可流。

此处睢水之败的惨状，汉王刘邦当永世不忘。只是奔逃过程中，没有时间也没有精力多想；但是以后想起时，他一定会后怕，会不寒而栗的。刘邦逃了一程又一程，作为穷寇始终逃不脱楚兵的追赶。这时，又被围了里三层，外三层。尘土满面、狼狈不堪的汉王，看着苦苦追随自己的士卒，这几百人奔跑中也丢盔弃甲，失去人形了。

“我们这些人能冲出楚军重围吗？”绝望之际，刘邦仰天长叹，“莫非天要亡我？今日我死在此地了！”叹罢，汉王涕泪纵横。随从将士也无不凄然泪下。

不知是汉王今日的落魄得到了上苍的怜悯还是汉将兴，刘邦君王之气太盛。天气变了。顿时，狂风大作，飞沙走石，拔倒树木，弥漫天际。此风好生奇怪，从西北吹向东南，天地顿然失去了界限，白昼变成了黑夜。狂风中，楚兵东倒西歪，站立不住，咫尺之间也辨不出敌我模样。这样的仗如何打？楚军主将只好目送刘邦一行从自己手中跑掉，却没有任何办法。趁此期间，刘邦率领一行人终于逃脱了包围。

“真乃天助我也！”初逃劫数的刘邦仰天拜了几拜，感谢上天的庇护之恩。刘邦是否敢想自己为天之子，也未可知。然而劫数至此未尽。几里之后，又有一路楚兵挡住去路。

汉王定睛一看，统兵的两员楚将，面目非常熟悉，便在马上抱拳行礼道：“两位贤将军，何必苦苦相逼于我，不如放我一马，此恩刘邦必不敢忘，日后定当图报！”

说完，刘邦拨转马头，原路奔去。楚将丁公，听得汉王以“贤”称自己，心中说不出的快活，顺水人情做个大的，竟停住兵马不追，收兵回营了。刘邦的激将奉承之法，此番再一次奏效。略施小计，刘邦再次从追兵阵中脱身。思来想去，不知往何处去。

“这里离家不远，不如回家，接上老父娇妻，免得他们落入项羽毒手。”决计已定，一路急驰来到家中。家门前，刘邦跳下战马，昔日熟悉的虚掩的大门，此时紧紧关闭着，外面加了铁锁，贴上了封条。

一种不祥之感袭上汉王心头。为落实起见，敲开几家邻里的家门，查问父、妻的去向，乡邻都言不知。刘邦心中已经确认，家人定是遭遇了不测。家门依旧，故人不在。汉王双背两手，踱来踱去，徘徊、踌躇了多时，担忧、失落、怨愤、不服充斥了他的脑海。

“留得青山在，不怕没柴烧。”他日定要报仇雪恨。

眼下，顺其自然吧。“走！”汉王一声令下，率先挥鞭而去，其余人等也随后上马。刘邦一行继续前进。前方等待他们的，是祸还是福，都不知，但他们只有前行，而无后路。

走着走着，前方烟尘四起，惊得汉王慌忙躲入树林之中观察动静。来的不是楚兵，是自己人。刘邦这才舒了一口气。为首的部将是夏侯婴。夏侯婴在彭城失败时，保着刘邦的车乘，与弃车上马的刘邦走散，经过一天一夜地艰苦寻找，才得与汉王相遇。

“大王，请换马登车。”

听从夏侯婴言，刘邦登上了车乘。会合了夏侯婴部，刘邦悲喜交加。喜的是，重逢了第一批，就会有第二批、第三批部下的来投，力量会很快壮大起来；悲的是，此次的失败带来的后果，哀鸿遍野，难民满途。刘邦的车队经过一队难民，其中的一男一女两个儿童引起了夏侯婴的警觉。“这两个孩子莫不是大王的一双儿女？”

夏侯婴报告汉王后，引领着两个孩子来到刘邦面前。刘邦仔细辨认，两个孩子衣着破烂，面色憔悴，却是自己的一对亲生骨肉。

父子相见，不禁动容，泪如雨下。“儿啊，只你二人，你祖父、母亲在哪儿呢？”

孩子把出门逃难，途中遭遇乱兵，与祖父、母亲失散一事，据实讲给父亲听。听罢，刘邦心中升腾起浓浓的父爱，这样小的年纪便要颠沛流离，着实可怜啊，我要照顾好他们。刘邦还没来得及走出适才找到的亲情，一列飘扬的旗帜表明了另一队堵追的楚兵的到来。

“快走吧！”刘邦催促着车夫赶车。

车轴上的轱辘似乎快不过战马的四蹄，夏侯婴在汉王车后亲自推车前行。眼看着楚兵季布的人马越来越近，刘邦心中焦急，一把将自己的一双儿女推至车下。“辎重减轻，或许快些。”刘邦想。

“大王，这是何意？”

夏侯婴不解刘邦之意，双手托起两个孩子重新放到车上。刘邦走一程，季布追一程。眼见季布就追至身前了，刘邦第二次把孩子推下。然后，夏侯婴又把孩子放到车上。

如是几次，刘邦发怒了，厉声呵斥道："我等危急万分，难道为这两个孩子，断送我们的性命吗？"

"大王，可他们是您的亲骨肉呀！你怎生舍得呢？"

"住口！你胆敢再说话，一定杀了你！"

刘邦决心已下，孩子又被踢了下来。夏侯婴不敢多言。他纵身跳下车，从士卒手中牵过一匹马，飞身跨上，左右两腋下挟住两个孩子，跟在汉王车后。两个孩子在乱军中被吓哭了。恐怕最令他们不解的是，亲生父亲竟会屡次把他们从车上扔下，父子重逢的动人场面刚在眼前闪过，温暖的父爱竟会如此迅速地降温，父亲竟然是那么一个冷酷、虚伪的伪君子。

确实，丢下两个孩子的车辆跑得很快，季布追赶不上，只得无功而返。追兵远去的身影渐渐消失，汉王紧张的心情放松了一些。

夏侯婴护着一双王子、公主追上车。刘邦拉过两个孩子，轻轻抚摸他们的头发，仿佛在安慰他们，要孩子们尽快从逃亡的惊骇中走脱出来。孩子们太小了，他们还不懂得去认识逃亡前后的"两个父亲"。

他们出生得太早了，因而不知生于帝王家的幸与不幸。摆脱了追兵，重又团圆的刘氏父子及随从将士，从小道到达了下邑。下邑，这个小镇，由刘邦的妻兄吕泽驻扎。镇虽小，对于失败未久的刘邦来说，仍算个不错的安身之所。彭城、睢水战败失散的汉军将士，闻讯汉王在下邑，纷纷来归。汉军的元气逐渐恢复。军队重新集结，对于刘邦是件快事，但这仍不能除去他心中的一块积病。

"老父、爱妻哪里去了？"刘邦一路上也还在注意寻找太公和吕后，但始终没有找到。原来开始时是审食其跟着太公和吕后抄着小道，也在寻找刘邦，结果不料遇上了项羽的军队，被项羽的军队捉了过去。从此项羽就把他们当作人质拘留在楚军的兵营中。

刚开始，刘邦不知道二人是死是活，号啕不止。后来有确切消息说二人虽为项羽所获，但未遭毒手。刘邦知道，老父、爱妻陷于敌手，一定会被作为人质，项羽也定会以此为诱饵，诱使刘邦投降。

刘邦曾有龙潭经历，岂肯再身入虎穴！没有办法，父亲、妻子暂且割舍吧。项羽恼怒刘邦不投降，曾下最后通牒："如不降，烹汝父！"

刘邦复信项羽，竟说希望得到一杯羹汤。骨肉、血脉之情，在刘邦看来，时常是可以割舍的。哪怕一时割舍，将来为之报仇雪恨呢？与刘邦父、妻被虏的同时，王陵的母亲也被项羽抓获。孝、义，被世人奉为必备之德性。项羽正是抓住这一点，想要胁迫王陵投降。

王陵的母亲，堪称一位女中豪杰。她不欲儿子背负叛汉不义的罪名，不肯作书劝降；也不欲陷其子于不孝之地，毅然决然以死断掉王陵的动摇之心。王母志节高尚，而且已经看到，宽厚爱民的汉王将来必定主宰天下。王母的死，尤其是死后鼎烹的遭遇，加剧了王陵与项羽之间的仇恨。同样的际遇，使刘邦多了一位死心塌地的追随者。失利过后，刘邦势力恢复需要一个过程。他所能给王陵的，只是安慰。刘邦的老父、娇妻不一样在敌营吗？退却是为了下一次更猛烈的进攻。

汉王的六十万大军在项王的三万精兵面前一触即溃，溃不成军，死伤三十多万人，其余的都四处逃散。诸侯联军在兵力上以20:1的优势惨遭失败，其原因是六十万大军是临时凑合的，而项羽三万精兵跟随他作战多年，训练有素，战斗力极强。

楚军统帅项羽又勇猛无比，独具超人的军事天才和胆略。如此的统帅率领着精兵，与汉王统帅的诸侯联军交战，岂止是以一当十。再说，汉王与诸侯攻入彭城后，整日饮酒作乐，没有料到楚军会如此迅速地从天而降。汉军既无防备，又缺乏统一指挥，怎能不惨败。

汉王东征的旗开得胜，是在没有同项羽所统帅的楚军交战的情况下取得的，因而这种旗开得胜不能说是对楚军作战的真正胜利。而汉军在彭城的失败，却是名副其实的惨败，军队损失殆尽，他本人只带着十余名骑兵逃脱危险。事实表明，在楚汉战争的初始阶段，从军事实力上看，楚军占有明显的优势；对汉王来说，是处于敌强我弱的阶段。

在荥阳与楚军对峙

刘邦彭城溃败，原来投向汉军的诸侯纷纷反叛，魏、赵等地的军团也都投降了项羽，连关中的塞王司马欣和翟王董翳，也被迫投降了项羽。于是，刘邦决定逃到下邑。

下邑在砀山附近，属魏国管辖，另外这里正由吕雉的哥哥吕泽镇守。因为下邑是吕雉父亲吕公的大本营，吕氏家族在这里人际关系很好，吕泽在这儿也很有些势力，所以不会轻易出卖他。

但是，下邑不是个战略重地，下邑城里，只有千名士兵把守，项羽对这里也不熟悉，不可能想到刘邦敢逃到这里。这里既是最危险的地方，同时也是最安全的地方。于是，刘邦和夏侯婴选择了一个没有人走的小道，进入了下邑。

刘邦逃到下邑后，竟然在那里见到了张良，因此他顿觉自己的决策是正确的，而且能与张良重新会合，他感到很高兴，刘邦的一颗心总算放了下来。

刘邦得知，韩信和他的嫡系军团，现在仍坚守在睢水南面，牵住了不少楚军，很多溃散的军团也已慢慢向那里集结。刘邦大喜过望，忙和张良商议，应该立即秘密通知各军团领袖，让他们秘密前往下邑，召开一个重建汉军的会议。

刘邦的踪迹一直都没被楚军发现。这时，项羽的注意力也无法完全放在刘邦身上，因为留守齐国的楚军此时已被田横的游击战打得头昏脑胀，项羽回军彭城后，田横便趁机收复了三齐，因此，现在项羽必须重新整编楚军以面对新的局势，所以搜捕刘邦的动作也迟缓了下来。

因此，刘邦有了喘息的机会，可以坐下来谋略一番了。从赢到输，只是一个过程而已。此时的刘邦开始深刻反省自己了。兵败彭城，让刘邦明白，硬碰硬、面对面的较量，他刘邦永远都不是项羽的对手。也就是说，如果想打败项羽夺得天下，就得靠智，而不是力。

待在下邑的这一段时间，让刘邦有时间思考了许多问题。经过深入的思考后，刘邦秘密召见了几位重要大臣和各军团将领，并询问众臣：“我愿意放弃函谷关以东的统治权，让给肯和我合作共同来对抗项羽的人，你们认为谁能成为我们的重要的伙伴？”

这时张良说：“可以有效协助我们对抗项羽的，有三个人很重要。他们可享关东之地。九江王黥布、彭越和韩信。黥布与楚有矛盾，彭越助齐据梁，此二人皆有大才，可为我所用；韩信在汉王帐下，用兵神出鬼没无人能比。此三人得关东土地，必感激涕零，死力图报。”

“先生所想甚好。彭越、韩信好说，而黥布怎样才能背楚从汉呢？”

“只需遣一能言善辩的人士，驰去黥布处游说，定能达到目的。”

刘邦觉得张良分析得十分有道理。这时，他认为在下邑待得太久，势必会暴露形迹。所以，当得知汉军大部分人马已在睢水和韩信会合，刘邦便由下邑向西转到砀地，在这儿集结分散在各地的军队后，就前往虞地暂时驻营。

到达虞地后，刘邦对左右的人说：“像你们这班人，不足以与我一道商议天下大事。”

这时，刘邦手下掌管传达的谒者随何上前说道：“不明白大王所说的是什么意思。”

刘邦说：“谁能为我出使九江，使令九江王发兵叛楚，把项王拖在齐地几个月，我夺取天下的事就可以周全了。”

随何说：“我请求出使九江。”

对于黥布的劝降就费了许多周折。黥布是项羽部下勇冠全军的一员猛将，在反秦斗争中为项羽屡建战功，受封为九江王。汉高祖二年，也就是公元前205年，齐王田荣叛楚，项羽率兵北击齐国，向九江王黥布征调军队，黥布借口有病不去，只派将领率几千人前往。

汉军在彭城大败楚军，黥布又借口有病不去帮助楚国，项羽因此而怨恨黥布，多次派使者责备黥布，并征召黥布。黥布愈发恐惧，不敢前往。

汉高祖三年，也就是公元前204年11月，随何一行二十人来到九江王的都城六，通过九江王的太宰作介绍，但是，三天后还是没有见到九江王，便对太宰说：“大王不接见我随何，必定是以为楚国强大，汉国弱小，这正是我所以出使的原因。假使我能见到大王，说得对，那是大王所要闻知的；说得不对，可以在广场上将我们二十人斩首，用来表明大王背汉而与楚国友好。”

太宰把随何的这段话向黥布汇报，黥布接见随何。随何向黥布说：“汉王派我恭敬地上书大王的驾车人，我私下感到奇怪的是，大王与楚王为什么这样亲近？”

“我是以臣的身份服侍他。”黥布回答说。

“大王与项王一同列为诸侯，却北面向他称臣，必定是以为楚国强大，可以把国家托付给他。项王攻打齐国，亲自扛着筑墙的器具，身先士卒，大王理应率领九江的全部军队亲自前往，充任楚军的先锋，您却只是派四千人去援助楚国。作为北面服侍人家的臣子，本来应当这样的么？汉王攻占彭城的时候，项王还正在齐国作战，大王理应率全部兵力渡过淮河，到彭城与汉军作战。大王率领万人以上的人马，却没有一人渡过淮河去参加会战，而是袖手观望两家谁胜谁败。把国家托付给人家的人，应当是这样的么？大王用空名来依靠楚国，却又想完全依赖自己，我私下认为大王这样做是不可取的。

“大王不背叛楚国，是以为汉国弱小。实际上，楚兵虽强，在天下人面前却背着不义的名声，因为他违背盟约又杀害了义帝。然而，项王依仗着作战获胜，自以为强大。可是汉王联合诸侯，回军驻守于成皋、荥阳，运来了蜀郡、汉中郡的粮食，深挖战壕，修筑壁垒，派士卒分守要塞。楚国调回部队后，中间隔着魏国，深入敌国八九百里，想要攻战而不能得胜，想要攻城又不能得手，老弱残兵从千里以外运送军粮。楚军到达荥阳、成皋后，汉军坚守而不出战，楚军前进不能攻取，后退又不能脱身，所以说楚军是不足以依靠的。如果楚军战胜汉军，各国诸侯会各自感到危惧而相互救助。可见，楚国的强大，正是招来了天下的兵力同他对抗。所以说楚国的形势不如汉国，这是显而易见的。

“如今大王不同万无一失的汉国交好，却托身于行将灭亡的楚国，我私下对大王感到迷惑不解。我不是认为大王的兵力足以灭亡楚国，我是说大王如果发兵叛楚，项王必定会停留在原地作战。如果项王在原地停留几个月，汉王夺取天下就会万无一失了。到那个时候，我与大王提着宝剑归属汉王，汉王必定会割地封赐大王，至于原有的九江国，也当然还是归大王所有。所以汉王特派我向大王献上这条计策，希望大王能有所考虑。”

随何的长篇大论，说服了九江王黥布。黥布向随何说：“遵命。”暗中答应叛楚归汉，但没有敢向外泄露。

那时，楚国的使者正住在九江王都城的客馆里，急着要求黥布发兵。随何为促成黥布立即宣布叛楚，便直接闯入王府，楚使当时正在同黥布谈发兵事。随何进入后，坐在楚国使臣的上位，说道：“九江王已经归属汉王，楚国凭什么让九江王发兵救楚？”

黥布被随何的这一举动弄得大吃一惊，楚使闻言后起身走出。随何趁机向黥布说：“事情既然已经决定下来，可以立即杀掉楚使者，不能让他回去。我们急速归向汉国，合力与楚军作战。”

黥布对汉使说：“那我按照你所指教的，起兵击楚就是了。”于是，黥布杀死楚国使者，起兵攻楚。楚国派项声、龙且率兵攻击九江王，项羽留在原地进攻下邑。

数月后，龙且击败黥布的军队。黥布想要率领部队逃往汉国，又恐怕项羽截杀他，便抄小路与随何一同逃归汉国。同年十二月，随何与黥布回到汉王军营。

汉王正叉着腿坐在床上洗脚，召黥布入见。黥布见汉王接见自己时竟然如此傲慢无礼，十分愤怒，后悔自己不该前来归汉。然而既已叛楚，进退无路，想要自杀而死。

等黥布走出汉王大帐，来到为自己准备的馆舍，舍内的帷帐以及所用物品、饮食和随从官员的标准同汉王一样，黥布又“大喜过望”。汉王有意这样做，是因为黥布久已为王，恐其日后自尊自大，便对他慢待无礼，折服他的傲气；又以优厚的物质待遇取悦黥布之心，使令他日后忠心为汉国效力。

于是，黥布派人去九江，这时项王已派项伯收编了黥布的部队，杀死黥布的妻子、儿女。黥布的使者找到黥布的一些老朋友和亲属，率领数千人归属汉王。汉王增拨给黥布一些士兵，同他一道北上。一路上征兵到成皋。从此，黥布便逐渐成为汉王属下反楚大军中的一支重要的主力部队。

刘邦听从了张良的建议，准备在虞地稍事休整后，就前往粮都荥阳坚守。原来，彭城大败的消息传到关中后，镇守关中的萧何就把关中守军分出一个军团去进占粮都荥阳，以断绝楚军和其他诸侯军对中原粮食的控制。

随后，萧何又急速编组未满二十岁的青年近卫军和年纪较大的老年军团，由他们负责关中地区的防守事务及关中和荥阳间的联络与补给。这样，荥阳就成了防守阵容最坚固的一个堡垒。刘邦听从了张良的建议，选择固守荥阳作为争霸中原的大本营，也正是看中了这点。

刘邦率残部来到荥阳后，迅速集结军队，加强了荥阳的防守能力。项羽时常从彭城派兵前来骚扰，汉军也不甘示弱地在荥阳以南的京县、索城间叫阵，双方互有胜负，一直呈对峙状态。

项羽经常派机动灵活的骑兵部队攻打刘邦的守军，为了对付项羽的骑兵，刘邦也紧急筹建骑兵部队。大家公推秦国关中骑兵名将李必和骆甲为骑兵总指挥，但两人却对刘邦说："臣等是秦国旧部，恐军中将领不能信任我们，反而会影响骑兵团的作战能力，还是由汉军大将中善骑者为指挥官，我俩负责实际的训练和领军吧。"

于是，刘邦拜灌婴为中大夫令，领骑兵军团司令，李必、骆甲为左右校尉，并率领骑兵军团和楚骑军大战于荥阳东方的平野上。北方人擅长骑射，骑兵军团组建不久，就和楚军的骑兵交了几次锋，每次都将楚军骑兵打得大败而归。至此，楚军就很难侵入荥阳以西了。

汉军在荥阳建立坚固基地，筑甬道将敖仓和荥阳接连，派军坚守，完全掌握了敖仓一带的粮食，准备和楚军作长期抗战。韩信在各处战场捷报频传，全面打击了项羽的势力。荥阳在他的经营之下，迅速成为军事重镇。

刘邦把荥阳交给韩信防守后，便返回关中。这时，关中地区发生了饥荒，一斛米升至万钱。为了解决饥荒问题，刘邦和萧何决定把关中部分居民迁到汉中垦荒。刘邦把一切关中事宜全权委托给萧何，然后返回荥阳。回到荥阳，刘邦就开始考虑解决中原的魏国和代国问题。

彭城大战后，魏王豹逃入韩信在睢水之南的阵地，跟随韩信到荥阳拜见刘邦。不久，魏王豹即向刘邦表示想返回魏地探视亲人，其实这也是人之常情。刘邦准允了他，并约定了归期。

可是，刘邦万万没有想到，魏王豹一到平阳，便截断河口，设兵驻守，公然叛汉联楚。"我待魏王豹不薄，他叛我，必当诛之！但是，如果能以谋士劝说他回心转意最好不过。树敌不如减敌，这样可全力对付项羽。"刘邦如是想。

郦食其被选定为这一策略的具体实施者。星夜兼程，郦生来至魏王豹营中。汉军营中，公认郦生拥有三寸不烂之舌。无奈此次之行，使尽浑身解数，晓以利害祸福，总不能打动魏王豹。

魏王豹有他的一套哲学：人生在世，犹如白马过江，若得一日自由，便遂一日心愿。长期以来，寄居汉王篱下。他以奴仆待我，不打即骂，一点也没有君臣之礼，我何苦久侍他呢?

郦生劝降不成。复命汉王时，讲述了魏王豹对刘邦的不敬之词。刘邦盛怒。“休怪我！仁至义尽，必先礼后兵！”于是，韩信被任命为左丞相，率曹参、灌婴二将，统兵伐魏。

当时，魏国的实力派人物并不支持魏王豹，对他出尔反尔投奔项羽都表示反对。大将周叔因公然表示反对项羽，被魏王豹免职，改由柏直出任军团统帅。

虽说郦食其没有完成游说使命，但他在魏国时，却把魏王豹和将帅之间的矛盾看得一清二楚，回来后就把这些内幕告诉了刘邦。刘邦听了，高兴地说：“换得好，换得好，周叔不敢说，柏直绝不是韩信的对手！”

郦食其又把魏国更详细的指挥官人员名单告诉了刘邦。刘邦听了，更加高兴。在刘邦看来，由原秦将冯元挥之子冯敬出任魏军骑兵指挥官，魏军肯定会败在灌婴骑兵队中的左右校尉李必、骆甲的手下。魏军的总指挥为楚将项它，刘邦也觉得他不是曹参的对手。

韩信特意向郦食其请教了一些有关魏国军事指挥人员安排的问题，然后就胸有成竹有地下令向魏国进军。魏王豹将主力部署在蒲坂，又命令柏直在临晋津的对岸摆出大批兵马来阻止韩信渡河。

韩信到达临晋津后，他观察到对岸布满了魏兵。赶造船只，径自渡河，与守军正面交锋，必有一场恶战，汉军在明处，伤亡不会小，而上流的夏阳，是魏兵唯一一处守备空虚的地方，此处应为汉军的突破口。

韩信终于想出了用木罂载兵渡河的妙计。木罂船只坚固，夏阳又是敌人疏略之处。渡河成功后，一阵冲杀，安邑城易主。韩信挥师入城。

攻陷安邑，直接威胁魏都平阳。不等韩信叩关，魏王豹径自率军堵截，一路掩杀至曲阳。

长驱直入远离腹地的汉军，深知有进无退，个个杀敌奋勇。在韩信、曹参两位将军的指挥之下，直逼得魏军走向穷途末路。魏王豹本来就没有什么韬略，一败即逃。韩信哪里肯放过。

魏王豹无奈，面子也不要了，下马投降。主帅投降，兵士更是纷纷缴械。平阳城不攻自破。整个魏地大定，韩信声名大震，刘邦也除掉了一个强敌。魏王豹被韩信打入木笼囚车之中，送到荥阳，交与刘邦发落。

汉王看着昔日用计欺骗自己的魏王豹，拍案大骂，定要将他枭首示众。魏王豹再不像先前那样又臭又硬，趴在地上，叩头如捣蒜、啄米一般。英雄欣赏有骨气的硬汉。魏王豹之流的鼠辈不值得一刀！“暂且留你一条性命，如你胆敢再生异心，杀你不迟！”

魏王豹叩头谢恩，退下殿去。而后，刘邦将魏地改置为河东、上党、太原三郡。韩信平定魏国后，雄心勃勃，于是就向刘邦夸下海口，只要刘邦再增拨三万兵马给他，他就可以把中原纳入汉军的掌控之中。刘邦对韩信的话很感兴趣，于是鼓励他提出具体的规划方案。

韩信提出，可把魏国首都安邑作为攻击发起点，再向北攻击赵国和燕国，并东击齐国，然后向南切断楚军攻打荥阳时的粮食补给线，以彻底奠定楚汉南北对抗的局势。刘邦对韩信的规划，非常赞赏。于是就让张耳率军协助韩信。

张耳是魏国人，曾是赵国首席军事强人。张耳和韩信联军后，首先建议韩信攻打代国。代国是由赵国分化出去的，赵王歇当年曾被项羽移居于此。陈余夺得赵国大权后，赵王歇以代国封赏陈余。魏国和代国被韩信征服，标志着楚汉相争已经进入了明朗化状态。

虽然项羽拥有楚、梁等地，但实际上，梁国大部分地区是在彭越的控制下，楚国也有不少地区是由友军九江王黥布、衡山王吴芮、临江王共敖统辖。这几个人都已对项羽表露出了不满情绪。项羽真正能够掌握的区域，仅有彭城和江东地区，这与刘邦掌握荥阳、关中、汉中相比，楚汉势力已是旗鼓相当、不分伯仲了。

倘若说中原的魏、代、燕、赵，再倒向刘邦，双方实力就会消长立见。尽管项羽曾想努力掌握齐国，但他返回彭城后，留在齐地的几十万大军被田横所败而退回楚地。

中原地区原为三晋领地，项羽分封时，魏分为梁、魏，赵分为赵、代，韩国则由项羽统辖，韩王成了傀儡。项羽虽统有梁、楚的精华区，但在彭越的游击战下，他对梁国的北部早已失去了控制力。

刘邦据守荥阳，实际上已经有韩国的大部分领地。如今韩信又征服了魏和代，中原地区就只剩下赵国了。赵国成了战略重地，倘若韩信能攻下赵国，项羽的处境就很危险了。刘邦看清了这一点，所以当他在和项羽对峙时，在顶着巨大的兵源压力的情况下，刘邦仍支援了韩信三万兵马，让他全力破赵。

赵国原是中原的军事强国，在秦王朝统一天下的战争中，遭受到的打击也是最大。那场决定着秦王朝败亡的关键战争，便发生在赵国的巨鹿，主角是楚将项羽，但赵国仍是众人瞩目的焦点。

韩信军队要由魏国的平阳上到代国的阏与，在进入河北平原前，要先经过太行山脉。军队要越过山脉是很不容易的，所以必须选择穿越山脉的横向河谷，但这些河谷一般很狭小，行军上虽然较容易，但这种陉的地形，大多是易守难攻的。太行山脉北方的井陉，由于四方高、中央低，因此称为“井”。

韩信和张耳的大军选择由井陉穿越太行山脉，进入襄国的北方。由井陉进入平原前，有个叫作上门关的古关口，通称为井陉口，自古以来就是兵家必争之地。所以任何人只要守住井陉口，便有一夫当关，万夫莫开之势。

由于荥阳形势紧张，大量的汉军被迫部署在荥阳前线，以对抗日益庞大的楚军兵力，加上必须留守新统治的魏地和代地，韩信能够带到井陉口的兵力也很有限。而集结在井陉口准备抵挡韩信的赵国陈余的大军号称二十万，除分派镇守各地的兵力外，到达井陉口的赵军大概也在十万以上，这个数目是韩信兵力的五倍。

从两军兵马的多寡来看，陈余觉得自己肯定胜利。对此，赵国的广武君李左车却不这样乐观，他曾多次提醒陈余说："闻知韩信渡过黄河后，俘虏魏王，生擒夏说，刚刚血洗阏与，今有张耳辅助，商议着想要占领赵国，他们这是乘着胜利而离开本土远征，锋芒是不可抵挡的。我听说'从千里外运送军粮，士兵就会挨饿而面有饥色；临时砍柴做饭，军队就不能经常吃饱'。

"如今井陉口这条道路，两辆车不能同时并行，骑兵不能排列成行前进，队伍被拉开数百里长，运粮车势必落在大部队的后面。希望您拨给我三万士卒作为骑兵，抄小路截断敌军的粮道。您深掘战壕，高筑壁垒，坚守营寨，不与敌兵交战。

"敌兵向前不得交战，后退不得回还，我用骑兵断绝敌人的后路，使他们在野外掠夺不到给养。如此不到十日，韩信与张耳两将的人头可以送至麾下，希望您能考虑我的这一计策。否则，必然被韩、张所俘虏。"

成安君陈余是个信奉儒家学说的人，平时常常称道"义兵"而不乐意用诈谋奇计。他说道："我听兵书上说'兵力十倍于敌人，可以包围他们；超过一倍，则可以交战'。如今韩信的兵力号称数万，其实不超过数千。他们不远千里而来，袭击我们，已经是精疲力竭了。在这种情况下，回避敌人，不予出击，以后有更强大的敌人，我们又怎能战胜他们?！那样的话，诸侯会说我们怯懦，从而会轻视并攻打我们。"

陈余没有采纳李左车的计策。韩信派出的间谍暗中窥视，得知陈余没有采纳李左车的计策，回来向韩信汇报，韩信十分高兴，这才敢率兵径直进军，在距井陉口三十里的地方停下来宿营。

半夜，韩信传令发兵，选轻骑兵两千人，每人手持红旗一面，抄小路上山，隐蔽在山上察看敌军的动静，并告诫他们说："赵军见我军退走，必定倾巢走出壁垒追击我们，你们趁机急速进入赵军壁垒，拔掉赵军的旗帜，插上汉军的红旗。”

韩信命副将下令开顿小餐，并宣布说：“今天击溃赵军后正式会餐！”众将领不相信一日可破赵军，假装着答应“是的”。韩信又对军官说：“赵已抢先占据有利地形构筑营垒，况且他们没有见到我们的大将旗鼓，不肯出营攻击我们的先头部队，恐怕我们到了险要的地方会撤退回来。”

于是，韩信下令一万士卒先行出战，背水布阵。赵军望见汉军背水布阵，便大笑起来。太阳刚刚升出地平线的时候，韩信打出大战的旗鼓，击鼓走出井陉口，赵军打开营门出击，双方激战很久。

这时，韩信、张耳装作失败，丢弃旗鼓，逃回河边的阵地。河边的部队打开营门接纳逃回的汉军，双方又展开激战。此时，赵军果然从壁垒中倾巢出动，争夺汉军丢弃的旗鼓，追逐韩信、张耳的逃亡部队。韩、张的部队全部进入河边汉军的阵地，汉军便与赵军展开殊死搏斗，赵军已无法击败汉军。

这时，韩信所派出的两千名轻骑兵，待赵军倾巢出动争夺战利品的时机，急速进入赵军营垒，将壁垒上的赵军军旗全部拔去，插上两千面汉军红旗。赵军见不能取胜于汉军，不能生擒韩信等人，想要退回自己的壁垒。

当赵军退至自己的壁垒下面时，见上面插遍了汉军的旗帜，十分惊恐，以为汉军已将赵王的将领收服了，部队顿时乱作一团，争相逃走。赵将斩杀逃走的士兵，但无法阻止溃退的形势。

于是，汉军出兵夹击赵军，大败赵军，俘虏了很多赵军兵卒。在泜水上斩杀成安君陈余，生擒赵王赵歇。这就是中国战争史上井陉口汉赵易帜的著名战例。

对赵军发起反击时，韩信下令军中，不得斩杀广武君李左车；有能活捉李左车的，赏赐千金。于是，有人捆绑着李左车送至韩信军营。韩信见到李左车，立即上前为李左车解去绳索，请他面东而坐，自己面西而坐，以侍奉老师的礼仪对待李左车。

汉军诸将领向韩信献敌军首级和俘虏，都向韩信表示祝贺，并趁机问韩信："兵书说，'行军布阵，右边和背后要靠山，前面和左边要靠水。'这次将军却教我们背水布阵，还说等待击溃赵军后再会餐，我们都不服，然而竟然因此而取胜，这是什么战术呢？"

"这在兵书上是有的，只是诸位没有留心罢了。兵法是不是说过'陷之死地而后生，置之亡地而后存'吗？况且我所率领的不是平素受过训练而善于听从我指挥的将士，这就是所说的'驱赶着市民去打仗'，在这种形势下，非把他们置于死地而使令他们人人主动作战不可；如果把他们布置在有活路的地方，交战后他们会首先想到逃生，怎能会使令他们对敌作战呢？"

众将领听了韩信的一番解说，都口服心服地称赞道："好极了。将军的谋略不是我们能及的。"

韩信回答完部将的提问，便向对面的广武君李左车说："我想向北攻击燕国，向东讨伐齐国，怎样才能取得成功？"

"我听说败军的将领，没有资格谈论勇敢；丧失国家的大夫，没有资格谋划国家的存亡。如今我是兵败国亡的俘虏，哪里配得上商议军国大事呢？"李左车答。

"我也听说百里奚居于虞国而虞国灭亡，在秦国却使秦国称霸，这不是他在虞国时愚蠢，到秦国后就聪明了。而是在于国君用不用他，是否听取他的计谋。假使成安君陈余听取您的计谋，我韩信也不早就成了赵军的俘虏了吗。正因为成安君没有采纳您的计谋，才帮助我韩信有幸侍奉于您啊。"韩信一再地向广武君请教，并说道，"我诚心听取您的计谋，望您不要推辞。"

广武君见韩信如此诚恳地向自己请教，便说道："我听说'智者千虑，必有一失；愚者千虑，必有一得'。所以说'即使是狂人所说的话语，圣人也会有所采纳和选择的'。

"不过，我的计策不一定值得采纳，但愿意奉献我的愚忠。成安君本来有百战百胜的计策，可是一旦失策，兵败于鄗，身死于泜水之上。

今将军渡过西边的黄河，俘虏魏王，生擒夏说于阏与，一举而攻下井陉口，不到一上午便击破赵国二十万大军，诛杀成安君。

“将军名声闻于海内，威势震动天下，农夫没有不放下手中的农具，想要跟着您穿好的，吃好的，侧耳倾听您下达进军的命令。这一切，都是将军的长处。

“然而，百姓劳苦，士卒疲惫，实在是难以继续作战。今将军想要率领疲惫的士卒，停顿在燕国坚固的城池下面，想要攻战又担心所用时间太长而不能攻克，实情暴露而声势削弱，日子一久，军粮耗尽，而弱小的燕国又不肯降服，齐国必然拒守边境，使自己强大起来。燕、齐不肯降汉，而刘、项两家的轻重就分不出来。

“这一切，都是将军的短处。我见识短浅，但私下以为攻伐燕、齐是不妥的。善于用兵的人，不以自己的短处去攻击敌人的长处，而是以自己的长处去攻击敌人的短处。”

“那该采取什么办法呢？”韩信问。

“当今替将军着想，莫如休兵不动，安定赵国，抚恤阵亡将士的遗孤，使方圆百里之内，每天有人送来牛肉酒食，用来犒赏军官与士兵，摆出向北进攻燕国的姿态，再派遣说客带着书信向燕国显露自己的长处，如此燕国便不敢不听从降服。燕国既已服从，再派说客向东劝降齐国，齐国必定听到消息后就会降服。即使有聪明的人，也不知该怎样替齐国谋划了。”

韩信认为广武君讲得对，听从了他的计策，向燕国派出使者，燕国得到消息后便立即降服。韩信派人向汉王汇报，并请求立张耳为赵王，用来镇抚赵国。

刘邦得信，非常高兴，为赵地的收复，也为收得了一位深谋远虑的谋士。而后，韩信便又一鼓作气收复齐地，进而大摆酒宴，庆贺胜利。宴席中，韩信兴致很浓，按功论赏，将士们得到奖赏，自然高兴，你敬我，我让你，一直喝到大天亮，醉成烂泥为止。

随着酒精的升发，韩信慢慢把纷乱的思绪拉回到现实中来，他轻轻活动一下筋骨，手托下巴又陷入了沉思。"我跟随汉王征战多年，攻下了无数座城池，立下了不少功劳。现在又占领了幅员辽阔的齐地，汉王应该对我有所表示吧。"

想到这儿，他再也坐不住了，穿鞋来到桌台边，提笔向汉王修书，通告了齐地大捷之事。后来，要求汉王封他为齐王，颁布封印。他堂而皇之说，这样赏罚严明可以激励士气，扩大战果。写完之后，他细细看了一遍，觉得比较满意，于是，派人骑马速速送与汉王。

汉高祖四年，也就是公元前203年10月，楚大司马曹咎守卫成皋，他违背项羽关于"若汉挑战，慎勿与战"的嘱咐，在汉军多次挑战下，渡汜水作战，渡半时遭到汉军攻击。

汉军大破楚军，"尽得楚国金玉贿赂"，曹咎与长史司马欣自刎于汜水之上。项羽闻知曹咎兵败，率兵赶回。汉军正在荥阳东围攻钟离昧，项羽兵至，汉军畏惧楚军，全部转移到险要地带。

项羽闻知龙且所率军队被击溃，派武涉劝说韩信叛汉，韩信不听。项羽驻军于广武，与汉军相持数月，楚军缺少粮食，项羽以此为忧患。于是，项羽设置砧板，将汉王的父亲太公置于板上，警告汉王说："今日不快快降服，我煮死太公！"

汉王回答说："我与你项羽一同北面受命于怀王，结为兄弟，我的父亲就是你的父亲，你一定要烹杀你的父亲，请分给我一杯肉汤。"

项王大怒，想要杀太公。项伯劝阻说："天下大事，谁胜谁负尚未可知，况且为夺取天下的，都不顾恋家人，即或是杀了太公也不会带来什么好处，只能增加祸害而已！"项王听了项伯意见，没有杀害太公。

项王对汉王说："天下扰乱已有数年之久，只是因为我们两个人而已，愿与汉王挑战，决一雌雄，不要使天下百姓白白为此而受苦了！"

汉王笑着回答说："我宁愿斗智，不能斗力。"

项王再三令壮士出营挑战，都被汉军中的著名射手楼烦射杀。项王为此而大怒，亲自披带盔甲，持戟出营挑战，楼烦想要射杀项羽，项羽瞪圆双眼，怒叱楼烦，楼烦在项羽神威的逼迫下，目不敢正视，手不敢发箭，吓得退回营垒，不敢再出面射箭。汉王派人打听楚军出阵者是何人，得知此人便是项王，大为惊恐。

项王约汉王在广武两军壁垒之间隔阵对话，项王再次想要与汉王独身挑战，汉王历数项羽的罪恶：“你项羽违背规约，封我为蜀汉王，这是罪一；你项羽假冒怀王命令，杀害卿子冠军宋义，自尊为上将军，这是罪二；你项羽奉命救赵后，理应回报怀王，但却擅自劫持诸侯军队入关，这是罪三；怀王约定入关后不许烧杀掠夺，你项羽却焚烧秦宫室，发掘始皇帝冢，私自盗取其中财物，这是罪四；你项羽无理地杀死已经投降的秦王子婴，这是罪五；你项羽于新安用欺骗手段活埋二十万秦兵，封秦军降将为王，这是罪六；你项羽把好的土地封给诸侯王手下的将领，迁徙驱逐原来的诸侯王，使得他们的臣下争相反叛，这是罪七；你项羽把义帝从彭城赶出，自己却建都于此，又侵夺韩王的封地，兼并魏、楚的土地，扩大自己的地盘，这是罪八；你项羽派人杀义帝于江南，这是罪九；你项羽身为人臣而谋杀君主，杀害已经归降的人，执政不公，信约不守，大逆不道，实为天下所不容，这是罪十。我率领正义的军队跟诸侯一道讨伐你这个残暴的贼子，只需使用受过刑罚的囚犯打死你这个项羽就行了，老子何苦跟你挑战？！”

项羽听汉王声讨他的罪状，大怒，用暗箭射中汉王的胸部。为安定军心，汉王机智地按着脚说道：“这个贼子射中了我的脚趾头！”汉王受伤后，张良请他忍着伤痛巡视军营，慰劳士兵，稳定军心，不使楚军乘机取胜。汉王带病巡视兵营，使伤势加重，因而急驰进入成皋城内。一直在成皋安心养伤，经过医生的精心治疗，伤势已基本痊愈。

汉王是一个闲不住的人，伤势一好，他便又骑马到栎阳汉营中察看城防。与将士们交流感情，同吃同住，进行慰问工作，一晃就是四天。

这一天，汉王一行刚刚到军营中，韩信派来送信的特使就来到了。汉王洗了一把脸，接过信，拆开看了一遍，立时大怒。他把信往地上一扔，拍桌大叫道：“韩信也太猖狂了，简直不知自己姓什么了，打了几个胜仗，便居功自傲。我现今被困在广武，日夜盼望他速速救援，他不但不快些回师助我，还做起封王的美梦来了，真是气死我了！”

张良、陈平看到汉王脸上布满阴云，慌忙走上前来，小声对汉王说：“信使在此，况且还有其他将士，汉王就不要多说了。”

刘邦一听，心领神会，自知刚才失态，便不再叫骂，拉过一把凳子坐下，不再说话。张良、陈平接过信，看了一下，大意是：齐人虽已被我征服，但他们多虚伪狡诈，反复无常。

韩信反复强调，齐南境与楚临近，难免有一天要反汉投楚。到那时，又会出现紧张气氛，当今之计想请汉王暂时委命我为齐王，也好在此镇守些日子。字里行间浸透了做齐王的心愿。

看完信，张良、陈平相视一笑，又凑到汉王跟前悄声说：“汉军在齐地确实有许多不利因素，就不要说气话禁止韩将军做齐王了。当下之计，倒不如封他为齐王，为我们守住齐地，也可在日后做我们的声援之势。假如大王拒绝了他的要求，恐怕会惹出更多的麻烦来，大王，您说，是不是这个道理？”

汉王抬起头，看了看张良、陈平，又扫了一眼信使，佯装无事道：“韩信也是，大丈夫东打西杀，驰骋疆场为我立下过汗马功劳，没有韩信，我哪有今天哪，好了，就让韩将军做个堂堂齐王吧。”说罢，便奋笔疾书，写了一封回信，立即遣回来使。

不久，张良亲自带着齐王印飞马赶到齐地，封韩信为齐王，举行了一个不大不小的仪式。韩信被封为齐王，自然高兴得合不上嘴。他设宴款待张良，酒席间，张良讲明了汉王现今的处境，建议韩信赶快发兵攻楚。韩信当然满口答应。于是宴罢，张良回去交差了。

韩信做了齐王后，骑上战马，兴致勃勃地来到帐外，到军营中检阅自己的部队，并激励将士做好准备，攻取楚营。忽然，有守卫来报，说楚使者武涉前来求见。

韩信一听暗想：“我与楚王素有恩怨，楚王恨我如仇敌，现为何又派使者呢？想来必定是来做说客，劝我投楚吧！可我心中已自有打算，不妨见一下来人，看他有何话讲。”

于是令左右引武涉前来相见。这武涉本是盱眙人，很有口才，一直在项王幕下听命。这次项王得知龙且、周兰被杀，齐地已归韩信的消息后，确实知道自己已无力救齐了，很是不安。所以便想派武涉为说客，去劝说韩信不要以楚为敌，也以此离间汉王与韩信的关系。

且说武涉一见韩信，便下拜行礼，口中连连说庆贺之词。韩信也从座上站起身回礼，并微笑着对他说："你来此向我贺喜是什么意思呀！大概不过是为那项王来做说客吧！那你就尽管讲来，我倒看看你能怎样劝我反汉投楚。"

武涉连忙申辩道："将军此言差矣。天下已受暴秦的统治很久了，因此楚汉兴兵同伐无道。现在秦已被推翻，汉楚本应分别占领一些城邑，各自称王，休兵罢战，使百姓安居乐业。可那汉王野心勃勃，不满足自己所得的封地，便又兴师动众，东进中原，攻城略地，抢劫财产。并以淫威震慑百姓，与楚王争夺土地，展开多年战争。

"由此可见这汉王真是贪得无厌，志在吞并所有诸王土地，像秦始皇一般称帝才算罢休。将军大人明智过人，智勇双全，这种汉王野心您一定早该看得出吧！再说之前汉王已兵败楚军，被项王所掌握，项王要杀他，易如反掌。

"但项王大义大仁，不忍将他置于死地，便封他为蜀汉之王，派他率军到那里去驻守。这样做也算仁至义尽了吧。可那汉王仍不思悔过，不念旧情，没多久又起兵反楚。这种反复无常，诡计多端的人，难道我们能相信他吗？

"可现今将军你却自认为已得到汉王的信赖和重用，便替他卖力。我只是担心有朝一日，等汉王拥有天下之时，必不再重用你。反而会置你于死地的。你目前的这种处境，正是决定走哪条路的时候。向左投奔汉王，汉王必胜楚而得天下；向右去靠楚王，楚王则必胜汉而平天下。

"但是汉王若胜而得天下，那你就有危难临头了。楚要是胜了那你可不至于走到危险地步。而那项王和将军你本是旧交，时常挂念你，自然不会做对不住你的事。如果你还信不过我的话，最好是先和楚兵联合攻汉。然后就有三分天下，鼎足称王之势形成。使楚汉两国都不敢和你对阵，这便是个万全之策呀！”

韩信听罢笑笑说道：“我以前本来在楚王帐前听命，但那时楚王给我的官职不过郎中，责任不过是执戟听命。我向楚王进言献计，从未被楚王听信和采纳过。因此我感到在楚营中不能很好地施展自己的才能，于是便弃楚投汉。

“到了汉王那里，他对我十分器重，授我以上将军印，使我统领上万的兵士，并替我安顿好食宿衣行。真是对我关心备至、体贴入微了。所以从那时起我便下定决心誓死为汉王效力尽忠！绝不会辜负了汉王的一片厚爱之心。因此请先生不必再说什么了，只是赶紧回去替我谢过楚王盛情便是！”

武涉一看，韩信如此坚决，只好告辞回楚复命了。韩信送武涉走后，便折回帐中。可巧这时有一个人随之入内，韩信回身一看，不是别人正是上次设计攻齐害郦生的蒯彻。于是便邀他进帐坐下，还没等韩信开口问有何事，只见蒯彻先凑前说道：“我近日已经学习了一些关于相术的学问，懂了一些相面算卦的方法。我曾暗中仔细给将军相过面了。若只从你的前部面相举止来看，你的最后结局也不过是做个诸侯，可若从你后面的情形来看，真是贵不可言之相呀！”

韩信一听这话很是吃惊，料想此言必有所指，便又带他进到自己的密室之内，屏退了守卫的侍从，仔细问道：“先生刚才所言是何用意？”蒯彻说道：“从暴秦被推翻后，楚汉激战已有多年。他们不顾百姓利益，将士劳顿，只管争土掠地，你杀我打。那项王自彭城起兵，转战南北，驰骋疆场，直取荥阳，威名远震天下。

“可今仍被汉兵围困，一直过了多年也未再取胜。而汉王率兵数十万已占据洛阳，凭借山峻水险，虽一日进攻多次，仍有多少时日，得不到寸土之地，反是常常大败而逃。这不是不能很好地施展智勇双才。

“我看当今之势，非得等到有贤明圣主出世，才能使双方偃旗息鼓，停战收兵。将军此时率兵崛起，正好处于汉楚之间。你要为汉出力，汉必胜；你若为楚尽心，楚必赢。不夸大地讲，就连楚汉两王的性命也在你手中掌握着。

“如果今天你能真心地听我的一计之谋，倒是不如两者你谁也别帮，自立为王，与他们三分天下而有其一。使鼎足之势形成后，再静坐观阵，待机而动。其实像将军这样智勇双全的干才，现已占据强大的齐地，吞并了燕赵的领土，等有机会再向西进兵，为百姓出兵平天下乱世，谁敢不顺从你呢？哪个诸侯小国敢不速速来投奔你呢？

“将来分割天下，封侯拜将，其他诸侯都会因震慑于你的威力而不得不纷纷来齐地朝拜大王你呀。到那时你的霸业岂不是就有了盛世空前的气势了吗？我听说如果天若帮你取胜，你却不能顺天行事，时机已到而不能立即采取行动，将来必要有大祸临身。那时就后悔莫及了。万望足下深思熟虑，千万别忽略我的一席肺腑之言呀！”

韩信道：“汉王待我很是器重，我怎能在他取胜的关键时刻背信弃义，望利而思迁呢？”

蒯彻接着说：“从前常山王张耳和成安君陈余关系很是亲密，曾盟约为刎颈之交。后来因为张黡、陈泽的嫌疑，两人竟然成了仇敌，在泜水大战一场，陈余便被斩首。足下仔细想想，你和汉王的交情，能比得上陈张的刎颈之交吗？

“你在汉王心目中所留下的嫌疑之事，难道不比陈泽这一件事大吗？可如今你却仍在想着做忠臣贤将，讨好汉王，这样下去必会误了大事。后果更是不堪设想了！再说那越大夫文种，足智多谋，忠心耿耿，帮助越王勾践从危难之中摆脱出来，并使他后来能称霸一方、战功赫赫，名震四方，但结果不也是难免一死吗？

“这就好像猎人狩猎一样，猎到野兽后，曾跟随帮助狩猎的狗便没有用场，自然要被烹食，这既已是规律性事情。而今你的忠心和威望，想来也不过和当年的越大夫文种一般罢。况且我又常听人说如果臣子的智谋名震四海，远高于他的主子，那往往是将自己置于危险境地了。

“即使功过天下，名扬四方，却常常得不到应有赏识。现在将军已经误入此道，为汉而战，汉必惧怕你，以后不会有好结局；归楚吧，楚王又不会再信任你了，这样一来，你还能有什么可以走的路呢？”

韩信听罢这番话，不免为之一震，心中也开始疑惑不解了。于是又对蒯彻说：“先生请先暂且回去休息，待我细细想来，再作决断。”

蒯彻一听只好先回去。等到过了些日子，仍不见韩信来找他，就又亲自到营中找到韩信，请他赶紧果断行事，千万不要贻误战机。

但那韩信最终难下叛汉自立的决心，同时自己又总觉得已在汉营立下汗马之功。汉王一直都很厚爱他，不会日后变卦吧。于是便谢绝了蒯彻的一番好意。

可那蒯彻一看，韩信未能听自己的规劝，只怕将来会因此而惹下大祸，便从此装疯卖傻，整日乱说一通，最后竟然独自跑到外边做了个巫师，不再回来了。

韩信知道此事后，心里自然清楚蒯彻的心情，也就不去追究，随他去吧！只是从此之后想着蒯彻那番话，惶惶不安，不知到底如何做才好。于是便暂且休兵养战，驻守齐地，单等汉王有了消息再说。

这时汉王已在广武驻守多日，光阴似箭，眼看已过了半个多月，日盼夜盼也不见韩信派兵前来助战。心中很不悦，便先派英布为淮南王，率兵再到九江，截断楚兵的退路。一面又修书给彭越。命他再次侵入梁地，阻住楚粮草运送的道路。这一切布置好了后，汉王仍是放心不下。

他在想，如果项王一看粮草接济不上就可能收兵回去，同时又将太公押出来做人质来威胁我，或乘着一时怒气再杀了太公，那可如何是好？一想这些，就又感到还是应再想个万全之策才好。于是立即召来张良、陈平商议对策。三人都以为当今之计应首先救出太公才是。

同时张良又说：“项王粮草一缺，一定会收兵后撤的。这时我们正好乘机和他讲和，假装愿意息兵停战。让他先放出太公和吕后，这不是很好的办法吗？”

汉王又说：“只怕那项王性情暴躁乖戾，若有一句不合他心思，便要怒气冲天，不管不顾其他了。要想派人去议和也行，只是要先挑选出一个合适的人选才行，否则倒会酿成大祸。”

话音还未落，忽见一人闪身入帐中，应声答道：“臣愿往。”

汉王一瞧，说话的不是别人，正是洛阳人侯公。这人年方三十多岁，很有才气。从军多年，很擅长辞令答对。于是汉王便答应了他的请求，准许他前去和项王议和，但仍不放心，便千叮咛万嘱咐，恐有差错。

这样侯公才领命出发，骑马出营直奔楚帐，求见项王。项王自从听了武涉回来说了游说不成之事，心中更是焦虑不安，一筹莫展。同时还听有人报告说军粮和马料也快用完了，简直都快愁死了，正在营帐中苦思冥想，忽见有人禀报说汉营派出使者，来求见楚王。

项王一听，便手握剑柄高高坐在帅位上，传命汉使来见。只见那侯公不慌不忙，稳稳步入帐中，见了项王面无惧色，从容上前行礼。

项王一看，怒目圆瞪吼道：“你家主子既不敢出战与我战上几个回合，又不赶快收兵退走，到底想干什么呢？现在又派你来见我，要讲什么话就快说吧！”

侯公镇定自若地应道：“项王之意到底是愿意打呢还是愿意退呢？”

项王说：“当然愿意打呀！”

侯公道：“要打肯定有危机，开战后对谁来说都是胜负难定，不可预料。况且双方已在此对峙多日，想来早已是军困兵乏，没多少锐气可谈。我现在来此就是为了使双方停战息兵，因此才敢冒死来见大王。”

项王一听脱口便问：“依此而言，莫非你是来此和我议和吧？”

侯公道：“汉王本不想和大王争雄论战，大王您如果能从百姓安乐，国家太平的大局着想，就应该立即停战议和。那样一来我们自是不敢违背您的意愿了。”

项王听到此话，原有的怒气早已减了大半，心里也稍稍平静了许多，便把手从剑柄上移开，问起议和条件来。

侯公便乘机说：“我奉汉王之命，来此谈议和的条件。主要有两条要说清，一是汉楚两国，划定边界，彼此相安而处，不再互相侵犯、刀

兵相见；二是请大王您放了汉王的父亲刘太公和妻子吕氏，使他们一家骨肉能团聚一处，这样他们会永远感念您的圣德的。”

项王一听这话，手捻长须狞笑道：“哼，看来你们汉王并非真心议和，只是又在设计欺骗我上当吧！他想保全亲属骨肉，才派你来花言巧语地劝我议和。”

侯公忙说：“您这话是没有道理的。您知道这次汉王东进的意思吗？常言道，人无不顾念父母，惦记妻儿的。当初汉王被封于蜀汉之地，西蜀偏僻，远离故土家乡，免不了要动思念乡土之心。上一次偷偷进到彭城，无非是想搬走家眷，一同到西蜀团圆。可后来听说家眷已被大王捉去拘押，急不择路，才只得同大王决一死战。这样楚汉之间战火连年。现今大王如果根本没有议和的意思，就不必再说别的。既然您商议和谈，为什么还不将汉王妻子、父亲放回去呢？这样放回两人后，不但会使汉王感恩不尽，自会发誓不再向东进兵。而且天下的诸侯，也会因此而仰慕您的大仁大义，没有不称颂您的。试想，大王您虽早就抓住汉王的家眷，可没有杀死他的父亲，这是明孝之德；没有玷污他的妻子，这就是明义之德；现在您又把捉来很久的亲眷放回去，这就是明仁之德。三德你都已具备了，名声自会远扬天下。如果您还是担心汉王会负约，那也没关系。汉王负约，他是理屈的一方，而你是理直的，古人常说，‘师直为壮，曲为老。’大王您如今直道而行，天下人谁敢与你为敌呢？何必怕他一个小小的汉王呢？”

项王平时最喜欢听奉承之词，听了侯公这一番言语，更是惬意无比，心中美不胜言。于是马上叫来项伯和侯公商议划定边界事项。这项伯本来就心已向汉，袒护刘邦，一听说要与汉王议和，真是高兴得很。他想借此机会向汉王卖个人情，便与项王商议决定，就依着荥阳东南二十里外的鸿沟为界，鸿沟以东属于楚所有，鸿沟以西属于汉所有。

边界定好后，侯公便请求项王派一使臣，一同回报汉王议和详情，订好盟约的章程。双方既已都无其他意见，就从此休兵息战。

楚汉两军垓下决战

汉高祖四年，也就是公元前203年8月，与汉军对峙于广武的楚军粮尽；而刘邦也没能调来韩信、彭越等人的军队，无法对楚军进行最后的合围。于是，双方进行了历史上著名的“鸿沟和议”，以战国时魏国所修建的运河——鸿沟为界，划分天下。

9月，西楚霸王项羽率十万楚军绕南路，向固陵方向的迂回线路向楚地撤军。刘邦也想西返。但是，正当刘邦打算率军西返之时有人喊道：“大王且慢！”汉王一愣，转身一瞧，原来是张良、陈平疾步走了过来。

“大王，您真的想就这样一走了之？”

汉王说：“是呀，现在我们以鸿沟为界，与楚国签约完毕，还在这里干什么？”

张良上前凝视了一下汉王，神秘地说道：“汉王，我们常年征战，风餐露宿是为了什么呢？难道只是为了与楚王修和吗？大王您不想扫除异己，统一天下吗？”

汉王听后，倒背双手沉思了一会儿说道：“这个恐怕不好吧，我们刚签好协约，就撕毁它，岂不让世人耻笑。”

张良、陈平听后，摇了摇头，齐声说道：“大王，此言差矣！臣等之所以劝您与楚王议和休战，无非是想早日救回您的父亲刘太公和妻吕夫人，以打消您的后顾之忧。现在我们的如意算盘已经实现，就再没有什么可担忧的了，因此，正好可以一鼓作气，与项王一决雌雄，千万不可轻易丧失这个来之不易的机会啊。

“况且，从目前的情况来看，我们不但士气高涨，而且已拥有了天下的大半领土，四方的诸侯，大多已归服汉王。而那楚王在这里驻扎多日，粮草供应不足，人困马乏，已是疲惫不堪之势。

“楚军现在众叛亲离，军政已乱，如同秋后的蚂蚱，没有多少天的蹦头了。我们理应像秋风扫落叶一般，将其全部歼灭，从而完成统一之大业。”

两人一口气说到这，看了一眼汉王，见其若有所思，频频点头，于是又进一步说道：“汉王，如果现在任他而去，不急速追杀，置他于死地，这正如同放虎归山，后患无穷，到那时再后悔可就来不及了。”

汉王素来佩服两人的足智多谋，今日听完张良、陈平的一席话，如同久旱逢甘霖，心里豁亮极了。连连称是，两手抓住张良、陈平之手，久久地握在一起。

刘邦改变主意后，经过周密的安排，决定先派人与齐王韩信、魏相国彭越联系，三军合兵一处，共同打击楚军。

第二天，刘邦挑选数百骑士，数十辆马车，先送刘太公和吕后入关，然后亲自率领大军向东挺进。一路上，马不停蹄，不敢耽误。刘邦心急，骑马一直走在最前面，经过一昼夜的急行军，军队赶到固陵境内。

此时，早已奉命出兵的先遣部队已接近楚军，派出去的探马回来说，楚军在前面离汉军不远了。于是，先遣军马上派兵士向汉王报告。

汉王见天色已晚，韩信、彭越两方人马还没消息，于是下令军队原地休息。

天气很冷，天空中飘着细小的雪花。片片摇曳的雪花不断落在汉王身上，轻柔、冰凉。刘邦睡不着觉披衣站在雪地中，心里思忖韩信、彭越应在何处，何时能赶到这里。可是等了很久也不见韩、彭两位大将的影子。

刘邦心里又急又气，心想：韩信这是怎么了，为什么总是跟我作对？需要他的时候，他总是迟迟不露面，有朝一日非得教训教训他。

项王自签约东进以来，心里一直还算平静。他知道部队连日征战，已很疲乏，故放慢前进的速度，以便使军队在行军中得到休整。

正在行进途中，有人来报，刘邦又率军追杀上来了。项羽听后，勃然大怒。愤恨之情难于言表。于是下命令，后队变前队，调转马头，向汉营冲杀而来。

汉王正一面等待援军，一面又担心楚军得到消息进行反扑。这时，有人飞马来报，楚军又冲杀过来了。一看楚军那气势汹汹的样子，汉王心里便忐忑不安，觉得凶多吉少，一颗心悬在了嗓子眼。

事已如此，为了稳定军心，刘邦故作镇静，向汉兵训话：楚军已是穷途末路，狗急跳墙；将士们应鼓足勇气，奋力杀敌，争取再立新功。

话虽如此，可那项羽也不是等闲之辈，还没等汉兵列队出营摆好阵势，那项王已率军急不可待地猛杀过来。只见他一拍坐下乌骓马，手挥大戟，奋勇当先，专向汉军中坚队伍冲杀，那气势真如洪水下山，锐不可当。

汉军一见这阵势，便慌了手脚。但因将帅督战，又不敢不向前冲杀。但那些冲上去的兵士怎敌得过项羽。况且，此时的项羽已杀红了眼，如同凶神恶煞一般，勇猛无比。他骑马左冲、右突、前杀、后劈，如入无人之境，手中翻转的大戟飞舞开来，任凭多少汉将也不是对手，几个回合下来，汉将有死有伤，纷纷退下，不敢再战。

正在汉军阵中观战的汉王一看，汉将们实在不是项王的对手，还是三十六计走为上策吧。他便催动坐骑向营中逃去，决定早早离开这危险境地。可这主帅一走，全军将士再也无心恋战，便各找退路，一下子后撤回来。

项王一看这情景，哈哈大笑，更是越战越猛，将汉兵全都赶回大营中，然后自己也收兵回营休息，以待再战。汉王狼狈逃回营中，气急败坏。再一命人清点人数吧，有几千名兵士被杀死或冲散，连大将中也有好几个人受伤。于是便垂头丧气地回到自己的帐中，闷闷不乐地坐下，思忖着下一步该怎么办。

正好这时张良走进帐中，汉王见了他便说："这韩信、彭越到底为什么失约不到呢？这回可好，我只有一路兵将。而那项羽势力正盛，一出战就被他杀得个七零八落。可叫我如何是好呢？"

张良忙上前说道："大王暂且别太为难。其实那楚兵今日侥幸取胜，也没什么可让我们忧虑的。从长远来看楚王的优势早已逝去，偶尔一举之胜也不能改变他必败的定势。

"当下最让人担心的事倒是韩信、彭越不能及时来助战，这样一来必会影响我们取胜的计划。我想韩、彭两位大将之所以迟迟不到，一定是因为汉王您没给他们分封土地的缘故，所以拖延时间，故意不来是等待您的分封呢。"

汉王一听说："前些日子我们不是已封韩信为齐王，拜彭越为魏相国了吗？怎么还说是没得到分地，等待分封呢？"

张良答道："您说的确是实事。但是齐王韩信虽得封侯，但并不是大王您主动册封的，韩信对此自然放心不下。彭越曾经率军夺得梁地，可大王却派他到那里辅佐魏王豹。但彭越去那里没多久，那魏王豹就死了，所以彭越只想您一定封他为王，可你并没有加封，心中不免有些不高兴，也只是不来助战，抱有观望态度。

"现在如果攻取了睢阳北境之地，并径直拿下谷城，册封彭越为王。然后再向东进兵，至大海，封韩信为王，想那韩信本是楚地之人，一定想攻取故乡之地，以显军威。大王如果立即这样做了，答应他们的要求，使他俩的心里欲望得以满足，两人自会很快率兵前来的。”

汉王听张良这番话，心中自然是对韩、彭无比气恨。但从大局着想，也只得先依从此计了。汉王决定先依从张良的计谋，派出使者分头去向韩信和彭越两位将军报信。准许他们立为王，占据已有的土地。这样一来，两人果然得到了满足，便立即发兵，前来助战攻楚。

另外淮南王黥布也和汉将刘贾，联合进兵长江，招降了驻守那里的楚大司马周殷。这真是未用吹灰之力，便得了九江许多人马。接着黥布和刘贾及降将周殷三路合兵前来接应汉王。这时韩信、彭越的大军已到。汉王一看，气势大振，于是便同诸将商议攻楚的计划。

这时楚王项羽，一听说汉的援兵已到，可自己这一边连粮草都已断绝了，心里只想赶紧回彭城。别看前几日还打了胜仗，可如今外无援兵，内无粮草，若不赶紧撤走，必有大祸降临，哪里还敢在外久留呢？于是立即下令拔营起兵，挥师后撤。可这后撤也非易事，又担心汉兵会追杀过来。便采用了步步为营的方法，这才勉强退到垓下。项王正想命大队人马暂时休息一下，可又远远听到后面一片喊杀之声传来，真是鼓声、马嘶声、呐喊声震彻山谷。

项王赶紧登高一望，只见那汉兵似蝼蚁一般密密麻麻，踊跃追杀上来。看到这些，项王仰天长叹一声：“唉！早知今日，何不在那前日将刘邦小儿杀死了事，哪里还会有现在这么多汉兵气势逼人地追杀过来啊！”

话虽这么说，但还得先与汉兵交战，杀他一场再说。于是项王整好阵势，亲自挥战在前。率部将十多万人先安好营寨，准备迎敌。

其实汉王虽已会集三路人马，但总数也不过三十多万。汉王便任命韩信为大将，负责调度诸军行动，韩信早就了解项王的骁悍勇猛，驰骋沙场确是无人敢敌。于是便将部下人马分成十路队伍，并各派将官率领，分头埋伏。只等项王杀来后，分别与之交战，形成连环战术，使项王渐渐疲惫下去，再一决雌雄。同时先请汉王守住大营，自己亲自提刀上马，率三万人前去向项王挑战。

项王一见汉已先发兵，也不多说，催马上阵。根本没考虑韩信有什么计谋，只是凭着勇气和力量，再借一时怒愤，挥戟便战。楚兵也随后拥出营中，紧跟项王左右，奋勇向前。

一场恶战揭开了序幕。项王率军越战越勇，不下几个回合，汉兵便死伤无数。项王大戟一挥，汉将也纷纷被击败，楚兵更不管死活，一气杀向汉营中。

韩信一看边战边退，引诱项王渐渐走进了圈套中。而那项王本是一勇夫，平日骄横自大，目中无人，更不会把韩信放在眼里。哪管什么计谋有无，只是一鼓作气地向韩信追来。

这时已有旁边的将士提醒他小心中计，叫他先别急于追杀。可那项王正杀在兴头上，哪里听得进去呀，更不肯就此罢休，一定要杀向前去。就这样大约追了好几里路，已进到汉军的埋伏圈套中。韩信一看便立即命人鸣放号角。

只听得一声角响，已埋伏下的汉兵，分两路杀了出来，又与项王军队交战于一处。项王凭得一时气盛，左拼右杀，毫无惧色，恶战多时，才冲开一条血路。正当他想催马向前追韩信时，又听得一声角响，两边又有伏兵杀出，截住他的去路。又是一场厮杀。

项王费了半天劲才杀出去，还没等喘口气，角声又响起，项王只得鼓气再战。那角声此起彼伏，汉兵一批又一批地拥上来。这项王杀开一重，又是一重，一共不下七八重，再看左右兵将多已死伤，七零八落，溃不成军。而项王自己也已累得气喘不已，渐渐觉得力不可支了。

正想收兵退下，哪里料到韩信又收集十面埋伏的士兵，一起杀了出来，都向项王马前围战。其他的楚兵一看这环境，早已纷纷逃窜，好似鸡犬一般，哪里还顾得上项王的性命。

只说那项羽单凭自己的力量，手持方天画戟，一时的猛劲，终究不是众兵将的对手。此时项王心中不免后悔当时没听规劝，落入如此地步。既已如此也只得命钟离昧、季布等率兵断后，自己一马当先杀出重围了。于是项王掉转马头，大吼一声："汉将上前受死呀！"

只这一声，惊动山谷，围在周围的汉兵早已吓得纷纷后退，再加上项王大戟一挥，所到之处无不使汉兵片片倒下。这样项王终于冲杀出一条血路，驰马逃回垓下大营。

经过一天的激战，项羽使出浑身招数，才勉强杀出一条血路。此时，他正向垓下大营奔逃。疲惫、饥饿不断向他袭来。一阵风刮过，他捋了一下乱发，裹紧衣服，双腿紧磕一下马背，急速向前驰骋。

马在飞奔，项羽的心也在翻滚：我项羽自彭城起兵，久经沙场，虽说不是所向无敌，但也从没有像今日这般狼狈。今日的失败，对我是一种奇耻大辱，永世不忘。

他挥起马鞭，向马重重地抽去，自语道：“倘若能东山再起，我一定吸取教训，打几个漂亮仗，以洗我耻。”话一出口，不觉又愁上眉梢。

“我还能重振军威吗？军队损失殆尽，大势已去。恐怕是天意要我如此，命中注定会落得这样的下场。唉！真是苦不堪言哪。”项羽越想越悲伤，心绪随着飘落翻滚的树叶忽高忽低。他的心在流泪，他的心在滴血。

天完全黑下来的时候，他才来到营中，他强打精神，下马清点随他逃回来的残兵败将。看着将士们的狼狈相，他一边数，一边流泪。清点完毕，才知道只剩下不足三万人马。唉，出营时，我带去的是十万精锐部队，可是现在……项羽的心情坏极了。

项羽中了韩信的十面埋伏，被重重围杀。项羽十万精锐根本就没有摆开阵势，发挥作用。结果，被杀死的大约有三四万人，被打散的也不下三四万人。看罢这情况，项羽气急败坏地把大戟往地上一扔，一头扎进了自己的大帐中。

项羽的爱姬虞氏正准备出帐迎他。一见他铁青着脸闯入帐中，知道不妙，便退在一旁。虞氏不愧为一代女中英杰，不但长得如花似玉，鼻方口正，美赛西施，而且还知书达理，温柔似水。

她对项王从来都是百依百顺，百般体贴。项羽为人喜怒无常，脾气暴躁。但虞姬总面带微笑，不气不恼。为此，两人恩恩爱爱，很能相互配合，为了不使项王分心，为了能给项王添一份力量，虞姬还常常陪着项羽出征作战，风餐露宿，不辞辛苦。

见项羽站定，一身的疲惫，她赶忙扶项王坐下。为他打水洗脸，小心谨慎，温存备至。项王自进帐后，一言不发，颓唐之色写于脸颊。

等项王洗完脸，气喘得平稳了一些，虞姬便轻声问道："大王，外面的战事怎么样了？"

项羽听后，长叹了一声，无可奈何地苦笑道："唉，别提了，败了，败得一塌糊涂。"

虞姬扶住项羽的臂膀，劝慰道："胜败乃兵家常事，望大王当以自己的身体为重，千万别太忧虑了。"说罢，便俯下身去给项王解脱战靴，轻轻在他的腿上捶着，以为项王解除疲劳。

项王躺在床上，微闭双眼，说道："唉！难怪人们常说这妇道人家见识短呢，难道你真是不能料想这次失败对我楚王有多大的危害吗？我是从未经过这么一场恶战呀！恐怕这败势已无法挽回，最终将会导致我们的彻底覆灭啊！"

虞姬抬眼看了一下项王，见他仍很沮丧，心里不觉泛起一层悲凉。她强压住悲伤，继续劝说道："大王，请您保重身体，别太难过了。我早已嘱咐行厨准备了酒菜，你一天驰骋在疆场上，想必早就饥饿了，不如先吃了饭，再做打算吧。"

项王知道虞姬一片爱心，此刻是想替他解闷，为他分忧。于是，勉强打起精神，轻轻拉起虞姬说道："难得你对我如此恩爱，好吧，那我们一起吃饭吧。"

虞姬一听，莞尔一笑，便立即叫侍女传命厨役将酒宴摆上来。可那项王心中烦闷，无心饮酒。只是为了宠姬的情意，只好向席间坐下，由虞姬亲自斟酒，递到手中，才勉强饮了三五杯，虞姬见状便又说道："不如大王先饮着，听我唱一支曲子与你解闷，如何？"

还没等项王回答，只见一兵卒急急闯入帐内，向项王呈报道：

“大王，汉兵已追杀过来，并将我们的大营包围了，请大王速作决断。”

项王一听汉兵已追来围营了，不免又紧张起来，急忙说：“你先去传令诸军将，让他们今夜小心坚守，以防汉兵袭营，但千万别主动出击，等我明日再亲自出马，与那汉兵决一死战。”

兵士听罢便应声退去。这时天色已是很晚。帐内也点上了几根大蜡烛。项羽又勉强和虞姬并饮数觥。正是灯红酒绿，眉黛青颦，此情此景，若在平时，项王必会和爱姬一同开怀畅饮，或许项王舞剑助兴，或许虞氏轻歌伴舞，那是多么令人醉心的时刻呀！可是今日，却再无那种心绪。两人相对无言，越饮越愁，越愁越烦，反而觉得此刻有一种说不出的悲切心情油然而生。

渐渐地项羽已是倦不可支，睡眼模糊，敛肱欲睡。虞氏在旁一看，知道项王累了一天，心情又很烦闷，自然无一心陪她，也只好请项王上床安歇，暂时休养一下精神。

项王这才躺下，一会儿便鼾声如雷了。虞姬只是坐在床边，静静地望着项王睡去的面孔，怀中芳心乱跳，七上八下地揣了小兔儿一般，无法安宁。这时外面寒凉凄冷的北风嗖嗖地响着，一会儿又能听到车马走动的声音，一会儿又似鬼哭狼嚎般地传来种种声浪，让人更觉心烦意乱，忐忑不安了。

忽然，外面响起阵阵歌声，如泣如诉，如怨如慕，悲悲切切，刺人心脾，仿佛那九皋鹤唳四野哀鸣。

虞姬原本也是有心有意之人，一听这阵阵悲歌之声，不禁也随着歌声痛心地流下泪来，泪映灯花，荧荧亮亮。此情此景更让人觉得凄惨。

再看项王，沉沉睡去，外面的声音根本没能把他吵醒。虞姬想推醒他，看看外面的情况到底怎样了。但一看到项王疲倦的神情，又不忍心推醒他。只好自己轻轻流着泪，不知如何是好。

这声音如何传来的呢？原来这也是汉营中张子房的一计。他自己编出一曲楚歌，然后教给汉兵到楚营附近去唱。这样汉兵从四面围着楚营齐唱楚歌，那歌声悲悲切切、凄凄惨惨，使楚兵听后心中无不由衷而生一种哀伤之情，思乡之意。

于是许多楚兵也和着曲子哼唱起来，并陆续逃走，就连那钟离昧、季布等人，虽跟从项王出生入死多年，这时也忽然变了卦，背楚归汉去了。

而那项伯，虽说还是项王叔父，也早就悄悄去汉营投了张良帐前，以免楚败身死。这正是树未倒猢狲就要散尽了。所剩之人不过八百骑士，死守营门，不曾叛逃。

这时项王酒意已消，猛然醒来，却听到四面楚歌之声，如悲如泣，不禁心中一惊，疑惑顿生。赶忙穿鞋下榻来到帐外，细细倾听，只觉歌声是从汉营中传来的，便更是惊讶不已。自言道："难道这汉军已完全占领了楚地了吗？怎么汉营中有这么多楚兵呢？"

正此时，有兵卒急匆匆上前禀报："营中原有将士，已有大部分四处逃命去了，现在只剩下八百多人驻守营门了。"

项王一听不禁叫道："啊！怎么回事？怎么会有这种事发生？"

说罢，便急转身返回帐中，想整好盔甲，领兵出战，杀出重围。可一进帐中才注意到，他那爱姬虞氏早已哭成泪人一般，此情此景项王心中不免油然而生一股酸楚。

他轻轻走到虞姬身边，很想劝说几句，可又能说什么呢？只好拥住爱妾，陪着流泪。过了一会儿，项王叫人把刚用过的酒菜重新温过一遍，再摆上来。于是酒菜一到，便又与虞姬饮起闷酒来。那虞姬也不多话，只是陪着饮酒，几杯酒下肚，项王更觉难过。

这时忽又听到帐外他的乌骓马正在"咴……咴……"长嘶起来，好像在劝他的主人速速冲杀出去。

项王立即叫人把马牵到帐内，哪知乌骓马就是不动，怎么拉也不肯挪动半步。同时还对着帐内不停地嘶鸣。项王心里真是难过极了，便情不自禁地随口编了歌曲唱道：

力拔山兮气盖世，时不利兮骓不逝。

骓不逝兮可奈何，虞兮虞兮奈若何！

这首歌词的大意，是说自己是力大无比、气吞山河的盖世英雄，然而由于天时不利，连战马也不肯向前奔腾了。既然战马已经不肯向前奔腾，这可怎么办呢？虞啊，虞啊，我怎么安置你啊？

项羽把这首自作的歌词反复吟唱数遍，虞美人也含痛附和着伴唱。项羽这位一向出生入死的英雄，也不禁“泣下数行”。军帐中的左右侍臣，历来只见过项羽指挥千军万马，叱咤风云，哪里见到过统帅慷慨悲歌，泣下数行。面对着这种场面，那些视死如归的壮年汉子，也不禁泣不成声。

这首《垓下歌》真是长歌当哭！歌词之中，他对自己天赋神勇却陷入败亡，自有难言的苦闷和不解，但叹咏的重点，却在于愧对相伴多年的虞美人。江山得失已退居其次，面对着冰清玉洁的美人，项羽的真性真情，在败亡之前，一展无遗。项羽虽疏于文采，但其真情毕露的“虞兮”一唤，足以使《垓下歌》成为永不磨灭的千古绝唱。

虞姬早已泪流满面，和而歌之：

汉兵已略地，四面楚歌声。大王意气尽，贱妾何聊生。

项羽悲歌，虞姬泣和，双双涕泪纵横。虞姬听罢，与项王抱头痛哭。乘项羽不备，挥剑自刎。一代佳丽，倒在了血泊中。项羽大恸。只得抱头痛哭。然后强忍悲痛，急命左右就地掘出坟墓，将尸体埋葬。据说这虞姬的坟墓就在今安徽省灵璧县城东十六公里处，已有名叫香冢。而她那以死守节相报的故事，也早已传为佳话。

在后人流传和编写的这段故事中，项羽在慷慨悲歌之时，虞美人在军帐中为项羽舞剑，向项羽做最后的诀别，并自刎于项羽的面前。这当然是题中应有之义，或者即是史书未能载入的事实。

虞美人虽说是个女子，但她不仅美丽，性格又十分刚烈。否则，项羽怎会那样地喜爱并经常把她带在身边？在战争烽火的沐浴之下，又深受项羽气质的熏陶，虞美人早已不是当年的柔弱女流了。

她崇拜、热恋项羽，并不为垓下的遭遇有什么悔恨。她为自己能与战马一样地成为项羽的宠物，而感到幸福和满足。在战争年代，虞美人并不幻想与项羽永享人间的幸福。

几年来，每当她沉浸在幸福的时刻之时，曾不止一次地乐极生悲，担心不知什么时候，瞬息之间便会失去这美好的一切。项羽的慷慨悲歌，虞美人并不感到意外，只是没有料到厄运竟会如此之快地降临。

今天，虞姬墓仍存于安徽灵璧县城东十六公里处，灵泗公路之南，唐河之东。怜香惜玉的男人们不妨去凭吊，以寄托千年哀思。项羽心中明白虞美人自刎身亡的深情厚谊，是为了不给自己的突围增加包袱，是提示自己应当立即冲出重围，不可延误片刻。虞美人的行为，给了项羽无穷的力量，使他重新振作起来。

项王打起精神，整好盔甲，出帐牵马持战。带着所剩八百兵，趁着天色还没完全亮的时候，偷偷向南逃出了重围。等到汉兵得知，报于韩信，已是鸡鸣报晓，晨光普照了。韩信忙派大将灌婴，率领五千兵马，前去追杀项王。

项王正率所剩骑兵，向南逃命。为了防备汉兵追上来，匆匆赶到淮水滨，找了条船东渡淮水。

等过了河再一清点人数，八百人也跑掉了大半，只剩一二百人。项王心想：唉，但愿天不亡我，等我到了彭城，一定要重新招兵买马，与那刘邦小儿再论雌雄。

可是走到阴陵便看到路分两条了，项王一时不知该走哪一条路才能到达彭城。正踌躇不安地来回溜达，忽见有一老农在不远的田地锄地。便亲自上前问道：“老人家，您知道去彭城该走哪条路吗？”

这老人抬起头，望了一眼来人，认出是项羽。便想起他一向暴待百姓，坑杀无辜的罪恶，就用手向西一指说：“向这边走吧！”

项王也不思索，便信以为真，策马奔西边道上而去。约摸走出好几里路，忽觉阵阵寒风扑面，不禁打了个寒战。再往前跑几步一看，原来一条宽河已横在眼前。那水声澌澌，波浪翻卷，随风而下，哪里还有什么去路可走。

项王勒住马，停在岸边，心里暗自叫苦：不想那老头把我骗了，真是气死我啦。又一想别无去路，只好带兵按原路折回，再奔东行。

这一来回折腾，可给灌婴的追兵很好的时机。项王人马还没走出多远，便听得马蹄声阵阵传来，灌婴已率人杀过来了。两军相遇，也不多话，一阵冲击，楚兵又丧失百余骑。其他人更无心抵抗纷纷逃走，倒是那项王坐下乌骓马跑得快，一马当先冲杀出来，向东奔跑。后面楚兵紧紧跟上，可这时再一看所剩残兵不过二十八骑。

而那灌婴仍是穷追不舍。一时间喊杀声，金鼓声，马嘶声一浪高于一浪地传来，越来越近。

项王一想，恐怕今日是难逃脱了。便将随从骑士带到一个小山前，登上山岗，摆成圆阵，四面环视了一下所有这二十八人慨叹道："我项羽本名门将子，自起兵彭城到现在，一晃也有八年多了。大大小小仗也打了七十多次。想那时，手拿大戟，驰骋沙场，所向披靡，所攻必破，所取必得。从未有过失败的时候，这才使我能称霸诸侯，拥有天下。

"不料，今日被汉兵所困，走投无路，唉！我想这可能也是天意欲亡我吧，并不是我自己无能，战不胜他们。刚才我已冲杀出重围，与他们决一死战。这次我要为诸位杀出一条血路，再与他们决一死战。

"希望大家和我配合作战，定要斩将夺旗，让他们也知道我项王不是无能之辈，而是善战之人。现在确实是天意亡我，与我自己的才能无关。免得将来你们怨我无能，将你们引上了绝路！"

话音刚落，那汉兵已追到。从四面围住山冈，准备决战。这时项王就将二十八名骑士分为四队，与汉兵相对而立。还没等项王催马出战，汉营中有一不知死的将官，要活捉项王。

项王一看，对手下说："你们看我如何将这小儿刺死！"

说着便纵马先走，并又回头对手下说："你们可从四面飞马奔下岗去，到东山下取齐地，再分成三处驻扎罢。"

然后大吼一声，挺戟策马而下，一遇汉将便用力刺杀。冲在前头的汉将官便应声倒下，滚下山去，即刻毙命。汉兵一看，慌忙后退，不敢再靠近项王。

于是项王乘势催马下山。山下的汉将仗着人多，又从四面向他围过来，层层数匝。但都没能抵住项王手中大戟，纷纷退下。楚兵二十八骑也从后面跟上，然后分成三处向外突围。汉兵也分三路去追。

这时那项王冲在前面，左手持戟，右手拿剑，边砍边杀，斩了一都尉，又剁死将近数百汉兵，可是汉兵人数太多，怎能杀得过来。这时楚兵也又少了两名，项王一看汉兵暂且不敢上前。便趁机笑着对部下说："你们看，我的仗打得怎么样？"

部下忙都拜伏道："正如大王所言，英勇无敌呀！"

接着项王率这二十几人，策马逃到乌江岸边，正巧这时乌江亭长，驶一小船在岸旁接应。只见这亭长对项羽说："趁现在汉兵还没追来，你还是先上船渡江逃命去吧！"但项王就是不肯。

亭长急着又敦促说："江东虽说地方不大，只有千里，但还可以在那自立为王，独霸一方。现在追兵眼看就要赶到了，我也只有这一只小船，愿大王赶忙上船渡河才是呀！"

项王冷笑一声说："唉，这天已决意亡我，我又何必再渡河逃命呢？况且当初江东子弟八千多人，随我项羽渡江西进，而今无一人生还，叫我有何颜面去见江东父老？即使江东父老可怜我，还愿立我为王，我又有何脸面这样做呢？"

说话之间，后面又是人吼马嘶，这些正是汉兵。亭长仍不死心地催促着项王，可项王却怅然道："感谢你的好意，我知道你是个忠厚的长者，此情恐怕我无以报答了。只有坐下这乌骓马，却是一宝马，跟随我多年，日行千里，临战无敌，颇是为我怜爱。今日我决不会将它留给汉贼，又不忍心杀它，就把它赐给你，作个纪念，以后你看到它也如同见我一般。”

一面说，一面跳下马，牵着马交给亭长。然后转身命部下都跳下马，手持短刀，准备与汉兵肉搏。这时汉兵临近，大家一拥而上，项王鼓起勇气与汉军生死搏斗。一阵乱劈乱削，又有数百名汉兵倒下，可项王自己也身受十余处伤。忽然有几骑将又赶到。项王一看，正是自己的旧友吕马童，便跳出重围，凄切地对来人说道：“你不是我的旧友吕马童吗？怎么你也前来捉我吗？”

吕马童自是不敢正视项王，只是向旁边的僚将王翳说：“这位就是项王。”

项王这时又说道：“我听说你们汉王悬赏我的首级。规定凡得我首级者，要赐予千金，封邑万户。我今日就念旧情将头交给你拿去吧！”说罢，便挥剑自刎。至此一代枭雄项羽，年仅三十一岁，便兵败身亡了。

而后，王翳割取项羽人头，其余的骑兵互相践踏争夺项羽的肢体，相互残杀而死的骑兵有数十人。结果，郎中骑杨喜、骑司马吕马童、郎中吕胜及杨武等四人，各得项羽一肢体。五人把所得头颅、四肢合在一起，正是项王的尸体。

因此，汉王把封地分为五份，封吕马童为中水侯，封王翳为杜衍侯，封杨喜为赤泉侯，封杨武为吴防侯，封吕胜为涅阳侯。

项羽死后，楚地全部向汉军投降，唯有鲁地不降。汉王率大军想要屠城，兵至曲阜城下，还可听到城中的弦歌诵读之声，认为鲁人坚守礼义，为君主死节，便拿出项羽的人头令鲁人观看。

鲁地父老见项羽已死，这才投降汉军。当初，楚怀王曾始封项羽为鲁公。项羽死后，鲁地最后投降，因而按照鲁公封号应享有的礼仪，将项羽安葬在谷城。汉王为项羽发丧，洒泪而去。

项羽的各支宗族，汉王都不加以诛害。封项伯为射阳侯。封项襄为桃侯，封项佗为平皋侯，但都赐姓为刘氏。司马迁作《史记》，为项羽作《项羽本纪》，与帝王的《本纪》并列，记载项羽一生的事迹。篇末，司马迁写了一段评论，评论说：

我听周生说过，舜的眼睛大概有双瞳子，又听说项羽也有双瞳子，难道项羽是舜的后代吗？为什么兴起得那样的突然！当初秦朝政令有失，陈涉首先发难，豪杰蜂起，相互争夺，不可胜数。项羽并非有尺寸的权力可以凭借，乘势起兵于民间，历时三年，终于统率五路诸侯灭秦，分裂天下，封赏王侯，政令自项羽而出，号称霸王。王位虽未善终，但也是近古以来所未曾有过的。待到项羽放弃关中，怀恋楚国，驱逐义帝而称霸于东方，埋怨诸侯们背叛自己，处境就愈发艰难了。项羽以战功自夸，逞个人的智巧而不效法古人，认为霸王之业靠武力取得，想要以武力治理天下，不过五年便国家灭亡，自己也身死于东城，临终尚不觉悟而责备自己，这是大错而特错了。然而竟借口‘上天要灭亡我，并非是作战上的过错’，难道不是太荒谬了么！

在秦末农民大起义中，项羽所统率的部队是各路义军中最有战斗力的主力部队，为消灭秦军主力、灭亡秦王朝立下了不朽的功劳。秦朝灭亡后，他倒行逆施，以霸主的身份分封诸侯，天下又随即大乱。

项羽火烧秦宫、杀义帝，战争中经常屠城，又刚愎自用，以为凭武力便可以治理天下，结果国灭身死，教训是深刻的。项羽最终是败于刘邦手下，但至死他仍然不愧为一名英雄。

在政治上，项羽崇尚暴力，为人暴虐，没有什么可称道的；但在个人品质上，项羽却有不少可称道的地方，更不必说他在反秦斗争中所立下的巨大功劳了。

项羽既是历史人物，也是优秀文学作品中的典型形象。在司马迁的笔下，项羽这位悲剧性人物的主要性格特征，刻画得可谓逼真至极。在巨鹿之战中，项羽叱咤风云，勇冠三军，是反秦斗争中众望所归、天下瞩目的英雄。

在鸿门宴上，项羽天真，“不忍”对敌人采取阴谋手段，结果坐失良机，为自己留下了隐患。垓下之围，项羽勇敢突围，斩将刈旗，但不愿过江忍辱偷生，自杀而死，不失为英雄。但是，临终他尚不觉悟，以“天亡我”为自己做辩护，又显得荒谬可笑。

项羽这位历史人物和他的形象，给后人的启迪和影响是多方面的：既有沉痛的教训，也有激动人心的启示。在整个楚汉之争的过程中，刘邦总是在运用谋略和智诈来对付天赋神勇的项羽。彭城战败之后，刘邦千里逃亡，楚军乘胜追杀，汉军能否在函谷关东面的成皋—荥阳一线建成防御阵地，一时成了决定战局的焦点。

刘邦在逃亡途中，就精确地分析了黥布与项羽潜在的矛盾，选派说客随何，前去劝说黥布起兵反楚，迫使项羽分派主力军队去攻打原来的盟友和骁将，从而使刘邦获得了从容布防的机会。

汉王二年，也就是公元前205年5月，刘邦终于摆脱了楚军的追杀，开始在成皋—荥阳之间，构筑了抗击楚军的防御战线。虽然此后刘邦在这条战线上还多次失利、逃亡，但是，正面对峙的局面还是在反复拉锯式的争夺之中形成了。

在这个月份中，出现了有助于刘邦站稳脚跟的几件大事：萧何在关中征发兵源乃至于老弱入伍，连同后勤给养一道输送到正面战场，汉军因此而复振；汉军在荥阳南面的京县、索城一带，击败了楚军的精锐骑兵，使得楚军一时之间无力发动对荥阳的有效进攻；汉军夺取了敖仓，秦朝遗留于其中的大量战略储备粮食，解决了汉军的军粮供应；军事战略家陈平归汉，得到刘邦的赏识，在众人的反对声中官拜护军中尉。

自此，刘邦的麾下，除了首席智囊张良之外，又多了一位富于谋略的高参，后来有“六出奇计”的盛誉。因此，这个月份，对刘邦而言，是在经历惨败之后重新站稳脚跟的关键时期。

此后，刘邦在成皋—荥阳一线，凭借有利地势，与项羽正面对峙，而派遣韩信、彭越等人，在项羽的侧后，频频进攻和骚扰，有效地牵制了项羽的兵力，使之东征西伐，疲于奔命。

楚汉之争中，在项羽与刘邦相对峙的正面战场上，项羽曾占有明显的军事优势，甚至可以说，每一场由项、刘二人指挥的局部战争，总是项羽获胜。在正面对峙中，项羽曾几次打破刘邦的防线，有两次差一点就俘虏了刘邦，但都被刘邦巧用谋略，逃脱牢笼。

汉王三年，也就是公元前204年四五月间，项羽发起凌厉攻势，刘邦的防线几乎崩溃。项羽纵兵截断汉军粮道，坚守荥阳的刘邦全军断粮，刘邦请求讲和，又被项羽拒绝。于是，刘邦宣称出城投降。

夜间，刘邦将城中两千女子，身穿兵甲，放出东城门外，随后由将军纪信，扮作刘邦模样，乘坐刘邦的王车，出城到项羽营中投降。楚军将士自认为已获全胜，高呼万岁，都拥到东城门外，观看汉王出降仪式。

刘邦却利用这一机会，率数十骑从西门逃脱。项羽发现受骗，把甘愿代刘邦一死的纪信烧死。荥阳不久即被项羽攻破。此役如果没有汉将纪信的甘愿代死，刘邦要想全身而逃实在很难。刘邦转守成皋，项羽跟踪追击，派兵围城。

刘邦估计仅凭城内兵力，根本无法长期坚守，在楚军尚未合围之前，他仅带亲信夏侯婴一人，共乘一车，逃出危城，渡过黄河，自称汉王使者，驰入不久前取得井陉大捷的韩信军营，收走了韩信指挥军队的符节印信，将韩信所指挥的部分精兵，投入正面战场，挽救了连吃败仗的危局。

直到汉王四年，也就是公元前203年，在楚汉之争的正面战场，战事仍然处于胶着状态，但是，刘邦善于用人、善于战略布局的优势，开始显现出来。

他命令韩信独领一军，在魏、赵、燕、齐等广大区域，开辟了第二战场；命令彭越在楚国后方游击作战，截断粮道，迫使项羽往返奔波。总体形势发生了逆转。

到广武对峙时，项羽已真切地感受到优势和胜利正在离他而去。焦虑之中，项羽做了两件最能表现他特殊性格的举动。而刘邦的应对，更是出乎意外。

第一，以烹杀刘邦之父要挟刘邦投降。在彭城惨败之后，刘邦的父亲和妻子吕雉均被楚军收捕，项羽把他们藏置军中，充作人质。项羽希望可以借此对刘邦形成某种牵制，对他们倒是以礼相待。

然而，到了楚汉相争的形势对项羽已经十分不利的情况之下，项羽使出了他的“杀手锏”：利用手中的人质，迫使刘邦就范。在两军对垒的前沿，项羽架设了一个高高的肉案，将刘邦的父亲置于其上，告知刘邦说：“如果现在还不立即归降，我就烹杀你的父亲。”

这对刘邦而言，是极大的挑战，因为按照常规思路，他都要处于下风。他可以有几种选择：其一，顾念父子亲情，弃兵投降；其二，婉言哀求，请项羽宽赦其父；其三，默然不应，准备接受任何后果。不论哪种选择，刘邦都无法摆脱被动。而且，事出仓促，容不得从容谋划。

但刘邦出于他的特殊性格，却自有特殊的应对之语：“我与项羽都曾经侍奉楚怀王，并受命相约为兄弟，我的父亲就是你项羽的父亲，如果你一定要烹杀你的父亲，千万不要忘记分我一杯肉羹。”

这种丝毫没有父子之情、胡搅蛮缠的答对，只有刘邦才说得出，也只有这样的“无赖”语言，才能解决刘邦面临的困境。他既然不在意父亲的生死，人质也就失去了要挟的作用。

这是刘邦的绝情，还是刘邦的智慧，后人当然可以见仁见智；但是在当时他确实把父亲的生命做了一次赌注。项羽在盛怒之下，准备烹杀刘父时，项伯又来求情：“天下胜负现在还无法确定，况且，有志于争天下的人，都不会为顾念家人而改变志向，即便是杀了刘太公也无补于事，反而只能增加双方的怨仇。”

项羽接受了这种“杀之无益”的思想，也就免去刘太公一死。刘邦的回答，确实令人意外，意外到令项羽不知所措的程度。与其说刘邦过于绝情，不如说刘邦既然不准备投降，这大概是保全刘父生命的最佳方案了。

第二，要求与刘邦进行一场“一对一”的个人决斗。事情发生在广武对峙之时，项羽在阵前约刘邦个人决斗以定胜负。楚汉相争，兵连祸结，壮丁被迫从军参战，老弱疲于转运粮草，百姓涂炭，苦不堪言。

项羽为了尽快结束战争，在阵前约刘邦进行个人决斗以定胜负：“天下混战连年不止，实际上只因你我二人争天下。现在，我希望你我二人直接决斗，以决雌雄，不要再让天下百姓枉受战争之苦。”

项羽快人快语，把持续数年之久的楚汉之争，直接表述为项刘二人争夺统治权。其实，不仅楚汉之争如此，历史上有多少次战争，不是政治家、军事家们争权夺利的产物？和项羽的直率表达所不同的是，其他“风云人物”，总是把自己美化成天意、正义的化身，把对方丑化成罪恶的渊薮，把逐鹿之战，说成为代天行诛、吊民伐罪。

项羽的坦率，正是他政治上幼稚的体现，也是他可敬可爱之所在。老谋深算的刘邦，自然深知自己单打独斗决非项羽的对手，更何况，争天下的人，哪有个人决斗解决问题的道理？于是他以不屑一顾的姿态，含笑回答：“吾宁斗智，不能斗力。”

项羽虽有万夫不当之勇，遇到了这样一位对手，除了大怒之外，实在没有办法可施。项羽要把问题简化为二人相争，刘邦反其道而行，大做政治舆论的文章，为了战胜项羽，他恨不得把天下所有人力物力，都投入其中！

项羽虽有武勇，却不善于用人。部属之中，论兵机韬略，只有一位范增；论用兵有大将之才，只有一位钟离昧。范增曾被项羽尊为“亚父”，钟离昧对项羽忠心不二，就是这样两位难得的文武人才，由于刘邦全权委托陈平，以四万斤黄金，行离间之计，结果使项羽对范增、钟离昧产生了戒备之心。

在两军对峙的关键时刻，范增负气求退，病死于途中；钟离昧始终未得重用，项羽所托付重任的龙且、曹咎等将领，都属有勇无谋，被韩信和刘邦分别击灭，如果智勇兼备的钟离昧，能得到项羽的信任，为其出谋划策，项羽总不至于顾此失彼。

由此看来，刘邦对付项羽，不仅个人之间斗智不斗力，两军相争也是斗谋不斗勇。血气方刚的匹夫之勇，遇到老谋深算的智诈机巧，自然只能步步被动。

正面战场的僵局一时无法打破，而韩信、彭越的军事行动，已使项羽的后方屡屡告急。刘邦利用这一时机，先后派遣辩士陆贾、侯公游说项羽，楚汉罢兵讲和，并且请项羽释放汉王的父亲和妻室，许诺双方罢兵停战。

项羽虽有疑虑，最终同意了刘邦的提议，双方约定：以鸿沟为界，中分天下，鸿沟以西属汉，鸿沟以东归楚。在履行了约定仪式之后，项羽即如约释放了人质，并引兵东归。项羽准备接受东西分治的局面了，楚军士兵甚至为庆祝战争的结束而高呼万岁了。那么，汉军如何应对？

事实上，刘邦也有守约撤兵的打算，可张良、陈平却提出了毁约追击的建议，他们的理由是："汉有天下太半，而诸侯皆附之。楚兵罢食尽，此天亡楚之时也，不如因其机而遂取之。今释弗击，此所谓养虎自遗患也。"

发生在汉高祖五年，也就是公元前202年12月的垓下之战，以刘邦的胜利、项羽的灭亡而告结束，但两千年来，文人雅士却大多同情项羽、赞颂项羽，人们已习惯于宽恕项羽政策上的失误，甚至于把他性格中的某些弱点，也当作一种美德来给予歌颂。于是，这位历史上的失败者，在人们的良知世界中，被塑造成了不倒的英雄。

楚汉之争，千古流传，不仅由于这段历史波澜壮阔，也由于刘、项二人性格鲜明，虽胜负殊途却同样充满了传奇和悲烈色彩，因此而引人入胜。

一统天下后在陶称帝

汉高祖五年，也就是公元前202年12月底，刘邦率领他的谋臣战将离开尚未打扫的战场，向北进发。大路旁、田野中，到处是楚军丢弃的辎重、粮草，还有那些横七竖八的尸体。时值隆冬，北中国朔风怒号、雪花飘拂，但驱车行进在淮北战场上的刘邦却是热血澎湃，思绪万千。

刘邦知道，经过七年血战的洗礼，他已经是全天下的主人了。当年在咸阳街头仰望秦始皇作威作福的那个小小的亭长，如今正大踏步走向龙椅，那是人间至尊的象征符号。

不过，刘邦并未得意忘形，称帝之前，他还有些事情要做。首先是兵权问题，这是至关重要的。没有兵权的政权，则形同儿戏。而兵权的问题，实际上就是韩信的问题，因为迄今为止，韩信手中拥有的兵权比谁都大。

韩信驻兵定陶，刘邦就前往定陶。他故伎重演，突然出现在韩信的大帐中。韩信慌忙迎驾，仓促之间，刘邦顺手拿掉了他的兵符。刘邦要

韩信择日返齐。仗打完了，韩信应当回到自己的封地。

韩信唯唯，他只能这样。汉王既是他感激的对象，又是他畏惧的对象。没有刘邦就不会有他的今天，他始终记着这一点，而知恩图报是他做人的一大原则。

不过，刘邦又有点可怕，对待臣下常常神出鬼没，像韩信打仗。凭韩信的力量，足以横扫千军，摆平西楚霸王项羽，而刘邦一旦出现在他面前，这种力量便自动消失了，刘邦说什么是什么，韩信只能照办。

韩信正想动身返齐，刘邦又下一道令，改封韩信为楚王，理由是，韩信是楚人，楚地由楚人来治理，比较合适。韩信没说什么，仍然听命。

齐地连城七十，地广人众，且有鱼盐之利，自古以来就是东方大国，韩信为齐王，刘邦自然不放心。相反，淮北地方地瘠民贫，四面又无险可守，由韩信经营其地，即使他日后反叛，也比较容易对付。刘邦这一着，可谓十分高明，不管韩信想没想到刘邦真正的目的所在，他必须前往楚地。

韩信黯然启程，心里不大高兴，却也只能自己安慰自己：称王故乡也不坏。到楚都下邳，韩信派人寻来了两个老相识：漂母和王二，并对前者赠以千金。

所谓得人滴水之恩，当涌泉相报。漂母认出了当年的潦倒少年，自是老泪纵横，欢喜无状。王二却吓得屁滚尿流：我的娘呀，这可不得了，昔日的胯下之辈，如今竟高坐王位！他叩头叩得山响，只求韩信免他一死。

如果韩信允许的话，他宁愿钻韩信的胯！但话到嘴边没能说出口，他担心自己不配：楚王的胯岂是他王二能钻的？韩信不杀王二，反而封王二做了个小官。臣僚不解，韩信解释说，是王二教他学会了什么叫作忍。王二也复欢喜无状，从此四处宣讲楚王宽大胸怀。

韩信在自己的封地待了个把月，又接到汉王诏令，匆匆返回定陶。在项羽自刎、天下诸侯纷纷归降汉王的时候，唯有临江王共敖不降，汉王派卢绾、刘贾攻击并俘虏了临江王共敖。

正月，汉王在剥夺韩信的军权之后，对韩信仍不放心，不愿他领有齐国的大片封地。因为齐地东面临海，无后顾之忧。为防止韩信在齐地发展成为割据势力，西向同他争夺天下，汉王在剥夺韩信兵权后，随即更立韩信为楚王，令他称王于淮北地区，都于下邳，封地比在齐国的封地大大地缩小了。

同月，汉王向全国发布命令："天下连年战乱，已有八载，万民百姓深受战争苦难；如今天下大事已毕，大赦天下死罪以下的囚犯。"

刘邦与项羽争夺天下，其目的是人所共知的。当项羽自刎，全国基本平定，特别是刘邦向天下发布大赦令后，诸侯王们马上意识到，如今天下已经平定，大赦令已经颁布，汉王是准备即皇帝之位了。

如不及早地尊汉王为皇帝，在名号上与汉王并列为诸侯王，日后还会有自己的好日子过么？于是，为确保自身的安危和既得利益，楚王韩信、韩王信、淮南王英布、梁王彭越、故衡山王吴芮、赵王张敖、燕王臧荼等七位诸侯王联名向汉王刘邦上书说：

> 大王陛下，先时秦施暴政于民，天下群起而诛灭暴秦。大王最先攻入关中，接受秦王子婴投降，安定关中，于天下各路诸侯中功劳最高。大王存亡国，继绝世，定危救败，功劳盛大，恩德厚重。又施加恩惠于诸侯王中的有功之人，使其得立社稷。如今各诸侯王的封地已经划定，但位号与大王相比拟，无有上下的分别，致使大王的昭著功德，不能宣明于后世，故冒死再拜上皇帝尊号。

刘邦做皇帝梦已有多年，如今天下已定，当然希望早一天即皇帝之位。然而当诸侯王请他"上皇帝尊号"时，他却故意谦让一番。刘邦说："寡人听说皇帝的名号只有贤德的人才可享有，空有皇帝的名号而无有贤德之实，就不该称皇帝，寡人不敢接受皇帝的名号。诸侯王都推举寡人。这将要把寡人置于何处？”

“大王起身于平民，诛灭暴秦，威名震动海内。又以偏僻之地，自汉中起兵，行威德于天下，诛灭不义，立有功之人为王侯。如今已平定海内，功臣都已受到封地食邑，并不以为私有。大王恩德施加于四海，诸侯王的名号已不足以称道了，居帝位甚是名副其实，愿大王以皇帝名号临幸天下。”诸侯王及众将领再次申明理由。

刘邦还想推辞，群臣干脆跪请不起，大殿中黑压压跪了一片。这景象使刘邦极其满意，他抑制住兴奋，对群臣说道：“诸位一定让我称帝，那么，为了国家的利益，我就听从大家的议定吧。”

二月初三，刘邦在汜水北岸的一个土台上举行了登基大典。大典上，汉王刘邦即皇帝位于汜水之阳，尊王后吕雉为皇后，太子刘盈为皇太子，追尊已故母亲为昭灵夫人。

刘邦于沛县起兵的八年之后，终于当上了皇帝。刘邦即皇帝位于汜水之阳，它标志汉帝国已经正式建立。继秦王朝之后，中国历史上又出现了一个新兴的统一王朝即汉王朝。

建立大汉帝国

未央宫落成，汉高祖在前殿举行盛大宴会，会见诸侯、群臣。宴会开始后，高帝手捧玉杯，起身向太上皇敬酒祝寿，说道："当初大人常常说臣没有出息，不能治产业，不如二哥有能力，如今我在事业上的成就，同二哥相比谁多？"

群臣见汉高祖这样高兴地开玩笑，在殿上都高呼万岁，大笑着取乐助兴。从此，刘邦开基肇始，史称西汉。

以大封功臣安顿内部

刘邦革命刚开始，就和他的一帮文臣、宿将同甘共苦，风雨同舟。刘邦自己以身作则，奋不顾身，冲锋陷阵，亲冒矢石，置生死于度外。所以这些文武大臣深信刘邦，绝大多数始终不离不弃。

当然，刘邦自然也不曾忘记他们的功劳，胜利后同享富贵尊荣。汉高祖五年，也就是公元前202年5月，刘邦在洛阳下令官兵复员返乡，发布诏书，安定天下。同时在洛阳南宫设酒宴庆祝汉帝国的建立，席间发表高论，论张良、萧何、韩信是辅佐他夺取天下的三位“人杰”。

这天，刘邦设宴南宫，召群臣共饮，群臣频频举杯，气氛非常融洽。博士叔孙通一再提醒刘邦注意形象，意思是让他板起面孔，不苟言笑，但刘邦向来不拘小节，哪能受许多约束。

酒至半酣，他心血来潮，让大家给他提意见，必须说真话，不能说假话。群臣你瞧我，我瞧你，没人站出来，包括樊哙这样的提意见的专家。群臣不提意见，倒不是怕刘邦降罪，而是担心刘邦骂人。

刘邦骂人，总是骂得人狗血淋头。举座之中，大约只有张良没挨过骂。张良的情况不同，他是帝王师，刘邦向来以先生事之。学生骂老师，那就太不像话了。百官不开口，刘邦不乐意了。他要搞群言堂，而不是一言堂。百官不提意见，似乎是怕他，他又想骂人了，不是骂某一个，而是骂全体，那也就包括张良。张良可不愿自己的一世清名一朝受损，于是推了推恰好站在他身旁的王陵说：“你去说几句吧，你是陛下的老乡，又救过太上皇，即使说错了，陛下也不会怪你。”

王陵就站了出来。另一个叫高起的将军也站了出来。两人时常一块儿打仗，现在又一块儿向高祖提意见，准备要挨骂也一块儿挨骂。王陵、高起向刘邦说道：“陛下某些方面不如项羽。比如陛下平日待人，常常粗傲欠礼，而项羽就不是这样……”

说到这儿，两人顿了顿，察看刘邦的脸色。刘邦好像无异色，也不加鼓励。“不过，”两人说，“陛下派人攻城夺地，每取一城，即作为封赏，能与天下共利，所以人人都愿意为陛下做事。项羽妒贤嫉能，有功者害之，贤者疑之，战胜了不给记功，大家得到土地也不给分利，这种人，不失掉天下才不可理解呢。”

项羽被说成“这种人”，刘邦脸上有了笑意。他对二人笑道：“你们只知其一，未知其二。我与项羽不同，主要表现在用人上，运筹帷幄之中，决胜千里之外，我不如张子房；镇国家，供粮饷，我不如萧何；统百万之众，战无不胜，攻无不取，我不如韩信。此三人乃当世奇才，我能任用他们，所以能取得天下。而项羽，只有一个范增，还不能听从他的计谋，不被我打败才怪呢。”

刘邦一通高论，群臣心悦诚服，三呼万岁，又一齐喝酒。大家把赞赏的目光转向张良，因为张良被高祖列为三大奇才之首，还因为张良不居功自傲，刘邦要他自择齐地三万户，他拒绝了，只受了个小小的留侯，食邑不到三千户。

张良不居功，不等于群臣不居功。张良的举动，有一种说法叫作功成身退，但知道这种说法或理解这个词的人并不多。

群臣吵吵嚷嚷，都说自己的功劳大。武将说武将不得了，文臣说文臣不得了，武将和文臣之间发生了严重分歧，各自推出自己的代表，上朝之时，请刘邦裁决。武将推出曹参，文臣推出萧何，让这两个比试比试，谁的功劳当居第一。

曹参和萧何被推了出来，彼此笑笑，都有点儿难看。他们是二十年的老友，此刻各自代表一个利益集团，不得不摆出对手的架势。曹参当众展示身上的伤痕，大大小小七十多处，每一处都令人感慨万千，联想到刀光剑影。萧何却没啥好展示的，他身上找不出一个伤疤，脸上还堆着肥肉，表明他在后方一直吃得不错：搞后勤嘛，顺手捞点儿，可以理解。萧何脸红了，和出生入死的曹参相比，他觉得自己真的无功可言。

这时，一个叫鄂千秋的辩士站出来，诉说萧何的功绩：萧何怎样理政，怎样保证前方需要的辎重，如何制定法度，等等。鄂千秋竭力表明，没受过一处伤的萧何功在受过七十多处伤的曹参之上。

鄂千秋属文臣集团，文臣为文臣说话，不足为凭。武将们仍在展示着伤疤，樊哙、灌婴、夏侯婴、王陵、高起等人纷纷撩起衣衫，专司礼仪的叔孙通气得面皮发青。

高坐龙椅的刘邦一声大喝，乱哄哄的大殿才安静下来，许多人又忙着系衣带……百官全都屏气静息。刘邦打了一个比方，说："把萧何比作猎人，把曹参比作猎狗。他说，猎狗总是跑在前面，看起来比猎人更为辛苦，却不能因此就说，猎狗比猎人功劳大。"

对武将们来说，刘邦的这个比方，比骂人的话更不好听。刘邦裁决的结果是：萧何功居第一，封酂侯，食邑八千户。文臣集团欢声雷动。

武将们尽管丧气，但刘邦待他们并不差，就封侯数量而言，武将仍比文臣多，万户侯就有好几个。而微妙是，曹参被定为功居第二，但食邑超过萧何两千六百户。这意味着什么呢？武将们沮丧之后，又纷纷窃喜。

汉高祖六年，高帝在分封异姓诸侯王、同姓诸侯王之后，又封赏萧何等二十余名大臣为列侯。然而，跟随汉高祖南征北战的功臣甚多。这些人因一时尚未正式得到封赏，日夜争功不休，使得刘邦也颇为此事着急。有一天，刘邦在洛阳南宫的天桥上下望，看见许多将领三五成群地坐在沙地上议论。见此情景，刘邦心中也猜到了几分。他向身旁的张良问道：“他们在那里都说什么？”

“陛下还不知道吗？这是在那里图谋造反呢。”张良有意把问题说得严重些，以提醒皇帝的注意。

“天下刚刚安定，为什么又要造反？”刘邦有些困惑不解。

“陛下以平民的身份起兵反秦，靠这些人取得天下。如今陛下贵为天子，而所封赏的都是陛下所亲近的萧何、曹参这些老朋友，所诛杀的都是平生仇人。如今军吏按功行赏，担心天下的土地不足以分封给所有的功臣。这些人都害怕陛下不能封赏所有的功臣，又担心怀疑到往日的过失而诛杀自己，所以聚集在一块儿商量如何谋反呢。”

刘邦根本没有像张良说的那样想要借故杀害功臣，但张良却说得那样地合情入理，使得刘邦不无忧虑地说：“这该怎么办才好？”

“陛下平生所怨恨而又被群臣所共知的，以谁最被陛下所切齿？”张良问道。

“雍齿与我有旧怨，他曾多次侮辱我，我早就想杀他，因为他功多，所以不忍心。”

“今天如果首先封赏雍齿给群臣们看，群臣见雍齿都受到封赏，便会相信自己肯定能受到封赏了。”

于是，刘邦按照张良所出的主意，设酒宴招待群臣，封雍齿为什方侯，并急速催促丞相、御史论功行赏。群臣在宴会结束后都高兴地说：“雍齿尚且受封为侯，我们这些人放心了。”

刘邦深知打天下的艰难，哪里会想到坐天下又会有这么多的说道，真是多亏张良为刘邦谋划啊。

刘邦分两批分封“大功臣”为彻侯。第一批受封者十人，其中有：平阳侯曹参、户牖侯陈平、汝阴侯夏侯婴等人；第二批受封者十七人，其中有：留侯张良、酂侯萧何、舞阳侯樊哙、绛侯周勃、颍阴侯灌婴等人。

从栎阳徙都到长安

洛阳是周公在周朝建国之初所建立的“东都”，周平王东迁后即都于洛阳。汉高祖于洛阳发布五月诏书，设酒宴招待群臣，庆祝胜利，表明他想要把汉帝国定都于洛阳。这时，是一位身穿羊皮袄的戍卒娄敬，以其高见改变了汉高祖原来的设想。

娄敬是齐国人，汉高祖五年，他应征到陇西郡去戍守边境，途中经过洛阳，汉高祖此时正在洛阳南宫。娄敬下车后，身穿羊皮袄，面见虞将军，说：“臣想要面见圣上，谈点有利于国家的事。”

虞将军见他穿着羊皮袄，便要给他换身新衣服去面见圣上，娄敬谢绝说：“臣现在若是身穿丝绸，那就穿着丝绸去拜见；若是身穿麻布短衣，那就穿着短衣去拜见，不敢临时改换衣服。”

于是，虞将军入殿。虞将军进见后，说道：“万岁，当今天下初定，有许多贤人以前不愿出来为官的，今闻我汉朝天子贤能，恩泽百姓，都已出来愿效忠朝廷。现在有陇西戍卒娄敬前来求见万岁，不知您意下如何？”

高祖正急于求贤纳士，一听有贤士来投，且有虞将军引见，自然乐得召见，便道：“将军一片忠心，为我引见贤人，就召他入殿一见吧！”

圣旨一下，虞将军便亲自出来召娄敬入殿中，不一会儿，娄敬身穿布衣，脚蹬草鞋，表情从容地进到殿内，见皇帝行过君臣大礼，道：“小人娄敬，陇西戍卒，今闻天子圣明，便不远万里，前来见圣上，想为汉朝尽微薄之力，不知可否？”

高祖一听，便俯身将娄敬细细打量一番。只见这娄敬身材不高，衣服粗敝，但神态和言语中却透出一种不卑不亢的气质，心中暗想，这人定不是平凡之辈。于是便说：“爱卿请起，你能不远万里，前来朝见我，这足够说明你有一片忠孝之心，既然你都来了，走这么远的路，一定很辛苦吧，先下去用饭吧！稍稍休息后再来见我不迟。”

娄敬忙谢过圣恩，由左右引下去就餐。用完饭后，又由侍从引去沐浴更衣。然后再入殿面圣，这时高祖正在殿中等他，见他进来，便问他：“先生来此，不知有何高见？”

娄敬说：“现在万岁已拥有天下，且定都在洛阳，原来周王室就曾定都在洛阳，不知万岁是否想使自己的天下能比原来的周王室更强盛呢？”

高祖说：“正是此意。”

“可不知万岁是否考虑过今日您得天下，可与那周王室得天下大不相同呀。”

高祖忙问：“这是何意呀？都是得天下，还有不同之处吗？”

娄敬接着说：“万岁不要着急，且听我慢慢与您讲来。先周起自后稷封邰之时，积累了数百年的功德，才能最后取得武王伐纣的胜利，也才能拥有了天下。

“等到成王嗣位后，由周公辅政为相，特意大兴土木，建设都城洛邑，这无非是因为洛邑地处中州，各地诸侯，从四面八方来朝见周王，或是纳员或是尽忠，路径的远近都相近，没有太远的，这样很便利周王的政治，所以营建洛邑就是为了这个目的。

“但是古人常言道：‘有德者可王天下，无德者则必失天下’，周王虽想使他的后人们都能承继他的功业，不怕险阻，世代拥有天下，这不能不说是很好的打算，然而那是在周室隆盛时代，诸侯群臣，四夷蛮族，都是宾朋，谁敢不来朝圣纳员。

“到了后来几代，王室衰微，天下诸侯四夷没有再来朝圣的了。虽说这也是因为后代的周王少德无义，但形势不利政治也是原因之一呀！而陛下自起兵丰沛，势力逐渐增强，席卷蜀汉，遂定三秦，和项羽转战荥阳成皋之间。

“大战打了不下七十次，小战也有四十回，致使天下百姓苦役久矣，肝脑涂地，哭声不绝。虽汉朝新立，然而满目疮痍，千里荒野，这又怎能和周天子刚建朝时的情况相比呢？我不敢做那种应声附和，拍马奉承之臣。

“我只想请陛下回想一下关中的地势，河险固，背山带河，四面可守，即使朝中仓促有变，百万众兵也可随叫随到，所以秦地素称天府、雄国，正是看中了这块宝地。现在为陛下您着想设计的话，我认为汉室不如移都关中，万一山东有变故发生叛乱，而基地总可以确保万无一失，这就是所谓拊背扼喉，才可操纵自如呀。”

这一席话说完，高祖心中一阵狐疑，不免想到：娄敬这话听来好似很有道理，可这迁都大事还是考虑周全些才是呀！想着，便对娄敬说：“听先生一席话，确是为了我汉室烦了许多心思，可见你不仅有忠心报国，而且胸有筹措，是难得的人才呀。只是这迁都大事，还须和大臣们商议了再定，先请先生回去休息，待我和诸臣商议后再通知你。”

娄敬谢恩退下。这时高祖命召群臣上殿，这群臣都在殿外等待，想知道皇帝和娄敬说了些什么。这时听万岁传见，都纷纷上殿拜见高祖，高祖便将娄敬欲使汉室迁都之意，详细和大家说了一遍。群臣一听，立即议论纷纷。

这个说："我们大都是山东人氏，现在定都洛阳，离山东不远，大家方便，为什么要迁都到偏远的关中去呢？"

那个喊："那娄敬说关中比洛阳好，可那周王室当年定都洛阳，使周天子下传十几代人，历时数百年都不衰落，而那秦朝倒是定都关中了，刚到二世不就灭亡了吗？再说洛阳东有成皋要塞，西有崤黾重地，背河向洛，足以见洛阳位处险要位置，易守难攻，何必要舍此险要之地而远迁关中呢？"

一时间你言我语争执不休，多数人还是反对迁都的。高祖这时脸色阴沉，听着众人乱糟糟的一片议论之声，不知该如何是好。好容易这群臣才稍稍平静下来。

高祖便说："你等自可先回去再考虑考虑，待过些日子我们再商议这件事吧。"

群臣一听，只得先退出殿去。高祖也起驾回宫休息，他心中仍在想：看来光听群臣的意见，恐怕没多少人愿意迁都的，不如先命人去召那张良来朝，他足智多谋，遇事想得周到，和他商量一下，看他如何考虑，再做决定才是。

这天清晨，从洛阳通往古韩国的大道上，一骑快马飞奔而下，马蹄之声响彻四周。这马上之人正是奉高祖之命前去召张良入朝议事的，人称马快。

没多久便来到一僻静的小村庄，此人下马后向村中最大的一座院舍走去。这家一老奴正在打扫院落，一见有一官服打扮的人牵马走来，便上前问道："不知先生远道而来，是找谁呀？"

那人忙说："我是当今天子派来找张良的官人。"老奴一听赶忙说："这便是张良的家。老爷正在书房看书，我先进去通告一声。你暂且随我进来吧。"

两个进院后，由老奴先到书房通告了一声，张良出来一看确是宫中的人，便问："不知万岁派你来找我何事？"

那官人道："万岁命我召你入宫进见，面议国事，切勿迟疑。"

张良忙说："那好，你先休息一下，待我收拾一下，就随你回去。"张良说罢命人引那官人下去，自己回到书房中，开始收拾所带的东西，脑中不禁回想起自己辞官临行前的情况。

那是高祖刚定都建国，一切还都刚开始，这时张良来到宫中对高祖说："我已帮助您完成了一统天下的大业，现在我要向您告请辞职回乡下去，不知万岁可否许可？"

高祖一听怎能同意，但看张良已经决定，不再有改变之意，也只好说："先生是一贤能之士，佐我汉成，立有汗马功劳，你可是我的得力之助，我怎舍得你离去呢？不过你意已决，我自不去勉强，许你回乡，但若朝中有事，召你入内，万望你能为天下利益，有召必来呀！"

高祖说罢便又命人拿来千两黄金，要送给张良，但张良坚决不收，之后张良回到家中，不是读书静思，就是学习导引吐纳等道家之术，到后来竟不怎么吃谷物了，并且终日不出家门半步，谢绝一切人来拜访。

他还曾对家人们说："我家世代是韩国的大臣，佐韩国有功，可韩国被秦灭掉了，所以后来我就下决心要誓死为韩国报仇，不惜重金甚至性命，现在暴秦已灭亡了，汉室崛起。

"我在这期间也不过是凭借自己的三寸不烂之舌，为汉帝出了些力，自己想想也心满意足了，所以自愿引退，从此不问世事，只要能像仙人般地过着无忧无虑的日子，也就足以使我后半生过得很顺心了。"

想到这些，张良又不想再入朝，可又一想临行前已答应了高祖，怎能失信呢？于是便赶紧随命进见。

高祖见张良，就把娄敬的话和众臣的建议都说了一遍，张良听罢沉吟了一会儿，说："洛阳虽有险阻可依靠，但中间的地方狭小，不过数百里的平原，田地又很贫瘠，每年收成不好，如果真是四面受敌的话，恐怕这里究竟不是兵家用武之地呀！而关中左有崤山关，右有陇蜀地，三面据险处，一面东临诸侯，当诸侯安定无事时，可由渭河调运粮食，向京师供给，万一诸侯有动乱变故，顺河流而下，征讨并不费力，运输粮草人马都很方便。过去人们所说的金城千里，也不过如此吧，看来关

中确实是块宝地，可迁都关中。娄敬所说的，很有见识，请陛下再考虑一下，再作决定也好！”

高祖说：“先生既然认为可以迁都，那就依了你，迁都关中。”

于是传命群臣：“我已决定迁都关中，不许再有异议。”并找人选良辰择吉日，收拾行装，不得迟延，立即作好准备。群臣这时再有意见，一看高祖已下了圣旨，就不敢多说别的，只好从命，这下整个洛阳城忙乱起来，大家都忙着收拾东西，整整好几天。

到了迁都那天，高祖便乘龙辇，众侍卫排出仪仗，摆好御驾，启程上路。后面是太公、太子、后妃等，声势浩大，前呼后拥。再后面才是百官文武，坐轿乘马，家人随从，好不热闹，统统向西进发。

走了好几天，好容易到了栎阳，丞相萧何前来接驾，高祖一见萧何便谈到迁都一事的前后经过。

萧何说：“秦关雄伟坚固，地形最好，只是自从项羽入关以后，一把火烧了咸阳所有宫殿，房屋没剩几间好的，全都残缺不全。陛下最好先在栎阳住些日子，等到派人去修复了宫殿，再迁到那里也不迟呀。”

高祖一听便说：“丞相所言极是，你当速速前去催促宫室的修理，让他们快些完工，我先在这里住上几日，等你的消息。”

后来，营建新都长安，修建长乐宫。汉高祖将位于渭水南岸的原秦朝兴乐宫故地作为汉帝国新都基地，取名长安。它位于今陕西西安城西北约十公里处的渭水南岸的南高北低台地上，城市平面大体上近似方形。

汉高祖五年，也就是公元前202年闰九月营建的长乐宫和汉高祖六年，也就是公元前201年营建的未央宫，是都城长安城内最主要的两个宫殿区。长乐宫在都城南半部分的东侧，未央宫在都城南半部分的西侧，这两个宫殿区便占据了主城面积的三分之一。

未央宫除前殿外，还有十几组宫殿。前殿的前面为广庭，左右和后方建有殿堂，四周另有宫墙围绕。有东西掖庭宫，北有后宫十四区。诸多小宫犹如众星拱月，以陪衬主要宫宇的气势。西掖庭的西面为园林，有沧池、渐台。

未央宫北部建有天禄、石渠二阁，收藏典籍。未央宫东门对着长乐宫的西门，门外建有东阙；未央宫北门外建有北阙。未央宫与长乐宫中间相距一里，中间隔有武库。

未央宫是由诸多宫殿、台榭、楼阁、园林、假山、池泽并围绕前殿所形成的，有统一布局而又规划整齐、气势宏伟的建筑群体。未央宫前殿、武库、太仓这些代表着汉帝国政权、军权、财权的壮丽建筑，意在体现着皇帝的尊严和帝国政权的巩固。未央宫建成后，长乐宫为皇后所居，未央宫做大朝之用。

汉高祖七年，也就是公元前200年冬10月，长乐宫经过一年的紧张施工，终于建成。汉高祖在这里接受诸侯王、群臣对他的朝贺。朝贺时，群臣按叔孙通制定的礼仪，“以次奉贺”“竟朝置酒，无敢喧哗失礼者”。长乐宫从此正式启用。

同年二月，汉高祖车驾再次来到长安，当时由丞相萧何主持营建的未央宫已经落成。高帝见未央宫壮丽豪奢，生气地对萧何说：“天下动乱，战乱连年，百姓疾苦，成败尚未可知，为什么将宫室修造得如此豪华过度？”

“正因为天下尚未安定，才可以趁此机会营建宫室。况且天子以四海为家，宫室如不壮丽则不足以显示天子的威严，而且令后世宫室的建筑规模不得超过它。”听萧何这样说，汉高祖转怒为喜。

未央宫既已落成，汉高祖于七年二月由栎阳正式迁都于长安。未央宫落成，汉高祖在前殿举行盛大宴会，会见诸侯、群臣。宴会开始后，高帝手捧玉杯，起身向太上皇敬酒祝寿，说道：“当初大人常常说臣没有出息，不能治产业，不如二哥有能力，如今我在事业上的成就，同二哥相比谁多？”

群臣见汉高祖这样高兴地开玩笑，在殿上都高呼万岁，大笑着取乐助兴。从此，刘邦开基肇始，史称西汉。

以秦为鉴而建章立制

刘邦以武力夺取天下，对儒生和儒家经典一向持鄙视态度，动辄骂儒生为“腐儒”，常常说什么治天下哪里用得着“腐儒”。可是，在刘邦的手下还是有一些儒生的，有些人还为协助治理国家做了不少大事，楚人陆贾便是其中的一位。

陆贾随从刘邦定天下，以能言善辩而有名。汉帝国建立后，陆贾奉命出使南越，使南越王赵佗向汉皇帝称臣。汉高祖非常高兴，任命他为太中大夫，在皇帝左右掌管议论。

陆贾时时在刘邦面前称道《诗》《书》，以为治理国家时用得着。一次，刘邦听得厌了，开口骂道：“你老子的天下是从马背上得来的，哪里用得着《诗》《书》？！”

“在马背上取得天下，难道还可以在马背上治理天下吗？况且成汤、武王都是以武力夺取天下，而后顺应形势用文治来维护天下，文武并用，这才是长治久安的办法啊。当年吴王夫差、晋卿智伯因穷兵黩武

而亡；秦朝任用严刑苛法而不知改变，终于覆灭。假使秦统一天下以后，施行仁义，效法前代圣王，陛下怎能取得秦朝天下而有之？”

陆贾的一席话，使刘邦自感理亏，脸上现出尴尬而又惭愧的表情。于是，刘邦对陆贾说：“那你就为我写出秦朝为什么会失去天下、我为什么能取得天下的原因，同时谈论古代各国成功失败的史事。”

陆贾受命之后，简单论述了古往今来国家存亡的征兆和迹象。每写完一篇就上奏给刘邦，刘邦阅后无不欣赏，左右的人都高呼万岁。陆贾一共写了十二篇总结历史上统治经验的文章，“号其书曰《新语》”。

《新语》一书总结秦王朝灭亡的教训，指出：

> 秦以刑罚为巢，故有覆巢破卵之祸；以赵高、李斯为杖，故有倾仆跌伤之祸……夫道，莫大于无为；行，莫大于谨敬。
>
> ……秦始皇帝设为车裂之诛，……事逾烦，天下愈乱；法愈滋，而贼愈炽；兵马益设而敌人愈多。秦非不欲为治，然失之者，乃举措暴众而用刑太极故也。

总之，陆贾认为秦灭亡的主要原因，是刑罚太重，“武”的一手用得太过，因而主张用“文”与“武”两手，把教化与法令结合起来，实行无为而治，用文治来治理国家。

刘邦称赞陆贾《新语》，表明陆贾的理论对刘邦以及汉初统治者奉行无为而治理论、制定并实行黄老政治确实产生了重要的影响。

高帝命陆贾写作《新语》一事说明刘邦注重从秦王朝的灭亡中总结经验教训，把秦王朝的短命而亡引以为借鉴，并以此作为制定基本国策的理论根据之一。事实表明，刘邦重视从秦灭亡中总结教训，以秦为鉴，这对西汉初年的统治者实现长治久安，确实起到了较好的作用。

秦王朝施暴政于民，致使社会矛盾急剧激化，终于导致了秦末农民大起义的爆发。暴政之下，秦帝国的百姓们苦难深重。《汉书·食货志》记载董仲舒给汉武帝的上书，其中谈到了秦王朝：

力役三十倍于古，田租、口赋、盐铁之利二十倍于古。或耕豪民之田，见税什五。故贫民常牛马之衣，而食犬彘之食。重以贪暴之吏，刑戮妄加。民愁亡聊，亡逃山林，转为盗贼。

经过三年之久的全国规模的反秦农民战争，社会经济再遭破坏和人民生活的每况愈下，更是可以想见。继之而来的又是一场持续五年之久的楚汉战争。战乱连年，使社会生产遭到严重破坏，民失作业，饥馑连年，以至于出现了人食人的现象。且不说饱受战乱之苦的中原地区的广大黎民百姓，仅举汉政权统治下的关中地区为例，便可以窥见一斑了。

公元前206年，汉王刘邦率兵平定三秦，在关中建立了汉政权。汉政权的首任丞相萧何，出身于秦王朝的沛县主吏，最了解百姓的疾苦，也深知秦王朝施暴政而亡的覆辙，是中国历史上著名的贤相。萧何辅佐刘邦，从进入关中直到还定三秦之后，也实行一些抚恤百姓、恢复和发展生产、减轻百姓负担的政策。

汉王元年，也就是公元前206年8月，刘邦率先攻入关中，除秦苛法，约法三章，秦民争相献牛、羊、酒食犒劳军士，刘邦辞让不受，说道："仓粟多，非乏，不欲费民。"

汉王二年，也就是公元前205年正月，汉王下令"诸故秦苑囿园地，皆令人得田之"，为无地或少地的农民解决无有或缺少耕地问题，恢复农业生产。

汉王二年，也就是公元前205年4月，汉王率诸侯联军惨败于彭城之下，兵员损失殆尽，退至荥阳一线，汉政权面临着极为严重的形势。此时，作为关中留守的丞相萧何，他把关中地区的男子包括老弱全部征调到荥阳前线，为汉军补充兵员；同时又把关中及巴蜀地区的粮食源源不绝地运送到荥阳，补给军食，兵员与军粮"未尝乏绝"。

萧何于汉王二年，也就是公元前205年4月，由关中向荥阳前线征调兵员和运送军粮，同年5月，关中地区发生了大饥馑，每斛米价万钱，出现了人食人的现象。关中地区百姓因饥饿而“死者过半”。

在此情形下，汉王下令关中地区百姓可以到蜀郡、汉中郡逃荒活命，允许父母可以卖掉子女，以免饿死于家中。史书并没有记载汉王二年五月发生于关中的大饥馑是由于怎么样的自然灾害所直接造成的。简单来说，关中地区百姓难以承受的兵役和军粮负担，加重了这次关中大饥馑的严重程度，是不容否认的。关中地区所产的粮食如不是被大量地运送到荥阳前线，关中纵使遭受天灾，百姓略有粮储，也不至于出现“米斛万钱，人相食”“死者过半”的惨景。

待到刘邦统一中国，做了汉王朝皇帝时，汉帝国到处是战乱所留下的创伤：田野荒芜，人民流亡，府库空虚，百姓一贫如洗，牲畜死亡殆尽，所谓“自天子不能具醇驷，而将相或乘牛车”，正是当时社会经济凋敝的写照。

为了休养生息，汉高祖登基伊始即致力于一系列安养人民的政策。汉高祖五年，也就是公元前202年2月，刘邦即皇帝位，以洛阳为西都。5月，汉军将士大部分复员返乡。与此同时，汉高祖向全国发布了五月诏书，指出安定天下、恢复和发展生产、按军功授爵以建立社会秩序，是西汉王朝建国之初的一个极其重要的纲领性文件。原文如下：

诸侯子在关中者，复之十二岁，其归者半之。民前或相聚保山泽，不书名数，今天下已定，令各归其县，复故爵田宅，吏以文法教训辨告，勿笞辱。民以饥饿自卖为人奴婢者，皆免为庶人。军吏卒会赦，其亡罪而亡爵及爵不满大夫者，皆赐爵为大夫。故大夫以上赐爵各一级，其七大夫以上，皆令食邑，非七大夫以上，皆复其身及户，勿事。

七大夫、公乘以上，皆高爵也。诸侯子及从军归者，甚多高爵，吾数诏吏先与田宅，及所当求于吏者，亟与。爵或人君，上所尊礼，久立吏前，曾不为决，甚亡谓也。异日秦民爵公大夫以上，令丞与亢礼。今吾于爵非轻也，吏独安取此！且法以有功劳行田宅，今小吏未尝从军者多满，而有功者顾不得，背公立私，守尉长吏教训甚不善。其令诸吏善遇高爵，称吾意。且廉问，有不如吾诏者，以重论之。

汉高祖所发布的这道诏书，综合有以下十条要点：

第一点：对来自原山东六国诸侯子弟出身官兵，因安置地点不同而给予不同的免服徭役的优待。其实施细则是：凡留在关中地区的，因远离家乡而免除十二年的徭役；离开关中返回家乡的，免除六年的徭役。

第二点：令逃亡山泽者返回原籍，复故爵田宅，地方吏不得刁难笞辱。自秦末以来，百姓因不堪暴政，“亡逃山林，转为盗贼”者甚多；楚汉战争期间，百姓因不堪战乱之苦，“相聚保山泽”亦很多。

天下平定后，这些身在山林沼泽之中、名不在户籍之内的流民，其中包括地主在内，既是社会的不安定因素，又不利于恢复和发展生产，也使国家难以对他们征收赋税和徭役。为使这批人成为汉帝国统治之下的“编户齐民”，下令他们全部返回本县本乡。

为使他们返乡，国家向他们提出的保证条件是：恢复他们原有的爵位和田宅，对他们亡聚山林期间的非法行为一律既往不咎；地方官有向他们进行教育的义务，但不许对这些人进行刁难或者施加笞辱。“复故爵田宅”表明，汉承认秦代赐予的爵位，在汉代仍享有同等的地位。

第三点：民以饥饿自卖为人奴婢者，一律免为庶人。战争期间因饥饿而卖身为奴者不在少数。仅两年关中大饥馑，就留下了一批因饥饿而卖身为奴的。汉高祖深知关中百姓为战胜楚军所付出的代价和贡献太大了，因而决心通过颁发诏书来解除关中子弟的不幸；同时，又增加了一批编户齐民，有利于恢复生产和增加税收，提供徭役，可谓一举两得。

第四点：汉军官兵在大赦令律颁布后，一律赐爵为大夫。其实施细则是，大赦令下达后，汉军官兵凡无罪、无爵或有爵而不满大夫的，一律赐爵为大夫。

第五点：原来享有大夫爵位的复员官兵，一律在原来爵位的基础上再增赐爵位一级。这显然是在凡复员官兵一律赐予大夫爵位法令基础上，追加的一条相应法令，使原享有大夫爵位以上的复员官兵，与原大夫爵位以下者一同享受恩赐。

第六点：凡具有七大夫爵位以上的复员官兵，皆可享受食邑。而秦制只有列侯才可享有食邑。

第七点：凡享有七大夫以下爵位的复员官兵，免除其个人及全家所应服的徭役。

第八点：以七大夫、公乘为高爵，地方政府立即优先满足他们对田宅的要求，不得延迟不办。诏书中的“诸侯子及从军归者，甚多高爵”表明，跟随刘邦转战南北的复员官兵，大多获得了高爵。

第九点：重申“有功劳行田宅”的按军功授爵并赋予相应特权的法令，对地方上的郡守、郡尉、县令、县尉以往未能认真贯彻执行这一法令提出训斥，指出未从军的小吏都按爵位获得了如数的田宅而有军功者尚未得以落实田宅，这是“背公立私”，责任在于“守尉长吏教训甚不善”。同时还勉励地方官员，今后要“善遇高爵，称吾意”。

第十点：自本诏令下达后，要进行查问。凡不仔细执行此诏令的地方长官，要从重论处。

五月诏书以上十条要点，包含两大方面内容：一是令流民回乡生产，免除因饥饿而卖身的奴婢身份，这对扩大自耕农户数量、恢复和发展农业生产、增加税收和服役人数、安定社会秩序等，无疑具有重要的意义。与此同时，承认原秦王朝赐予的爵位在汉帝国享有同等的地位和特权，这对于稳定刚刚建立起来的汉政权来说，也是具有积极意义的。

五月诏书第二个方面的内容，是对复员官兵按军功最低赐予第五等爵位并享有免服徭役的特权。而事实上，复员官兵大多数获得了七大夫、公乘以上的“高爵”，可以享有“食邑”及优先得到田宅的特权。

汉高祖对地方长官未能认真落实“有功劳行田宅”法令非常不满，严加训斥，并提出今后如不认真执行此诏令要从重论处的警告。刘邦赋予有军功的复员官兵以种种特权，其用意在于在全国各地造就一批军功地主这种特权阶层，把这些曾经跟随他南征北战、建国后又对大汉皇帝感恩戴德的人，作为汉帝国在地方上的政权支柱。

总之，汉高祖五月诏书一方面扩大了编户齐民的队伍，使生产得以恢复发展，社会秩序得以安定，税收和徭役有了保障；另一方面又造就了一批享有特权的军功地主，使汉帝国的地方政权获得了有力的支柱。

可见，五月诏书确实是汉帝国建立之初具有重大意义的纲领性文件。它的实施，对于汉政权的巩固和社会经济的恢复与发展，都起到了重大的积极作用。汉高祖赋予复员官兵以免服徭役的特权，在五月诏书后，又有过多次。据《汉书·高帝纪》记载：

汉高祖八年三月，高帝到达西都洛阳，下令凡跟随高帝前往平城征讨匈奴及守卫城池的复员官兵，一律终身免服徭役。

汉高祖十一年六月，下令凡曾跟随高帝进入蜀郡、汉中郡和关中地区的复员官兵，全部终身免服徭役。

在税赋政策上，汉高祖为减轻人民无力再承受的过重赋税和徭役负担，恢复和发展生产，实行轻徭薄赋政策。《汉书·食货志》记载说：

天下既已平定，而人民却因战乱而一贫如洗。建国之初，上至天子，乘车的四马也难以配齐相同的毛色；而将相，有的甚至乘坐牛车。面对社会经济的凋敝，汉高祖决定废除秦朝苛法，使法律简明而宽缓；减轻田租，收取十五分之一的赋税；根据官府及官吏的开支费用，向人民征收赋税。上至天子下至封君，均以山林川泽以及市租、汤沐邑的收入作为“私奉养”，不再从国库中领取经费；从各地运至京师供应各官府的粟米，每年不超过十万石。

上述轻徭薄赋政策，对减轻汉初人民负担、恢复和发展生产，起到了积极的作用。据《汉书·高帝纪》记载，在实行轻徭薄赋政策的过程中，曾出现了地方长官和诸侯向人民多收赋税用来向宫廷进献的问题，进献章程又不规范。这一问题的出现，引起了汉高祖的高度重视。为此，他特地发出诏书，纠正偏差，制定出相应的法规。

汉高祖十一年，也就是公元前196年2月所发布的这道诏书说：

> 国家一向以减轻赋敛为当务之急，然而至今尚没有完备的章程与法规，郡县长吏有的多收赋税向宫廷奉献，而各诸侯王向宫廷的献物又多于郡县，百姓以此为疾苦，非常不可取。今令各诸侯王、彻侯以每年十月入都城朝见献物；各郡县按人口数计算上献费用，每人每年按六十三钱交纳，作为上献的费用。

按云梦出土的秦朝法律文书，百姓欠官府债务，如果用服役偿还，每人每天的工钱是八钱。以此计算，每人每年交纳的六十三钱口赋，仅合八天的工钱。

诏书中谈到的“献费”，是诸侯王、彻侯及地方官献给皇帝的，起初无有定数，因而官吏为讨好皇帝，便多向人民征税作为献费，致使人民不堪忍受。所以，汉高祖及时发出了这道诏书。

需要指出是，汉高祖即皇帝位后九年中，天下尚未完全安定下来，诸如征讨匈奴，平定陈豨、黥布叛乱等，因而当时人民的赋税与兵役、徭役负担虽比楚汉战争时有很大的减轻，但仍未能按规定减缓下来。

待到惠帝、吕后、文帝乃至于景帝时期，汉帝国才在客观条件有所改变的情况下，进一步实行汉高祖为汉王朝所制定的轻徭薄赋政策。

为增加从事农业生产的劳动力，汉高祖除了颁发免奴婢为庶人的法律外，还采取了鼓励增殖人口的政策。汉高祖七年正月，下令凡“民产子”，可免除两年的徭役。

为恢复和发展农业生产，防止大工商业者特别是投机商人以投机倒把、囤积居奇手段侵犯农民的利益，汉高祖实行重农抑商政策。汉高祖八年，也就是公元前199年3月颁布法令，不准商人穿丝织品和细葛制作的衣服，不得携带兵器，不得乘车骑马，不得做官，向他们加倍征收人头税，为商人另立户籍称为“市籍”。从政治上和社会地位上对商人实行抑制，对汉初农业经济的恢复和发展起到了一定的积极作用。

汉高祖注重从秦王朝的短命而亡中吸取经验教训，既有正面的积极作用，也有负面的严重后果。所谓“惩戒亡秦孤立之败”，大封同姓诸侯王，便是汉高祖以秦为鉴时所采取的一项错误政策。

是郡县天下，还是分封诸侯王国？自秦统一六国以来，一直争论了千余年之久。秦帝国建国后，朝廷上曾发生两次大的争论，都是由于这个问题引起的。

公元前221年，秦统一六国。丞相王绾等大臣向秦始皇说：“诸侯刚刚被消灭，燕、齐、楚地处偏远，不设置诸侯王，无以镇抚这些地区。请立皇子们为诸侯王，惟圣上定夺恩准。”

秦始皇把这个问题交群臣到朝廷上讨论，群臣都认为分封诸侯王有利于国家，唯有廷尉李斯不同意这个办法。李斯说：“周文、武所封子弟同姓甚众，然后属疏远，相攻击如仇雠，诸侯更相诛伐，天子弗能禁止。今海内赖陛下神灵一统，皆为郡县。诸子功臣，以公赋税重赏之，甚足易制。天下无异议，则安宁之术也。置诸侯不便。”

秦始皇支持李斯的意见，他说：“天下共苦战斗不休，以有侯王。赖宗庙，天下初定，又复立国，是树兵也，而求其宁息，岂不难哉？廷尉议是。”

于是，秦始皇“分天下以为三十六郡”，没有分封诸侯王。

时隔八年之后，秦始皇在咸阳宫置酒设宴，仆射周青臣向秦始皇歌功颂德，其中谈到了“以诸侯为郡县，人人自安乐，无战争之患，传之万世，自上古不及陛下威德”。

这时，博士淳于越出来反对说：“臣闻殷周之王千余岁，封子弟功臣，自为枝辅。今陛下有海内，而子弟为匹夫，卒有田常、六卿之臣，无辅拂，何以相救哉？事不师古而能长久者，非所闻也。”

这时，李斯又反对说：“五帝不相复，三代不相袭，各以治，非其相反，时变异也。今陛下创大业，建万世之功，固非愚儒所知。……”

接着，李斯提出了焚烧《诗》《书》的主张，秦始皇批准和下达了《焚书令》。汉高祖平定天下后，总结秦亡的教训，认为秦始皇“自号为皇帝，而子弟为匹夫，内亡骨肉本根之辅，外无尺土藩翼之卫。陈、吴奋其白挺，刘、项随而毙之”。

班固认为：

> 汉光之初，海内新定，同姓寡少，惩戒亡秦孤立之败，于是剖裂疆土，立二等之爵。功臣侯者自有余邑，尊王子弟，大启九国。

可见，汉高祖分封同姓诸侯王所依据的理论，与当年秦丞相王绾、博士淳于越的论调如出一炉，并没有什么新的见解。而汉高祖因袭这一理论把它付诸实践，完全在于他错误地总结了秦朝灭亡的教训。

不可否认，秦王朝没有分封诸侯王，陈胜、吴广起义后，六国旧贵族势力确实乘势而起，起兵反秦。然而，导致秦末农民大起义的，是秦帝国的暴政；首倡起义的是戍卒陈胜、吴广；义军中的一支重要力量，是出身平民的刘邦所率领的队伍，其他如黥布、彭越等人，不是刑徒，便是“群盗”小头目；出身于六国旧贵族而且颇具实力的，唯有项梁、项羽所率队伍，其他的六国之后不过是乘势起兵而已。六国旧贵族势力在灭亡秦帝国的反秦斗争中并非是主力，他们所起的作用不是主流。

可见，引起秦末农民大起义是秦朝暴政，推翻秦帝国的是农民起义大军，农民大起义的主要领袖人物是刘邦与项羽；六国宗室的后代虽然也有人参加了农民大起义，也往往拥有“王”的名号，被称为诸侯，但不是灭亡秦朝的主要力量。

总之，秦王朝的短命而亡，其要害在于它施行暴政，而不是没有分封同姓诸侯王。汉高祖把六国旧贵族势力在反秦斗争中的复起，误认为秦的灭亡与没有分封同姓诸侯王有关，这是他从表面上直观地认识问题时所吞下的一颗苦果，在以秦为鉴时走入了误区。

汉高祖六年所分封的同姓诸侯王有：

荆王刘贾。刘贾出于刘氏宗族，但不知他属于宗族中的哪一支。他随从刘邦南征北战，屡立战功，汉高祖以淮东原东阳郡、鄣郡、吴郡的五十县封为荆王。都于吴。

楚王刘交。刘交是汉高祖的同母幼弟，汉高祖以薛郡、东海、彭城的三十六县封为楚王，都于彭城。

代王刘仲。刘仲是汉高祖的二哥，高帝以云中郡、雁门郡、代郡的五十三县封为代王。

齐王刘肥。刘肥是汉高祖庶长子，母亲曹氏，是高帝的“外妇”，高帝以东、西、临淄、济北、博阳、城阳郡等七十三县封为齐王。

吴王刘濞。刘濞是高帝兄刘仲儿子。汉高祖十一年，黥布叛乱，荆王刘贾被黥布所杀。高帝十二年立刘濞为吴王，在荆王刘贾故地称王。

刘邦分封诸侯的结果，全国近三分之二的土地为诸侯王国所有，归中央政府直辖的只有包括京师内史在内的十五个郡而已，而这十五郡中，还包含有列侯、公主的食邑在内。

这些诸侯王国，很快都逐渐发展成为同国家政权相对抗的势力，即“藩国大者，夸州兼郡，连城数十，宫室百官同制京师”。为此，汉高祖的后继者文帝、景帝、武帝，不得不采取“众建诸侯而少其力”“削藩”“推恩”等政策来削弱诸侯王国的势力。

汉景帝时期还爆发了吴楚七国之乱，使西汉朝为削弱诸侯国势力而在长时期内付出了重大的代价。这一切，都是汉高祖实行分封诸侯王国所留下的祸患。

汉高祖令叔孙通制定朝仪一事，也与他手下功臣有关。在高祖平定天下后，废除秦朝苛法和烦琐礼仪规则，力求简便易行。在汉高祖论功封赏期间，群臣饮酒争功，酒醉后有的狂呼乱喊，有的甚至拔剑击柱，

高祖拿这些出身低微、战功颇多的武夫也没有办法，很是以此为忧。

这一切，有一个人看在眼里，记在心里，此人便是秦博士叔孙通。他以儒生的身份在秦二世面前称陈胜、吴广起义不过是“鼠窃狗盗”，不足为虑，使昏庸的秦二世大为高兴，拜他为博士。事后，叔孙通为避难连夜逃出咸阳，曾投奔项梁、怀帝、项羽；汉王率五路诸侯攻入彭城时，他归降汉王。

汉王厌恶儒生服装，叔孙通改穿楚人式样的短衣，汉王便高兴了。跟随叔孙通投降汉王的，有儒生子弟一百余人，然而叔孙通一个也不向汉王推荐，只是推荐那些强盗出身的壮士。

弟子们都私下骂道：“侍奉先生好几年了，幸而得以随从投降汉王，如今却不向汉王推荐我们，专门推荐那些强盗，是何道理？”

叔孙通得知后，对他弟子们说：“汉王正冒着矢石争夺天下，因此先推荐那些能斩将夺旗壮士。诸生暂且等待，我不会忘记你们的。”

叔孙通降汉后，被汉王拜为博士，号稷嗣君。此刻，他见群臣因论功封赏而饮酒争功，酒醉后失态失礼，而高祖对此又愈发厌恶，便向高祖说：“那些儒生，很难靠他们去夺取天下，难与进取；但却可以用他们来治理国家，可与守成。臣愿征召鲁地的诸生，与臣的子弟一道制定朝会的礼仪。”

“不会是很繁难吧？”汉高祖问。

“五帝乐制不相同，三王礼制也有很大区别。礼制，本是根据时事和人情的变化而有所删节和增饰。所以，夏、商、周三代礼制的继承和删节、增饰，这是可以得知的，这说明古今的礼制并不相重复。臣愿采纳古礼并与秦朝的礼仪相结合，来制定新的朝仪。”叔孙通回答说。

“那就试着制定吧，一定要令人容易了解，要考虑到我能做得到的去制定。”汉高祖说。

于是，叔孙通出使鲁地，征召三十余名诸生。鲁地有两名诸生不肯西行，说道：“您所侍奉的君主先后多达十人，都是靠阿谀奉承来得到宠幸和显贵。如今天下刚刚安定，死去的人还没有来得及安葬，伤残的

人尚未能起身行走，又想要制礼作乐。礼乐的产生，要积累上百年的德政，然后才能兴起。我不忍心做您所要做的事。您所要做的事不合于古道，我们不去。您去吧，不要玷污我们！”

叔孙通听了这两个儒生的议论和表白，笑着说：“你们真是鄙陋的儒生，不懂得时事的变化。”

叔孙通带领从鲁地征召的三十名儒生取道西行，到达都城栎阳。然后会同皇帝左右有学术修养的近臣和随从他的子弟，共有一百余人，来到野外拉起绳索代表宫室处所，树立茅草表示君臣尊卑的位次，演习朝会的礼仪。一个多月后，叔孙通汇报说：“皇上可以去观看排练了。”

汉高祖前往野外观看儒生表演朝仪，观后说道：“我能做到这些。”于是，下令群臣演习朝会礼仪，准备参加十月岁首的盛大朝会。

汉高祖七年，也就是公元前200年，长乐宫落成，诸侯、群臣都参加十月朝会。按照叔孙通制定的朝仪，天亮之前，由掌管传达的谒者主持典礼，引导参加朝会的诸侯、大臣依次进入殿门。

廷中排列着战车、骑兵、步兵和侍卫官员，配备武器，树立旗帜。然后传令“趋”。与会的诸侯、大臣们按次序快步登上殿堂，殿下有郎中在台阶两旁侍立，台阶上共站有几百名郎中。

功臣、列侯、众将军、军官按次序排列在殿上的西面，面向东方；文官丞相以下的官员按次序排列在殿上的东面，面向西方。

诸侯、群臣都已登上殿堂，由掌管交际礼仪的大行令设置九个傧相，从上向下传令，这时皇帝乘坐辇车出房，众官员举旗传呼警戒，由傧相引导诸侯王以下至俸禄六百石级的官吏按次序朝拜皇帝。

在官员们依次逐一朝拜皇帝期间，自诸侯王以下百官，无不因这一等级森严拜见仪式震恐肃敬。朝见皇帝典礼完毕，盛大宴会正式开始。

为体现皇帝尊严，凡陪坐殿上官员都俯伏着，低垂着头，不准抬头东张西望，更不准交头接耳、谈笑风生或大声喧哗，按官位高低次序起立向皇帝敬酒祝福。斟酒九次，谒者便宣告“罢酒”，宴会至此结束。

在整个朝会和宴会过程中，没有敢于大声喧哗而违反礼仪的。于

是，汉高祖高兴地说："我今天才知道做皇帝的尊贵了。"于是任命叔孙通为太常，掌管宗庙礼仪，位列朝廷的"九卿"之一，赏赐给他黄金五百斤。

叔孙通趁皇帝高兴的时候进言说："诸位弟子、儒生跟随臣已是很久了，与臣一同制定朝仪，愿陛下授予他们官职。"

汉高祖任命他们一律为郎官。叔孙通出宫后，把皇帝赏赐给自己的五百斤黄金都分赐给儒生。当年曾抱怨过叔孙通的众儒生们，这时都高兴地说："叔孙先生真是圣人啊，懂得当代的时事和重要事务。"

汉高祖九年，也就是公元前198年，汉高祖调任叔孙通为太子太傅，辅佐皇太子刘盈。高祖驾崩，刘盈即皇帝位，是为孝惠皇帝。

汉惠帝对叔孙先生说："先帝的陵园和寝庙，其他官员都不熟悉。"于是又把叔孙通调任太常职务，令他制定宗庙的礼仪制度。西汉初年所制定的各项礼仪制度，都是由叔孙通任太常一职时所讨论、撰写的。

汉初国家的各项制度建设，是在丞相萧何的领导下进行的。早在楚汉战争期间，萧何以丞相的身份留守关中，"侍太子，治栎阳。为法令约束，立宗庙、社稷、宫室、县邑，辄奏上，可以从事；即不及奏上，辄以便宜施行，上来以闻"。

可见，这时萧何就为西汉王朝国家制度的建设做了大量的工作，其中也包括法律制度的建设。

在萧何为汉帝国制定各项制度时，他首先是参照秦王朝的各项制度，并结合汉王朝的实际，制定了汉王朝的各项制度。萧何在跟随刘邦率先进入秦都咸阳时，"收秦丞相、御史律令、图书藏之"。这批秦帝国的档案文献资料，对于汉帝国的制度建设无疑是起了重要的参考作用，史称"汉承秦制"。

就汉王朝的法律制度建设来说，亦不例外。刘邦率义军进入关中，为解除秦朝苛法给人民带来的深重灾难，同时也为了安定秩序，争取民心，发布了约法三章，即"杀人者死，伤人及盗抵罪"。

然而，接之而来的是楚汉战争，战乱不已，加上三章之法对于维护社会秩序来说，不足以有效地起到“御奸”的作用，于是制定新的法律，特别是刑法和民事法规，便被提到议事日程上来。

而主持制定汉王朝法律的相国萧何，正是以秦法为基础，取其适合于汉王朝实际情况的部分，制定了《汉律九章》。

所谓《汉律九章》，即是在战国初年李悝为魏国所制定的《法经》六篇的基础上又增加了《户律》《兴律》《厩律》三章，合为九章。《汉律九章》的条文并没有流传下来。为对汉律九章有个大致的了解，就从《法经》六篇谈起。

据《晋书·刑法志》的记载，李悝参考当时各国的法律，撰写了《法经》六篇。李悝认为：社会秩序遭到破坏，在一般情况下主要是来自社会上的刺杀和偷盗活动，因而将《盗法》与《贼法》两篇列于《法经》之首。

《盗法》讲的是对盗的惩治，是有关惩处盗窃犯罪的法律条文；《贼法》讲的是对贼的惩治，是有关惩处杀人及伤人犯罪的法律条文。即“王者之政莫急于盗贼，故其律始于《盗》《贼》”。

然而“盗贼需劾捕，故著《囚》《捕》二篇”。即是说，为逮捕和审讯盗窃和杀人及伤人的罪犯，又著有《捕法》，讲的是捕亡，是有关逮捕刑事罪犯的条文；而《囚法》讲的是断狱，是有关审讯刑事罪犯的法律条文。

《法经》的第五篇是《杂律》讲的对“轻狡、越城、博戏、借假、不廉、淫侈、逾制”等犯罪的惩治，是对有关轻狂犯法、偷越城墙、赌博、欺诈、贪污贿赂、荒淫奢侈、所用器物超越身份等级上的规定等几种违法行为的惩治。第六篇《具法》讲的是根据具体情况依法加重或减轻刑罚的某些具体规定。

《法经》六篇的内容表明，它是一部刑法法典，讲的是对刑事犯罪的惩治。正因为它是一部法典，所以具有相对的稳定性。商鞅在秦国变法，改法为律，《法经》六篇被沿用下来。

萧何的《汉律九章》，其中《盗律》《贼律》《囚律》《捕律》《杂律》《具律》，律名是自《法经》以来就有的，其具体条文当然是在秦律的基础上拟定的。至于新增加的三章，其具体情况是：

《户律》是有关户籍、赋税和婚姻方面的法律条文。在云梦秦律中，不仅有诸多关于户籍、赋税、婚姻方面的法律条文，而且附有魏国的《户律》法律条文。可见，《汉律九章》中的《户律》，是上述秦魏等国《户律》的继续和发展。

《兴律》是有关征发徭役、城防守备方面的法律条文。在云梦秦律中，有《儒律》（有关徭役的法律）《傅律》（有关成年男子登记名籍的法律）《戍律》（有关征发边防戍卒的法律）。《汉律九章》中的《兴律》无疑是秦律中上述有关法律、法规的继续和发展。

《厩律》是关于牛马畜牧和驿传之事等有关的法律条文。在云梦秦律中，有《厩苑律》《牛羊课》《传食律》《行书》。《汉律九章》中的《厩律》是秦律中上述有关法律、法规的继续和发展。

总之，萧何为《汉律九章》所增加的《户律》《兴律》《厩律》，其贡献在于它吸取了秦律中有关法律、法规的成果，结合汉王朝的实际情况，把秦律中诸多有关的法律、法规合并为若干章，并使之更加系统化、条理化、规范化，并与秦律的六章相并列。

这对汉代乃至于此后中国封建时代法律制度的建设，是有很大影响的，可以说是中国法制发展史上的一个里程碑。

韩信在楚汉战争期间是汉军的统兵大将，汉高祖称他“连百万之众，战必胜，攻必取”，与张良、萧何并列为三位“人杰”之一，在楚汉战争中发挥了举足轻重、无与伦比的至关重要的作用。

试看平定三秦前夕他在汉王面对时局的分析以及平定三秦作战方针的确定上，他无疑是一位杰出的战略家。他率兵于临晋东渡黄河后，一路虏魏王、破代、破赵、攻占齐地，参加垓下大会战，无不势如破竹，在井陉口和潍水两大战役中，出色地大败赵兵、楚军，可见他具有超群的军事指挥天才。

韩信又治军有方，凡招收上来的士卒，在他的部下经过短时期的训练和作战实践，很快就成为战斗力很强的精锐部队。汉王在楚汉战争的艰难岁月中，曾多次征调或剥夺韩信部下的精兵，但韩信总是能够很快地再培训出归自己直接统率的精锐部队。

正因为韩信具有杰出的军事才能，汉帝国建立后，汉高祖命他与张良一道整理、编次各家兵法。据记载，当时收集到的各家兵法共有一百八十二家，经过韩信的“删取要用，定著三十五家”。

然而，经过韩信编次删定的三十五家兵法，在诸吕专权时期被“盗取”。《汉书·艺文志》载兵书五十三家，七百九十篇，图四十三卷，并且说：“汉兴，张良、韩信序次兵法，凡一百八十二家，删取要用，定著三十五家。诸吕用事时而盗取之。”

武帝时，“军政杨仆捃摭遗逸，纪奏兵录，犹未能备。至于孝成，命任宏论次兵书为四种”。《艺文志》的记载表明，经张良、韩信所“序次”“删取”的兵法三十五家，虽经诸吕的“盗取”，汉武帝时毕竟经杨仆的收拾亡佚而有所恢复，最后在汉成帝时由任宏“论次”为兵书四种。可见，张良、韩信的序次兵法对古代兵法的整理和流传，做出了一定贡献。

张苍是阳武人，喜好诗书、音律、历法和算术，秦王朝时在朝廷中担任御史职务，主管收录天下四方文书的工作。后来因犯罪而逃回家乡。

沛公起兵后，攻城略地时路经阳武县，张苍以宾客的身份随从攻打南阳。张苍犯法，依法论为死罪。当他被脱掉上衣伏在砧板上时，只见他身体长大，又肥又白，像一个葫芦瓜。

统兵将领王陵见状很是惊异，认为他是个美男子，与众不同，便劝说刘邦饶过他，未予斩首。于是，张苍随从沛公西入武关，到达咸阳。沛公被立为汉王并还定三秦后，陈余击走常山王张耳，张耳归附汉王，汉王任命张苍为常山郡郡守。

张苍随从韩信攻击赵军，张苍俘虏了陈余。赵地被平定后，沛公任命张苍为赵王的相国，守备边境，防止敌寇入侵。不久，汉王又改任张苍为赵王张耳的相国。张耳死后，儿子张敖继任赵王，张苍仍任赵相。后改任代国相国。

汉高祖五年，也就是公元前202年7月，燕王臧荼反叛，高祖率兵亲征，张苍以代相的身份随从攻燕，立有战功。汉高祖六年，也就是公元前201年，封张苍为北平侯，食邑千二百户。

不久，张苍升任“计相”，主管朝廷的财政收支。一个月后，又以列侯的身份任“主计”四年。当时，萧何担任汉帝国的相国职务，而张苍由于在秦朝担任过柱下史官职，非常熟悉天下的图书典籍、统计报表；又懂得算术、音律、历法，因而使令张苍以列侯的身份居于相国府中，负责管理各郡县及诸侯王国呈报给朝廷的财政收支统计、图表等各项事宜。

在担任计相、主计期间，张苍在萧何的直接领导下，主持为西汉王朝制定章程的各项工作。所谓章程，“章”是指历法、算术的“章数”，“程”是指“法式”，即有关权、衡、尺、斗、制等度量衡的统一法式，制作度量衡的标准器，为汉帝国统一度量衡做了大量的工作。

汉初，尽管汉高祖所面临的问题很多，诸如安定社会秩序、恢复社会经济、封赏功臣、平定异姓诸侯王的叛乱、抵御匈奴入侵等，但他没有忽视汉帝国制度的建设，从而为汉王朝的长治久安从制度上初步地奠定了基础。

汉帝国制度建设的主持人是相国萧何，协助萧何做这项工作的还有张良、韩信、张苍、叔孙通等人。然而，从全局做出总体规划的决策人则是帝国皇帝刘邦。刘邦高瞻远瞩、深谋远虑，在汉帝国制度建设中做出了历史性的贡献。

巩固强化皇权举措

汉高祖刘邦登基后，由于各丞相手上拥有的权力过大，因此，刘邦想通过把萧何下狱来打击削弱相权。在刘邦平定了黥布叛乱回到长安后，萧何提议把上林苑开放，让百姓去耕种，因为上林苑基本上已经荒芜，并不是养兽供皇帝狩猎的地方。

刘邦一听就恼了，硬说萧何拿了商人的贿赂，所以才替他们说话，借百姓之名为商人牟利。他将萧何关进了监狱，几天后，有大臣问丞相犯了什么罪，刘邦为自己狡辩说："原先李斯做秦国的丞相，凡是功劳都归始皇，不好的事都由自己承担。但丞相萧何却接受了商人的贿赂，替他们求我开放上林苑，收买人心。因此要治他的罪。"

通过打击元老功臣萧何，刘邦在削弱相权的同时将皇帝的权力提高了。在巩固强化皇权方面，刘邦也想尽了办法，一是通过尊父亲太公为太上皇，二是通过对季布和丁公的处理。这两件事最终达到了他的目的。

在经历了春秋和战国长期的混乱之后，又经历了短期的秦朝统治，再加上秦末战争，这使得人们心中没有忠君的观念，还保持着战国以来就形成的“士无常君，国无定臣”的思想，这不利于皇权的巩固。

刘邦通过尊重父亲来教育大臣和百姓遵循礼法，尊重长辈，效忠君主。刘邦的父亲，人称刘太公，原本是一位农户人家的老汉。在刘邦受封为汉王的那一年，也就是公元前206年，已是五十一岁。而刘邦的父亲太公比刘邦至少年长二十五岁左右，此时应是七十六岁左右。

刘邦长大成人后，因为不治产业，太公对他的三儿子颇有怨言，但无可奈何。沛县起兵后，秦军的势力没有到过沛县。在反秦战争中，父亲太公和妻子吕雉一直在家乡居住，倒是安然无事。

刘邦受封为汉王不久，便起兵还定三秦。第二年四月，刘邦率诸侯攻下楚都彭城；又随即被项羽击溃，刘邦仅与十余名骑兵逃出重围。这时，刘邦想路过家乡把父亲、妻子、儿女一家人接走，因项羽也派人捉拿刘邦家室，家人早已逃散。

在逃亡的路上，刘邦遇到了女儿、儿子。而太公、吕雉在审食其的护送下抄小路逃走，被楚军截获。从此，太公、吕雉便被项羽作为人质，置于军营之中，审食其仍负责照料太公。

直到汉高祖四年，也就是公元前203年9月，刘邦与项羽订立以鸿沟为界而中分天下的和约，太公、吕雉才获得释放，与家人团聚。太公在项羽军营中以人质的身份渡过了三年多的艰难岁月，他日夜思念的是儿子刘邦；至于他自己，生死早已置之度外了。

五个月后，刘邦即皇帝位，此时太公已是八十岁左右的老人。太公早年一直从事田间劳动，性格又颇为豁达，虽已年近八十，身体却很硬朗。

汉高祖即位后，刘邦和父亲刘太公在一起住，每五天就去拜见一次。太公觉得没什么，也习惯了。但太公的属官却觉得不合适，就劝他说：“俗话说，天无二日，地无二主，当今皇帝是您的儿子，但他也是人主。您虽是他的父亲，但也是他的大臣。让他这个主人拜见您这个大臣，不合礼仪。况且这样也显不出皇帝的威严。”

当汉高祖再次朝见太公时，太公遵照家令的劝告，抱着扫帚到门口清扫道路，表示迎接；同时倒退着行走，迎接高祖入门。汉高祖见此情景，大吃一惊，赶忙下车来扶太公。太公对刘邦说：“皇帝贵为人主，不能因为我一个人破坏了国家的礼法。”

汉高祖心里明白，太公的举动和方才讲述的这番话，一定是家令教给他的。为了赞赏这位家令，高祖赐给他五百斤黄金。五月丙午日，汉高祖向天下发布了尊太公曰太上皇的诏书：

人之至亲，莫亲于父子，故父有天下传归于子，子有天下尊归于父，此人道之极也。前日天下大乱，兵革并起，万民苦殃，朕亲被坚执锐，自帅士卒，犯危难，平暴乱，立诸侯，偃兵息民，天下大安，此皆太公之教训也。诸王、通侯、将军、群卿、大夫已尊朕为皇帝，而太公未有号。今上尊太公曰太上皇。

这样便可一举两得，不但明示了皇帝的尊严，他也可以顺理成章地拜见父亲了。汉高祖在位期间，太公可谓享尽了晚年的清福。

可是，太上皇在皇宫生活日久了就终日闷闷不乐，刘邦忐忑不安，私下问太上皇侍从，侍从回答说：“太上皇以前在家乡丰邑城生活时每天都和邻居亲朋在一起以蹴球、斗鸡、喝酒为乐，现没有人能陪太上皇，因此才闷闷不乐。”

于是，刘邦在皇宫附近为父亲盖起一座新丰城，又将丰县部分亲朋邻居迁来居住。新丰城街巷布局跟家乡丰邑城一模一样，连迁来的乡邻老幼和鸡犬都能认得各自的居所。

在汉高祖大封同姓诸侯王的时候，唯有他大哥的儿子没有受封为王侯。太公见自己的大孙子没有得到封赏，感到很奇怪，便问：“你这是怎么回事？是不是把这个侄儿给忘了？”

汉高祖回答说：“我怎敢忘记大哥留下的这位侄儿，只是因为他的母亲太不忠厚了，所以没有封赏。”

汉高祖是指他身为平民百姓时，常常因为躲避官司，时常与宾客们到寡居的大嫂家混饭吃。大嫂讨厌他带领这么多宾客同来，便说锅中已没有饭菜，宾客们因此而离去。

宾客离去后，刘邦见锅中仍有饭菜，因此怨恨大嫂，以至于多年过后还没有忘记这件令他怨恨的往事。然而，太公既已过问此事，再思念起早亡的兄长，汉高祖还是封赏他大哥的儿子刘信为羹颉侯。

汉高祖十年，也就是公元前197年5月，年近九十岁的太上皇死于栎阳宫，楚王、梁王都前来送葬，大赦栎阳囚犯。

第二件事是对季布和丁公的处理。刘邦做皇帝后，记恨季布打败过自己，就把他抓了起来。但想到自己也需要他这样的忠臣来辅佐，就不再记仇，不但放了他，还封为郎中。

丁公是项羽手下名将季布的舅父。丁公作战勇敢，彭城之战中，刘邦大败而逃，丁公率兵追击刘邦，将要把刘邦擒住，刘邦急了，回头对丁公说：“两条好汉难道要互相迫害吗？”丁公便带兵返回，刘邦因此脱围而去。

丁公听说季布这样给过刘邦难堪的人都能释放做官，他这个曾对刘邦有恩的人就更不用说了。

这天，高祖上朝后，正和群臣们商议还有哪些楚旧将未有下落，忽有侍卫上殿报道：“万岁，殿前有楚旧将丁公前来面见圣上。”

高祖心想：“丁公莫不是那个曾在彭城放走我的那位？他肯定是想来此叫我念旧恩，赏他官职吧！先叫他上来再说。”想到这儿，便传旨宣丁公上殿。

丁公来到殿前跪倒便拜，口中称道：“臣丁公前来见过皇上，万岁，万岁，万万岁。”

高祖一听丁公自称臣，再俯身一看，正是那个救过他性命的丁公，便大吼一声，把桌子一拍道：“丁公，你这小儿，有何脸面，前来见我，左右速速拿下，推出去斩了。”

丁公一听立即叩首喊道：“万岁，我丁公有什么罪呀，您为何要斩我呢？”

皇帝也不多说，而在场的一些大臣虽知道丁公，以前曾救过高祖的命，但看皇帝勃然大怒，也不敢多问。左右卫兵更不敢迟疑，立即上前将丁公五花大绑。

这时丁公已吓得大哭道：“万岁，难道您忘了以前在彭城我曾救过您的命吗？”

高祖一听他提这话，更是气愤，怒斥道：“丁公你这小儿，竟还有脸说彭城一事，的确有这事，但正是因为这件事，今日我才要杀你。您身为楚将，不忠心项王，反而纵敌忘忠。这种不忠之臣，我要你何用呢？”

丁公到这时，才恍然大悟，心中叫苦不迭，原来他本想自己救过高祖性命，现在高祖赦免了季布，还有很许多楚的旧将，自己应该前去面见高祖，他定会赏自己个官职，如今反倒送了性命，又听高祖说自己是不忠之臣，知道说什么也没用了，自认倒霉吧，于是两眼一闭，不再多说什么了。

这时，刘邦对众人说：“丁公做项籍的将领时不忠，就是他这种人使项王丧失了天下。”刘邦下令处死了丁公，还在军中示众，警示大家要做忠臣，不要学丁公。

处理周边民族问题

匈奴是生活在中国北部蒙古高原上的一个游牧民族。秦始皇统一天下的时候，该民族的各个部落，已在其首领单于头曼的统驭下，完成了统一，随后开始不断扩张。

秦始皇命令大将蒙恬率十万大军北击匈奴，收复河套地区黄河以南的土地，并修筑万里长城防御匈奴南下入侵。秦末农民大起义以来，中原地区连年战乱，原秦朝流放到边地的戍守人员相继离开边境，于是匈奴的势力逐渐南下，渡过黄河，来到南岸与秦朝以前的中国边塞为界。

当汉军与楚军于荥阳相持不下、双方都被战争拖得疲惫不堪之际，匈奴族却在首领冒顿单于的率领下，设官分职，势力逐渐强大，拥有能够弯弓射箭的战士三十多万人。

汉高祖建国后，将韩王信迁徙到代国，建都于马邑。匈奴大军包围马邑，韩王信因受到汉王怀疑，害怕遭到诛杀，率众于马邑投降匈奴。此后，匈奴对汉王朝的实情了解更多，因而率大军南越句注山，向太原郡进发，抵达晋阳城下。

汉高祖亲自率大军迎击，正值天降大雪，天寒地冻，十有二三的士卒冻掉手指。于是冒顿单于为引诱汉兵，假装败走。汉军果然中计追击。冒顿将精兵隐蔽起来，把老弱残兵暴露在外，于是三十二万汉军乘胜追击。

高祖骑马首先到达平城，而汉军由于多是步兵，大队人马尚未赶到。这时，冒顿单于下令十万精锐骑兵突然出击，将汉高祖重重包围于白登。

高祖被包围七天七夜，汉军内外不能互相接济军粮，七天没有进食。匈奴的骑兵，西方皆骑白马，东方皆骑青马，北方皆骑黑马，南方皆骑红马，士气高涨。

汉高祖在匈奴骑兵的重重包围中，得不到军粮的接济，粮食断绝，形势万分危急。这时，随军的户牖侯陈平进献奇计，用厚礼暗中贿赂单于的主妻阏氏，阏氏便向冒顿进言说："两个国家的君主，不应当相互围困逼迫。如今得到汉朝的土地，单于最终也不能居住在那里；况且汉王也有神灵保佑，望单于明察定夺。"

冒顿与韩王信的部将王黄、赵利约定会合日期，然而王、赵的军队未能按期到来。冒顿怀疑他们与汉军有密谋，便听信了阏氏的话，将包围圈解开一角。

于是，汉高祖命令士兵全部拉满弓，搭上箭，面朝外，从解围的一角冲了出去，与外面的汉朝大军会合。冒顿率领四十万精锐骑兵离去，汉高祖也率领大军撤回。汉朝建立后同匈奴大军的第一次全面交锋，以汉高祖的白登被围和用计脱险而告终。

原来，汉高祖在晋阳闻知冒顿单于居于代谷，想要出击匈奴，便派人侦察匈奴的实情。冒顿得知这一情况，便把壮士、肥牛、肥马都隐藏起来，使者看到的只是老弱士卒和瘦小牛马。十几批派出的使者，回来后都说匈奴可以攻击。

这时，汉高祖又派刘敬出使匈奴。刘敬即娄敬，因献策定都关中，高祖赐姓为刘。在刘敬尚未返回时，高祖所派出的三十二万汉军已出兵乘胜追击，翻越了句注山。

刘敬回来后向汉高祖汇报说：“两国相攻，按理应该显示夸耀自己的长处。如今我到那里只看见瘦小的牲畜和老弱士兵，这必定是想要显露虚弱的假象，埋伏奇兵来取得胜利，以愚下的意见，认为匈奴不可攻击。”

汉高祖此时派出的大军正在乘胜追击，听刘敬发表反对意见，立即恼怒，大骂道：“你这个来自齐国的混蛋！靠口舌谋得官职，今日竟敢用胡言乱语败坏我的军心。”于是，汉高祖下令用枷锁将刘敬囚禁在广武，自己亲自前往平城，匈奴果然出奇兵将高祖围困在白登。

汉高祖从白登逃出后，首先来到广武，赦免刘敬，向刘敬赔礼道歉。高祖深情地向刘敬说：“我没有采纳您的建议，以至于被围困在平城。我已经把先前几批说匈奴可伐的使者都杀掉了。”

于是，高祖封刘敬二千户，爵关内侯，号为建信侯。汉高祖从平城归来后，韩王信又逃亡到匈奴那里。当时冒顿单于兵强势盛，有三十万善射的骑兵，经常入寇北部边境，高祖以此为忧虑。

有一天，汉高祖向刘敬询问对策。刘敬回答说：“天下刚刚安定，士卒疲劳于连年征战，不可以用武力去征服。冒顿杀死父亲，自立为单于，把许多年纪小的庶母作为自己的妻子，凭借武力逞威风，不可以用仁义去劝说他们。只可以用计谋使他们的子孙永久称臣，然而恐怕陛下不能那样去做。”

“只要能使他们称臣，有什么不能去做！究竟该怎么办才好？”高祖急切地问。

“如果陛下真能够把大公主嫁给冒顿单于，赠送给厚重的礼品，他们知道汉朝皇帝把皇后生的女儿嫁给他，又得到赠送的厚礼，必定会立她为阏氏，阏氏作为单于的主妻，生下儿子后必定被立为太子，将来会继嗣单于王位。为什么会这样呢？因为冒顿贪图汉朝的厚礼。

“陛下如果每年按时赠送些他们所缺少而汉朝所多余的东西，多次去慰问他们，同时借这个机会派说客向他们讲述一些礼节，对他们进行说服、劝告。

“这样的话，冒顿活着，当然身为女婿；死了，外孙将继位单于。难道听说过外孙敢于跟外祖父平起平坐的吗？如此可以不用军队作战而逐渐地使他们臣服。陛下如果不愿派遣大公主前去，而是使令皇族的女子或后宫的女子冒称大公主，他们也会知道的，那样便会不尊重、不亲近她，这样做是不会有什么益处的。”

汉高祖听了刘敬的这一计策，连声称好，准备把大公主嫁给冒顿。然而，吕后听到这个消息后却日夜哭泣不止，她怎能舍得把自己的女儿嫁到塞外的蛮夷之邦？吕后哭泣着向汉高祖说：“妾只生下太子和这个女儿，为什么把她舍弃给匈奴？”

其实，汉高祖也舍不得把同自己颠沛流离、备尝艰辛的女儿嫁到匈奴，只是作为汉帝国的皇帝，为着国家和社稷的利益，怎能顾全得了。

然而，面对患难与共的妻子日夜哭泣，汉高祖最终没有把大公主嫁到匈奴，而是选取一名宫女冒称大公主，嫁给冒顿单于。同时，派刘敬去匈奴缔结和亲盟约。

刘敬从匈奴回来后，对汉高祖说：“匈奴河南地区白羊、楼烦二王，离长安最近的只有七百里的路程，轻装骑兵只需一天一夜便可以到达关中。关中近年遭到战争的破坏，居民稀少，肥沃的土地可用移民来充实。

“当初诸侯开始起兵反秦的时候，如不是齐国宗室的各支田姓以及楚国的昭、屈、景三家大姓，谁能发动起来？现在陛下虽建都于关中，关中其实人少，又北面临近胡人入寇，东面又有六国的贵族，他们的宗族势力很强，一旦发生变故，陛下也不能得以高枕无忧啊。

“臣愿陛下将齐国诸田氏，楚国的昭、屈、景氏，燕、赵、韩、魏的宗室后代以及山东的豪杰名家迁徙到关中。天下无事，可以防备胡人入寇；诸侯发生变故，也足以率领他们东伐叛乱。这是强本弱末的策略。”

“好。”汉高祖表示赞许，派刘敬将山东六国的宗族后代和豪强大族迁徙到关中的有十万多人。

西汉前期，匈奴一直是汉王朝北方边境上的忧患。在汉武帝以前的惠帝、高后、文帝、景帝期间，在同匈奴的关系上，一直是奉行刘敬为汉高祖所制定的“和亲”政策，以妥协的方式来减缓匈奴在北部边境上所造成的灾害。

刘邦铲除彭越后的二十天内，接连册封两个儿子为王。皇帝不会再分封异姓诸侯的心志，到现在可以说是全国皆知。但是，就在此后不久，他又不得不封立了一个不姓刘氏的藩王，说起来，这也是形势所迫。

话题还要从秦末农民战争谈起。从陈胜、吴广揭竿而起，到刘邦、项羽分进咸阳，当强大的秦朝二世将亡之际，曾经横行天下的秦军主力的去向共有两处：一部是由蒙恬、蒙毅兄弟统率的北疆军团，开赴北方，驱逐匈奴，从此“暴师于外十余年”，直到秦末大乱中自行解体，为匈奴卷土而来留下无穷后患。

另一部，就是由任嚣、赵佗等统率的南征大军，于秦始皇三十三年，也就是公元前214年挺进五岭以南，一举完成大秦对南越诸地的统一后，便留驻当地。

其主要将吏都分别兼任秦朝在此新设的桂林、南海、象郡三郡及所属各县的军政长官。此外，秦始皇又徙戍卒五十万人，分别在百越之间屯驻，由此构成又一支稳定南方的国防部队。

从兵力上看，任嚣的南疆军团比蒙恬的北疆军团实力更强，这与秦朝的政治重心位居西北、对广大南方地区鞭长莫及有关，故南疆军团的主要使命除戍边之外，还要根据中央号令，随时出击南方地区可能发生的动乱。

秦始皇特命史禄兴修的灵渠，就是承担这一战备任务的著名航运工程，它将长江同珠江两大水系连在一起，从而使岭南与中原的交通趋向便利。

在秦始皇的治国规划中，南方的灵渠就同北方的直道一样，都属于战备工程。直到近代，因公路、铁路的修筑，其航道作用才逐渐消失，成为以灌溉为主的河渠。

可以设想，当吴芮、刘邦、项梁叔侄等各路南方义军相继崛起时，强大的秦朝南疆军团如果从岭南出征，从他们背后掩杀而来，这又是一个什么样的局势？

对刘、项而言堪称幸运的是，当此严峻的历史时刻，统领南疆军团的任嚣正老病将死，临死前授政赵佗，要他马上派兵切断灵渠和其他通道，从此脱离秦朝，在岭南地区实行自治。

任嚣死后，赵佗即遵其嘱，传檄各关隘“急绝道，聚兵自守”，旋又将三郡地方长官中拒绝叛秦者悉数除去，换上自己的亲信，并以番禺为都，自立为南越武王。

这样，胡亥、赵高既不敢调北疆军团，又调不动南疆军团，只能靠章邯临时编组的囚徒充当主力，貌似强大的大秦王朝终于被削木为兵的农民推翻了，而秦始皇在三十六郡之外新设置的南越三郡，从此便成了独立于中原外的南越国。

秦汉之际的岭南，百越散居，社会发展状况相当落后，赵佗本人是东垣人，其麾下将吏和五十万戍卒，也都来自中原，给当地输入了先进的经济文化。赵佗由中央派驻官员改换成“南越武王”身份后，更多方取悦当地土著，自称“蛮夷大长老”，改换越人服饰，又倡导驻军官兵与百越通婚，同时起用越人吕嘉为相，并与之结为儿女亲家。凡此种种，对于保护岭南地区不受中原战争破坏，并在民族和睦的环境中促进社会发展，都作出了突出的贡献。

但是，当楚汉战争结束、大汉帝国创立，这种军事割据便成为阻碍国家重新统一的严重障碍。从情理上说，解决这个问题的最佳时机，应该是垓下会战方告奏凯，便趁机讨伐楚联盟大获全胜的锐气，立即转入大举南征。

但是刘邦不愿意，其主要原因，就是当时由他直接掌握的军队有限，固陵一战，连兵疲师老的楚军尚不能敌，遑论打赢历经恶战的故秦南疆军团。若要开战，就势必继续依靠所谓“兴汉三杰”一同合作，尤其是要借重韩信。

但这样一来，从北方打到中原，再从中原打到南海的韩信，其战功和声威将无以复加，这个皇帝或霸主将由谁做？此外，彭越、黥布也都不是省油的灯，刘邦在固陵要他们出兵，还得派人拿着地图去讨价还价，果真一同出兵岭南的话，岂不再多两个赵佗？这些算计，都可从他迫不及待夺去韩信兵权，又将其徙封为楚王的动作中推导出来。

另一方面，刘邦又确想除掉赵佗这个割据政权。在他称帝当月，便将春秋时越王勾践的后裔封为闽越王，又将衡山王吴芮徙封为长沙王，所指定的封疆，或与“南越国”接壤，或把整个南海三郡包括在内。

这两项安排都是借用他力充打头阵，以期用武力完成对岭南统一的重要措施。但接踵而来的诸侯“谋反”、逆臣叛乱，特别是匈奴在北方的威胁，以及在其支持下各种叛汉势力此起彼伏的捣乱破坏，不仅从多方面消耗了大汉帝国发动南下之战的国力，而且迫使他把两大最具实力的直属部队——周勃军团和樊哙军团，全都长期驻扎在北方。

只要想一想，秦朝时的北疆防线远距咸阳近二千里外，到刘邦时，骤然收缩到最近处仅七百里，便可体会到汉朝在北方承受着何等严重的压力，已经不可能再对南方用兵了。

然而，大汉初创时闽越、长沙环伺“南越国”的咄咄气势，逐渐消失了。相反，赵佗却因经营得法，脚跟站稳，以及汉家军事重心不断北移缘故，转而从绝道自守变成了相机侵扰，成为帝国的“南边患害”。

于是，时距大汉帝国创建将近七年之后，汉朝终于不得不放下中央政府的架子，主动向“南越国”派出了第一个使团。

首席使节是汉王时代最著名的外交家陆贾。刘邦托付给他的任务，是说服赵佗接受皇帝授予的南越王印，从手续上实现南越国对汉朝中央政府的归顺。

赵佗听说中原来使，有意给他一个下马威：接见陆贾时，不戴冠，露出越人的头结型发式，双足前伸，左右分开成簸箕状，就像刘邦接见赵王张敖时一模一样。

这种傲慢无礼的行为，陆贾在刘邦那儿司空见惯了，毫不在意，反过来开导他："足下出生中原，兄弟亲戚的坟墓都在真定，现在自弃中原冠带礼仪，做出这种模样，想凭借区区之越与天子抗衡，不知道灾祸就要降临吗？"

紧接着，陆贾为赵佗分析形势："秦朝失政，豪杰并起，只有汉王率先攻进关中，占据咸阳。项羽背约，自立西楚霸王，诸侯都依附他，力量可谓强大了。

"汉王奋起巴蜀，一个一个地收拾他们，五年之中，平定海内，此非人力所能，是天意向着汉王啊！及汉王称帝，将相们都说君王您不诛暴秦，擅自称王，要兴师动众诛灭您，幸得皇帝怜悯百姓劳苦，劝阻他们，派我来授您王印，接受正式的册封。

"君王本该出郊相迎，北面称臣，如今居然自恃强大。如果要是汉皇得知，先去真定掘了君王先人的坟墓，夷灭君王的宗族亲戚，再派一偏将，统率大军来剿，到那时越人便会怨恨君王惹祸，自行动手诛杀君王而归顺大汉。"

这一番宏论，一半是竭尽渲染刘汉的强势，另一半是点出赵佗的弱势：你的祖先宗族都在中原，要想让百越死心塌地地拥戴你同汉朝对抗，怎么可能？后一半，点击对方很深。于是赵佗蹶然而起，向陆贾道歉说："我在蛮夷的环境里待得太久了，有失礼仪。"遂又问，"我与萧何、曹参、韩信相比，谁更英雄？"

陆贾先看他做派，再听他有此提问，立刻明白对方亦属"豪杰"一流；以他长期在刘邦集团中惯与此辈周旋的经验，心里更有底了，从容答道："同他们相比，似乎君王更英雄一些。"

赵佗大喜，又问："那我与皇帝相比，谁更英雄？"

陆贾立刻又换成教训口吻："皇帝起丰沛，讨暴秦，诛强楚，为天下兴利除害，继三皇五帝之业；数以亿计的人民，辽阔万里的疆土，丰饶殷富的物产，全归他一人统治，此乃开天辟地以来从未有过的丰功伟业。君王不过在崎岖山海之间，拥有数十万蛮夷，最多可比大汉的一个郡，怎么可与皇帝相比呢？”

赵佗闻听陆贾先说自己超过萧、曹、韩信，现在又说自己不如刘邦，便认为此人态度实在，有一说一，便大笑道：“我没在中原起家，所以只能在这里称王。如果我在中原起家，也未必不如皇帝。”

于是赵佗把习惯与豪杰仁侠打交道的陆贾引为意气相投的知音，执意挽留他多住一些日子，每天设席款待，饮酒聊天。陆贾在刘邦麾下，专做出使诸侯的工作，见闻极广，加上能说会道，博古通今，听得闭塞于岭南二十年的赵佗欣然忘倦，十分感慨道：“我在这里，没人可与畅谈，先生到来，使我闻所未闻，真是太高兴了。”

高兴了，什么事情都好办。这就是脾气爽快的豪杰型人物的特点，几个月后陆贾告辞，赵佗正式接受了刘邦立其为南越王的册封，愿向大汉皇帝称臣，还送了陆贾一笔价值两千金的厚礼。对于汉帝，赵佗没有献礼，这就益加凸显出陆贾在南越国归顺汉高祖事件中绝大的面子。

赵佗受封称臣其实质为“易帜”性质。从汉朝中央与诸侯的关系看，诸侯王虽然在各方面都保持有独立或半独立性，但在政治上必须朝见皇帝，经济上定期献纳，军事上听从调遣，司法上接受监督；礼仪上，诸侯王也得像各直属郡一样，在京师设邸，派赴中央的人员对皇帝的礼节，称“上”，称“朝”，称“谒”。

但赵佗不承担任何朝见、献纳、奉调出兵之类的义务，与中央的往还联系称“通使”，相当于诸侯国相互报聘的级别。与此同时，汉朝解除以前不得向岭南输入铁器、牲畜等物的禁令，赵佗则作出“毋为南边患害”的承诺。

凡此种种，都充分说明了它与其他诸侯有着明显的区别，地位特殊。即便如此，它终究使刘邦在形式上完成了对岭南的统一，从而为以后汉武帝时最终实现实质上的统一奠定了基础。

铲除异姓诸侯

张良说："陛下还记得我曾问过，您与秦帝有什么不同的话么？"

"怎么不记得？"

"那再请陛下想想，国家是像秦朝那样安定，还是像项羽那样安定呢？"

"项羽有什么安定的？他刚一回到彭城，齐地不就造反了？"

"所以说，这些诸侯一定要尽早铲除掉！"

讨伐臧荼诛杀利几

刘邦继续为巩固自己的皇权而操劳着。为了巩固刘家天下，刘邦一面大封功臣，一方面又致力于清洗敌对势力的余党。刘邦的称帝，本是诸侯共举的，他使萧何制法，“依法”处置那些反对派，一切都没与诸侯商量。现在他又擅自迁都于暴秦的都城咸阳，并改名为长安，在诸侯看来，他的心思就昭然若揭了。

原来刘邦企图建立一个大一统的像秦朝一样的帝国！诸侯们的愤愤然，使刘邦十分生气。于是，他找来张良，向他说明自己内心的忧虑。

张良说：“陛下还记得我曾问过，您与秦帝有什么不同的话么？”

“怎么不记得？”

“那再请陛下想想，国家是像秦朝那样安定，还是像项羽那样安定呢？”

“项羽有什么安定的？他刚一回到彭城，齐地不就造反了？”

“所以说，这些诸侯一定要尽早铲除掉！”

刘邦听了张良的话，马上便沉吟起来，觉得他分析得很有道理，但是要是去跟那些诸侯们打仗的话，他就必须得斟酌考虑。因为那时的彭越、黥布势力强大，如果和他们打起来，眼下这刚刚安定的局面便会面临回调的危险。

刘邦说："子房，你说的道理，我懂，那么我先讨伐谁呢？"

"燕王臧荼呀，"张良说，"他拥有燕地，挟广阳、上谷、渔洋、右北平、辽东、辽西六郡之广，其地又在咱们背后，如果诸侯们造起反来，便可与南方的彭越、英布、韩信等对汉形成夹击之势，臧荼是非除去不可的！"

燕王臧荼本是项羽所封，在楚汉战争期间，韩信于井陉口大破赵军，威震河北。韩信听从广武君李左车的计谋，派使者前往燕国劝降。燕王臧荼因畏惧而归属汉王。汉王即皇帝位，封臧荼仍在燕地称王。

刘邦点头称是，但他又说："咱们也不能无缘无故讨伐他呀！"

"先等一等吧，借口会有的……"

正如张良所言，借口果真很快就来了。当年与藏荼同朝侍奉老燕王韩广的臣僚中，有一个人叫温疥。戏亭分封后，韩广因不服项羽把他徙封为辽东王，牢骚满腹，被臧荼趁机打垮吞并。温疥对臧荼指责了几句，两人反目成仇。温疥在燕地待不住了，便到楚军中去投奔大司马曹咎。

曹咎死在楚汉相争之后，没办法，温疥又回到燕地，臧荼对他还好，拜他为丞相。可是温疥却与臧荼同床异梦，极想取而代之。当刘邦定都长安后，臧荼感到了威胁，就对温疥说："看吧，这个刘邦绝不会让咱们这根刺插在他脊背的！"

"那么，大王要早做准备呀！"温疥说。

"凭咱们一国之力，奈何不了强大的刘汉，要干得找机会联络南边的诸侯们……"就是这些话，被温疥记在心里，他便秘密地派心腹到栎阳去，向刘邦告臧荼谋反！

因此，刘邦既没有调查，也没有去核实，直接便召开了廷议，宣布臧荼反叛，并且要御驾亲征，讨伐燕王臧荼！一切决定得如此迅速，这是刘汉朝廷成立以来的第一次。汉高祖五年七月，也就是公元前202年8月，刘邦亲率大军顶着烈日进攻燕地。

臧荼只是与温疥议论了一下刘邦，离谋反还很遥远。听说皇帝领兵来了，温疥只身逃到汉都长安。臧荼顿时就明白过来这是谁在背后出卖了他，但是他没有办法，只得毫无准备地仓促应战，可是刚一接触，全军便遭受惨败，活生生地被汉军捉住。

从刘邦亲自率军出发，到胜利班师回朝，前后还不到两个月的时间。事后，刘邦为了安抚那些南方的诸侯，他并没有取消燕国的封地，只是派他的亲信卢绾去当燕王。尽管这样，臧荼的迅速溃败，对各诸侯都起了敲山震虎作用，他们没有一人敢站出来为臧荼说话。

弱小者常常由于心怀不满会弄得自己每况愈下，或者陷于败亡的境地。臧荼的兵败被俘，他的部属自然是不服气，于是，他们便偷偷地与被刘邦次第消灭的陈余、赵歇的遗众联合，想趁刘邦大军的撤走和卢绾立足未稳，策划起事。

他们更难以成事，刘邦令樊哙带领两万人马，前去剿服，樊哙兵到祸除。以后又有几处项羽的旧部作乱，刘邦像拍苍蝇一样，一个个地消灭了。现在的刘邦，直属的就有三十几郡，就是彭越、黥布、韩信联手，也难以与其抗衡了！

平定燕国还没消停一会儿，国内又传来了颍川侯利几叛乱的消息。利几这个人原本是项羽部将，当初楚汉相争时投降了刘邦，被刘邦封为颍川侯，刘邦平定燕国之乱后，宣召各地侯爵以上人员进京，利几身为楚国降将，难免会风声鹤唳，草木皆兵，害怕刘邦召他进京是想把他怎么样，干脆一咬牙一跺脚地反了。

刘邦听说利几叛乱的消息，马上又御驾亲征讨伐利几。这是一场丝毫没有悬念的平叛之战，刘邦轻松地攻陷颍川，利几也被斩首。

平定韩王信反叛

韩王信是西汉初年异姓诸侯王，战国时期韩襄王姬仓庶孙，身高八尺五寸，性格勇敢，酷爱武艺。秦灭韩后，他流落到民间。到了项梁拥立楚王的后代楚怀王的时候，燕国、齐国、赵国、魏国都早已自己立下了国王，只有韩没有立下后嗣，所以才立了韩国诸公子中的横阳君韩成为韩王，想以此来占据平定原韩国的土地。

项梁在定陶战败而死，韩成投奔楚怀王。刘邦带军队进攻阳城时，命张良以韩国司徒的身份降服了韩国原有地盘，得到韩信，任命他为韩国将军，带领他的军队随从刘邦进入武关。

刘邦被封为汉王，韩信随从刘邦进入汉中，就说服刘邦道："项羽把自己的部下都封在中原附近地区，只把您封到这偏远的地方，这是一种贬职的表示啊！您部下士兵都是崤山以东的人，他们都踮起脚尖，急切地盼望返回故乡，趁着他们锐气强盛向东进发，就可以争夺天下。"

刘邦回军平定三秦时，就答应将立韩信为韩王，先任命他为韩太尉，带兵去攻取韩国旧地。项羽所封的诸侯王都到各自的封地去，韩王韩成因没跟随项羽征战，没有战功，不派他到封地去，改封他为列侯。等到听说刘邦派韩信攻取韩地，就命令自己游历吴地时的吴县县令郑昌做韩王以抗拒汉军。

汉高祖二年，也就是公元前205年，韩信平定了韩国的十几座城池。刘邦到达河南，韩信在阳城猛攻韩王郑昌。郑昌投降，刘邦就立韩信为韩王。此后，韩信常带领韩地军队跟随刘邦。

汉高祖三年，也就是公元前204年5月，荥阳吃紧。汉王率陈平、夏侯婴等少量亲信在纪信的掩护下仓皇出逃，命韩王信、魏王豹协同大将周苛、枞公留下来坚守。周苛、枞公认为魏王豹叛降不定反复无常，“反国之王，难与守城”，就采取断然措施进行预防，先把他杀了。

城破后，韩王信和周苛、枞公一起被楚军俘获。周苛、枞公不屈被杀，韩王信则投降了项羽。不久，他找了个机会逃出楚营，再度归顺汉王。刘邦也不计较，仍以他为韩王。韩王信就以这种比较特殊的方式，跻身大汉开国功臣，并且在寥寥无几的异姓诸王中名列前茅。

刘邦平定天下后，这时的刘邦志得意满，已经感到天下没有人可以与之为敌了。公元前202年，刘邦称帝，定都咸阳。大封诸侯，其中韩王信被封为韩王，封地在颍川。

韩国北近巩县、洛阳，南迫宛县、叶县，东连淮阳，位于中原腹地，驻扎着各路诸侯中第一流的精锐部队，韩王信又与大将军韩信相似，智勇兼备，颇有军事才能，且深得民心。洛阳与长安相距数百里，他要是从洛阳起兵造反，一日之间，骑兵部队便可进抵京城，这让刘邦很不放心。因此，刘邦就下诏命韩王信迁移到太原以北地区，以防备抵抗匈奴，建都晋阳。

韩王信对皇上的心思心知肚明：由富庶的腹心之地改封到边鄙荒寒之所，更要应付匈奴随时随地的军事进攻，他自然不会感到痛快；同时觉得应该预作准备，为自己留一条后路。

于是韩王信便顺水推舟冠冕堂皇地上书说：“国土有着辽阔的边

界，匈奴每每入侵；而晋阳到边塞距离遥远，来不及迅速采取应对措施，因此请求将王国都城改设在马邑。”刘邦答应了，于是，韩王信就把都城迁到马邑。

公元前202年，随着汉帝国将逐渐强盛起来的同时，活跃在北方蒙古高原一带的匈奴，在经受了秦王朝的打击后，利用中原的战乱，实力得以恢复，成为这个新兴王朝的最大威胁。

当时，匈奴单于冒顿不仅使北方的其他少数民族臣服其下，而且趁中原战乱之时将秦朝蒙恬所夺之地尽行收复，拥有了南至河套一带，北至贝加尔湖的广大地域。可以说，当时的匈奴以汉朝举国之力也未必能战而胜之。

汉高祖七年，也就是公元前200年秋天，韩王信与匈奴交战，但是败多胜少，冒顿单于亲提精骑围攻韩王信，在马邑围困了韩王信。韩王信一面坚守，一面多次派遣使者分头向朝廷求救和向匈奴求和。

汉高祖派援军来解了围，却又听说韩王信私下与匈奴打交道，不由起了疑心，深致不满，就致信责备他说：“专死不勇，专生不任。寇攻马邑，君王力不足以坚守乎？安危存亡之地，此二者朕所以责于君王。”让他作出解释。

匈奴的实力，加上刘邦的责怪，使韩王信非常惊恐，因为在他之前，燕王臧荼被杀，楚王韩信被夺去王爵，他担心刘邦下一个收拾的就是自己了，诸多因素使得韩王信做出了一个没有回头路的决定，拱手献上马邑，就近与匈奴相联合，组成步骑联军攻打太原，到达晋阳。一时间风云突变，北疆阴云密布，汉匈关系进入战时状态。

太原城猝不及防，失守，韩王信以太原为根据地，继续向南扩张。太原的位置已经深入汉帝国的疆土，向西可以进攻关中，向南过黄河可以进攻中原腹地。帝国成立两年来，首次面临如此重大的危机。

公元前200年，五十六岁的刘邦御驾亲征去平叛，随行的主要谋士是陈平、娄敬，将领有樊哙、夏侯婴、周勃等。大军从长安出发，在铜鞮一战，斩其将王喜，大败韩王信的军队，韩王信逃跑投奔匈奴，他的部将白土人曼丘臣、王黄等人拥立赵王的后代赵利为王，又收集起韩王信被击败逃散的军队，并和韩王信及匈奴冒顿单于商议一齐攻打汉朝。

匈奴派遣左右贤王带领一万多骑兵和王黄等人驻扎在广武以南地区，到达晋阳时，和汉军交战，汉军将他们打得大败，乘胜追到离石，又把他们打败。

匈奴再次在楼烦西将地区聚集军队，汉高祖命令战车部队和骑兵把他们打败。匈奴常败退逃跑，汉军乘胜追击败兵，听说冒顿单于驻扎在代谷，汉高祖当时在晋阳，派人去侦察冒顿，侦察人员回来报告说“可以出击”。刘邦也就到达平城。

刘邦出城登上白登山，被匈奴骑兵团团围住，刘邦采纳陈平之计，派人送给匈奴王后阏氏许多礼物。阏氏便劝冒顿单于说：“现在已经攻取了汉朝的土地，但还是不能居住下来；更何况两国君主不互相围困。”过了七天，匈奴骑兵逐渐撤去。

当时天降大雾，汉朝派人在白登山和平城之间往来，匈奴一点也没有察觉。陈平对刘邦说：“匈奴人都用长枪弓箭，请命令士兵每张强弩朝外搭两支利箭，慢慢地撤出包围。”

撤进平城之后，汉朝的救兵也赶到了，匈奴的骑兵这才解围而去。汉朝也收兵而归。韩王信为匈奴人带兵往来在边境一带攻击汉军。

汉高祖十年，也就是公元前197年，韩信命王黄等人劝说陈豨，使其误信而反。汉高祖十一年，也就是公元前196年春天，韩王信与匈奴骑兵进驻参合，刘邦闻报，派大将柴武率军征讨。

柴武到了参合，柴武在高祖的授意下，写了一封信给韩王信，动之以情，晓之以理，规劝他反正回头。信中说：“陛下宽仁厚德，诸侯虽有叛逃的，只要迷途知返，总是从宽处理，往往恢复他们原来的爵位待遇，而不加以诛杀，这是大王你所熟知的。刻下大王只不过因为战败逃到胡地，并没有什么了不得的大罪，希望你能从速自动归顺！”

韩王信回信道：“陛下把我从市井之中提拔出来，终于南面称王，这是我平生的荣幸。不过，荥阳战役，我不能像周苛、枞公那样宁死不屈，反而成了项籍的阶下之囚，这是我的第一桩罪。等到匈奴围攻马邑，我不能坚守，却以城池为礼物向敌人投降，这是我的第二桩罪。而今反过来替匈奴将兵，对抗汉军与将军你争战，这是我的第三桩罪。

“当初文种、范蠡为越国立下大功，没犯下任何一样罪错，依然不免一死一逃；而我在皇上面前，却积有三项大罪，想在汉廷乞活，是不可能的事。

“当年伍子胥得罪了吴王夫差却不知逃离，终于死在吴国，前车可鉴啊！如今我逃匿在荒山野谷的不毛之地，日夜向蛮夷乞讨过活，倦鸟思归的意愿，好比风痹症患者时刻渴望着站起来、瞎眼的人时刻渴望着重见光明一样强烈。然而，情势不许可啊！”

于是两军交战，柴武屠平参合城，并将韩王信斩杀。

让智圣韩信蒙冤

汉高祖五年十二月，项羽兵败而自刎。汉王还，至定陶驰入齐王韩信壁垒，剥夺了韩信的兵权。正月，汉王更立韩信为楚王，称王于淮北，都于下邳。

项羽部下的名将钟离昧，家住在伊庐，向来与韩信友好。项羽死后，钟离昧逃亡到韩信处藏身。汉高祖要抓钟离昧，得知他在楚国，诏令楚国逮捕钟离昧。

汉高祖六年，也就是公元前201年，有人上书告发韩信谋反。高帝询问各位将领，各位将领都说："急速发兵攻杀这小子算了。"

高帝闻听后默然。又询问陈平，陈平推辞说："将领们都是怎么说的？"高帝把将领们说过的话向陈平复述一遍。陈平问道："有人上书告发韩信谋反，这件事还有别人知道吗？"

"没有。"

"韩信本人知道吗？"

“不知道。”

“陛下的精兵比得过楚国吗？”

“不能超过它。”

“陛下将领用兵的才能，有超得过韩信的吗？”

“没有。”

“如今陛下的兵不如楚国精良，而将领的才能又赶不上韩信，如果发兵攻打他，这是迫使他起兵反叛，我私下为陛下这样做感到危险。”

“那该怎么办呢？”高帝急切地问。

“古代时天子到地方上巡视，往往要会见诸侯。南方有个云梦沼泽，陛下只说是巡游云梦，在陈县会见诸侯。陈县是楚国的西部边界，韩信闻知天子怀着和平愿望出游，势必会认为安然无事而到郊外迎接拜见陛下，陛下可乘机将他擒拿，这事只需要一个大力士就可以了。”

汉高祖认为陈平说的很对，便派使者遍告各位诸侯：“我将南游云梦。”

当汉高祖将要到达楚国时，韩信感到事情有些奇怪。想起兵反叛，又考虑自己没有什么罪过；想要拜见皇上，又担心自己会被擒拿，一时犹豫不决。有人向韩信说：“如果杀了钟离眛去朝见皇上，皇上一定会欢喜，那就不会有什么祸患了。”

韩信去见钟离眛，同他商议这件事。钟离眛从韩信的言谈话语中，终于懂得了他的来意，是想借自己的人头去作为拜见皇帝的见面礼，只是不好意思明说罢了。

这使钟离眛既感到意外，也很是气愤，说道：“汉王所以不敢攻取楚国，是因为我在您这里；如果想捉拿我去讨好汉王，那么，我今日死，您也会紧随着亡命了。”

于是骂韩信道：“你不是老实人。”便自杀而死。

韩信提着钟离眛的人头，到陈县拜见汉高祖。汉高祖令武士将韩信捆绑起来，装在后面的副车上。韩信说道：“果真像人们所说的那样，‘狡兔死，走狗烹；飞鸟尽，良弓藏；敌国破，谋臣亡。’如今天下已经平定，我当然要遭到烹杀！”

汉高祖说：“有人告发你谋反。”于是给韩信戴上刑具，装在车队后面的副车里，取道返回洛阳。从陈县至洛阳，有数天的路程。一路之上，韩信思前想后，后悔当初没有听武涉、蒯通的话，今天果真落得个这样可悲的下场。

汉高祖回到洛阳，由于没有查出韩信谋反的证据，便赦免了他，封他为淮阴侯。直到这时，韩信才知道高帝妒贤，于是常常借口身体有病而不肯参加朝见和侍从。

从此之后，韩信日夜怨恨，平时总是居于家中，闷闷不乐，为与周勃、灌婴等人并列于侯而感到羞耻。一日韩信路过樊将军家门，进去拜访樊哙。

樊哙用跪拜的礼节迎来送往，口称“大王竟肯光临臣下的家门！”韩信对樊哙这句话很敏感，以为是在嘲笑他。出了樊哙的家门，韩信自言自语地道：“我竟与樊哙这等人为伍！”

在都城，汉高祖曾同韩信闲谈各位将领才能的高低，认为各有短长。高帝问韩信：“你看我能带多少兵作战？”

“陛下不过能带十万。”

“那你呢？”

“我是越多越好，多多益善啊！”

“多多益善，为什么还被我擒拿？”

“陛下不善于带兵，却善于驾驭将领，这就是我韩信被陛下擒拿的缘故。况且，陛下的才能是上天所赐予，不是人力所能做到的。”

在京城居住期间，韩信曾受命与张良一道序次各家兵书。然而，韩信最终还是难逃被诛杀的命运。这是与刘邦的妻子吕氏有关。

韩信由楚王被降为淮阴侯，被留在京城中，闷闷不乐，所以便滋生了谋反的念头，只是一时找不到机会。陈豨被任命为巨鹿郡郡守，赴任前拜访韩信，韩信与陈豨密谋，由陈在边境起兵造反，自己在京城做内应。

汉高祖十年，也就是公元前197年，陈豨果然在边境举兵反叛。汉高祖亲统大军前往河北平叛，韩信借口有病没有陪同前去。此时，韩信已没有直接统率的部队，高帝知道他待在京城里不开心，因而对他的不肯前往也没有在意。

汉高祖离开京城，韩信暗中派人前往陈豨那里，对他说："您只管起兵，我在京城里协助您。"于是韩信与家臣谋划，准备在夜里假传诏书，赦免各官府的刑徒和奴隶，抢夺府库中的兵器，并发给他们，然后袭击吕后、太子，占据京城。

部署完毕后，等待陈豨的回报到来时便马上采取行动。这时，一个家臣得罪了韩信，韩信把他囚禁起来，想要杀死他。家臣的弟弟得知后，便向吕后密告韩信准备谋反的情况。

吕后想把韩信召到宫中，趁机将他逮捕，但又考虑到韩信万一不肯就范，岂不是打草惊蛇？吕后与相国萧何商量对策，派人假装从皇上那里回来，说是陈豨已被捉住处死，列侯群臣都要到宫中去朝贺。

为使韩信能入宫朝贺，由萧何亲自到韩信家中，对他说："您虽然有病，还是勉强入宫去朝贺一下吧。"

韩信是萧何荐举给汉王刘邦的，他逃走后又是萧何连夜把他追赶回来，拜为统兵大将，对自己有恩，这次不能不给恩人一点面子。韩信万万没有想到：自己一入宫，吕后便下令武士将他捆绑起来，立即斩杀在长乐宫中悬挂乐器的"钟室"中。

行刑前，韩信说道："我后悔当初没有采纳蒯通的计策，如今竟被小小的女子所欺骗，这难道不是天意吗？"之后，韩信被诛杀三族。

刘邦从平叛陈豨的军中回到京城，见韩信已死，又高兴又怜悯他，问："韩信临死时说过什么话？"

吕后说："韩信说悔恨没有采纳蒯通的计谋。"

刘邦说："那人是齐国的说客。"就诏令齐国捕捉蒯通。蒯通被带到，刘邦说："你唆使淮阴侯反叛吗？"

蒯通回答说："是。我的确教过他，那小子不采纳我的计策，所以有自取灭亡的下场。假如那小子采纳我的计策，陛下怎能够灭掉他呢？”

刘邦生气地说：“煮了他。”

蒯通说：“哎呀，煮死我，冤枉啊！”

刘邦说：“你唆使韩信造反，有什么冤枉？”

蒯通说：“秦朝法度败坏，政权瓦解的时候，山东六国大乱，各路诸侯纷纷起事，一时天下英雄豪杰像乌鸦一样聚集。秦朝失去了他的帝位，天下英杰都来抢夺它，于是才智高超，行动敏捷的人率先得到它。跖的狗对着尧狂叫，尧并不是不仁德，只因为他不是狗的主人。正当这时，我只知道有个韩信，并不知道有陛下。况且天下磨快武器、手执利刃想干陛下所干的事业的人太多了，只是力不从心罢了。您怎么能够把他们都煮死呢？”

刘邦说：“放掉他。”就赦免了蒯通的罪过。

废除张敖赵王封号

张敖是西汉初期赵王张耳之子。汉高祖五年，也就是公元前202年，赵王张耳逝世，汉高祖刘邦念及张耳的丰功伟绩，特别追谥张耳为景王。按照当时制度，诸侯王死后，王位由其子世袭。因此，张敖继承其父赵王爵位，后来娶汉高祖长女鲁元公主为王后。

汉七年，也就是公元前200年，高祖在平城和匈奴签订过合约之后莅临赵国。赵王张敖早晚亲自端水送饭，伺候起居。礼节十分卑下，尽女婿之礼。刘邦素性傲慢，加上又是兵败而返，心情肯定不好，所以对张敖毫不客气，箕踞而坐，张口就骂。因为是自己的岳父，张敖始终陪着笑脸，愈加小心谨慎，连大气也不敢出。

这时，以赵国丞相贯高为首的一批大臣为此感到不平，他们原本都是张耳门客，张耳去世以后，又辅佐张敖为王。这些人，都是义不受辱的气节之士，眼见张敖仁谨懦弱，居然唾面自干，不由得怒发冲冠。

赵国国相贯高、赵午觉得赵王实在是太懦弱了。于是便建议张敖

说："天下豪杰四起，有能力者先立为主，现在大王对待皇上十分恭敬，而皇上对大王却十分无理，请为大王杀了他。"

张敖听到这样的话，着实一惊，说道："你们怎么能说出这样的话呢？你们又不是不知道，当年项羽分封我父亲为常山王，后来陈余出兵打败了我的父亲，占领了我们的土地。父亲在走投无路的情况下，投奔了皇帝。因为追随皇帝打天下，建功立业，父亲又被封为赵王，收复故土，我才能坐上今天的位置。我家的一草一木，可以说都是皇帝的赏赐，我怎么能做对不起皇帝的事呢？请你们千万不要说这种话，更不能干这种事。"说完，张敖又咬破自己的手指，滴血盟誓，以表自己至诚之心。

看到赵王这种态度，贯高等人便不再说话。经过几个人的商量后，他们一致认为："赵王是位忠厚的长者，不肯背叛道义。但是我们不能受辱，现在皇上侮辱大王，所以想杀他，和大王无关。事情成功归于大王，失败了我们自己承担。"贯高的提议，得到了大家的一致赞同。

面对侮辱，贯高选择了断然出手，哪怕对方贵为天子。此人有担当，有原则，有气节，有分寸。机会终于被他们等来了。第二年，刘邦再次率军出征，讨伐叛臣韩王信。自东垣返京，又要路过赵国。

掌握了高祖行踪的贯高，在刘邦必经之地柏人，安排武士埋伏在夹壁墙中，只待刘邦进入馆舍，即刻出击。然而，高祖良好的直觉和沛县口音帮了他的大忙。马上就要进入馆舍的高祖无意中知道了此地名叫"柏人"，"柏人，柏人，就是要被别人迫害啊！此地不宜久留！"于是，高祖打马归去。

汉高祖九年，贯高的仇家发现了他们的阴谋，告发了贯高。于是，刘邦立即下令逮捕赵国谋反的人。这时的赵午等十余人都想以自杀的方式了结自己的性命。唯独贯高骂道："谁让你们如此？！现在大王并未预谋，却要一并逮捕，你们死了，谁来为大王开脱？"

这时，刘邦向赵国发布文告说，群臣和宾客有追随赵王的全部灭族。这样的处决可急坏了吕后。她竭力为张敖辩护，说张敖已经是皇家的女婿，怎么可能再生谋反之心呢？

可是刘邦听不进去，他反驳道："张敖如果真得了天下，还少你一个女儿吗？"

后来，吕后来到了行刑的现场。那些廷尉碍于吕后的面子，不敢拷问张敖，只是一味对贯高施加酷刑，要他说出主使者。贯高好汉做事好汉当，说："只有我们这些人参加了，赵王确实不知情。"

廷尉把审理贯高的情形和供词报告皇上，皇上说："真是壮士啊！谁了解他，通过私情问问他。"

这时，中大夫泄公说："我和他是同乡，一向了解他。他本来就是为赵国树名立义、不肯背弃承诺的人。"于是，皇上派泄公拿着符节到舆床前问他。

贯高仰起头看看说："是泄公吗？"泄公慰问、寒暄，像平常一样和他交谈，问张敖到底有没有参与这个计谋。

贯高说："人的感情，有谁不爱他的父亲妻子呢？如今我三族都因为这件事已被判处死罪，难道会用我亲人的性命去换赵王吗？但是赵王确实没反，只有我们这些人参与了。"后来，中大夫泄公把了解的情况详细地作了报告，皇上便赦免了赵王。

皇上赞赏贯高是讲信义的人，就派泄公把赦免赵王的事告诉他，说："赵王已从囚禁中释放出来。"因此也赦免贯高。

贯高喜悦地说："我们赵王确实被释放了吗？"

泄公说："是。"

泄公又说："皇上称赞您，所以赦免了您。"

贯高说："我被打得体无完肤而不死的原因，是为了辩白赵王确实没有谋反，如今赵王已被释放，我的责任已得到补救，死了也不遗憾啦。况且为人臣子有了篡杀的名声，还有什么脸面再侍奉皇上呢？纵然是皇上不杀我，我的内心不惭愧吗？"于是仰起头来卡断咽喉而死。就在这时，他已经天下闻名了。

张敖随即出狱。但刘邦认为张敖虽无杀人之心，但有治理不严之罪，决定褫夺王号，以娶鲁元公主缘故，被封为宣平侯，收去他封地。

北征反叛分子陈豨

陈豨是宛朐人，也就是后来的山东菏泽人，秦汉之际汉王刘邦部将。汉高祖七年，也就是公元前200年冬，韩王信反叛，兵败逃入匈奴。高祖亲征匈奴，从平城返回后，陈豨因多次随同高祖平定叛乱有功，受封为列侯，以赵国相国的身份统率赵国、代国的部队，北部边境的部队都归他统领。

据《史记·淮阴侯列传》记载，陈豨被任命为巨鹿郡郡守，赴任前曾到韩信府上辞行。韩信拉着陈豨的手，避开左右的人同他在庭院中漫步，仰天长叹道："有句话可以跟您讲吗？有些话想同你谈谈。"

"一切听从将军的吩咐。"陈豨回答。

"你今天能得此重任是因为得到皇帝的信任，但陛下生性多疑，若一人告你谋反陛下可能不信，若多人告你谋反，陛下必起疑心，恐怕你的灾祸就要临头了。若将来有一天你被逼谋反，我定在京城助你一臂之力。如此天下便可以图谋了。"

“一定遵命照办。”陈稀向韩信保证说。

陈豨平时仰慕魏国的公子信陵君的养士之风，等到他出任赵国相国守卫边境，休假回乡时路过赵国，赵相国周昌看到随从的宾客座车有一千多辆，都城邯郸的官舍都住满了。而且周昌还注意到，陈豨这个人待人宽厚，平易近人，和随从们相处，他宁愿委屈自己，也不怠慢他人，因此深得人心。

周昌心想，陈豨哪来的这么大资金，养着这么多人、车。他的经济来源肯定有问题。再说了，无论从哪方面来讲，是势力还是为人，陈豨都是个举足轻重的人物，这样下去可不得了。

直到陈豨走后，周昌就到高祖刘邦那里去打小报告，他说：“陈豨回家搞得那么隆重，陪同人员及车辆众多。我看他独揽军事大权，长期驻守边防，已经形成了一股庞大的势力，恐怕他会有谋反的计划呀！”

高祖听后，觉得讲得很有道理。他认为宁信其有，不信其无，防着点儿没坏处。

高祖刘邦为了一探究竟，便指派下属下基层去查账。这一查不要紧，调查人员在陈豨的下属们那里还真查出不少问题来。而且大多事儿还牵连到了陈豨。

陈豨知道了内情以后，就算他再怎么骁勇善战，也扛不住刑事责任呀！他很恐惧，认为自己的事儿难逃此劫。干脆一不做，二不休，反了。于是就暗地里派得力的助理去联系王黄和曼丘臣，与他们商议谋反的事宜。

汉高祖十年，也就是公元前197年7月，刘邦的父亲刘太公去世，刘邦派人召陈豨进京，但陈豨称自己病情严重，拿定主意不见高祖。9月，他认为现在不能再等着别人割肉了，于是，便与王黄等人一同反叛，自立为代王，劫掠了赵、代两地。

高祖听说之后，就一律赦免了被陈豨所牵累而进行劫掠的赵、代官吏，不追究他们投靠代王的罪责。然后他亲往邯郸平叛。到达邯郸后高兴地说：“陈豨不在南面占据漳水，北面守住邯郸，由此可知他不会有所作为。”

赵相国上奏请求把常山的郡守、郡尉斩首，说：“常山共有二十五座城池，陈豨反叛，失掉了其中二十座。”

汉高祖问：“郡守、郡尉反叛了吗？”

赵相国回答说：“没反叛。”

汉高祖说：“这是力量不足的缘故。”赦免了他们，同时还恢复了他们的守、尉职务。

刘邦问周昌说：“赵国还有能带兵打仗的壮士吗？”

周昌回答说：“有四个人。”然后让这四个人拜见刘邦，刘邦一见便破口大骂道：“你们这些小子们也能带兵打仗吗？”四个人惭愧地伏在地上。但刘邦还是各封给他们一千户的食邑，任命为将。

左右近臣谏劝道：“有不少人跟随您进入蜀郡、汉中，其后又征伐西楚，有功却未得到普遍封赏，现在这几个人有什么功劳而予以封赏？”

刘邦说：“这就不是你们能了解的了！陈豨反叛，邯郸以北都被他所占领，我用紧急文告来征集各地军队，但至今仍未有人到达，现在可用的就只有邯郸一处的军队而已。我何必要吝惜封给四个人的四千户，不用它来抚慰赵地的年轻人呢？”

左右近臣都说：“对。”

于是汉高祖又问：“陈豨的将领都有谁？”

左右回答说：“有王黄、曼丘臣，以前都是商人。”

汉高祖说：“我知道了。”于是各悬赏千金来求购王黄、曼丘臣等的人头。

汉高祖十一年，也就是公元前196年冬，汉军在曲逆城下攻击并斩杀了陈豨的大将侯敞、王黄，又在聊城把陈豨的大将张春打得大败，斩首一万多人。太尉周勃进军平定了太原和代郡。

12月，汉高祖亲自率军攻打东垣，但未能攻克，叛军士卒辱骂刘邦；不久东垣投降，凡是骂汉高祖的士卒一律斩首，其他没骂的士卒则处以黥刑，在额头上刺字。把东垣改名真定。

王黄、曼丘臣的部下所有被悬赏征求的，一律都被活捉，因此陈豨的军队也就彻底溃败了。

刘邦到达洛阳后说道：“代在常山郡北，赵国却从山南去统治它，太远了。”于是，立薄姬所生的儿子刘恒为代王，都于中都，代郡、雁门郡都隶属于代王。代王刘恒在后来平定诸吕叛乱后，被迎立为皇帝，即汉文帝。

汉高祖十二年，也就是公元前195年冬10月，太尉周勃平定代郡、云中郡，在当城将陈豨斩杀，陈豨叛乱被完全平定。

诛杀梁王彭越三族

彭越是昌邑人，也就是后来山东金乡人，他是我国西汉开国功臣、诸侯王，秦末聚兵起义，初在魏地起兵，后率兵归刘邦。在楚汉战争中为汉王立下了汗马功劳，刘邦称帝后被封为梁王，都于定陶。

梁国其实也算得上是中原的膏腴之地，彭越由盗变成将士，由将士变成王，是江海决堤后的激流巨浪把这位时代的“弄潮儿”很快推到了人生的巅峰，成为足以影响天下定局的重要人物，对刘邦是心存感恩的。

彭越这人处事谨慎，这从他草莽初起时一直待机而动可以看得出来。楚王韩信被废为淮阴侯之后，他就更加小心翼翼，如履薄冰，生怕有一时不慎，触动了皇上敏感的神经。

刘邦每次带着戚氏到洛阳行都办公，他都要去迎驾，喝酒谈天，无话不谈。在异姓诸侯王中，他也是到长安朝觐最勤的一个。在汉高祖九年，也就是公元前198年，十年，也就是公元前197年，彭越两次到长安朝见汉高祖，尽臣子之礼。

然而，汉高祖十年，也就是公元前197的秋天，赵相国陈豨在代地举兵反叛，攻占了赵、代两国的许多城池。陈豨是汉高祖手下的一员猛将，反叛后接连攻占城池，高祖不得不亲自率领大军征讨。

高祖到达邯郸后，征调梁王彭越率兵从征。彭越在反秦战争、楚汉战争中素以骁勇著称，曾单独率部打败过楚军。高帝此次征调彭越率部前来，是想借助于他的力量早日平息叛乱。

可是，一向侍奉皇上勤谨的彭越，这次不知道是出于怎样的考虑，却始终推托自己身体有病，只是派部下的将领率兵前往邯郸。汉高祖见彭越没有亲自带兵前来，大为恼怒，派人责问彭越。

彭越见皇上怪罪下来，非常恐慌，想要亲自前往邯郸谢罪。这时，彭越部下的将领扈辄劝说道："大王当初没有奉诏亲自前往，如今受到责问后前去谢罪，到邯郸后就会被擒拿了，不如就此发兵造反。"

梁王当然不听从他的意见，仍然说有病，并不马上举兵造反，也不前往邯郸讨贼。这时，彭越因为恼怒手下掌管车马的太仆，想要杀掉他。太仆慌忙逃到汉高祖那儿，控告梁王和扈辄阴谋反叛。刘邦得知后派使者采用突然的方式袭击梁王，梁王在毫无察觉的情况下遭到逮捕，被囚禁在洛阳。经主管官员审理，认为已构成谋反犯罪，请依法论处。

刘邦根据案情，念及彭越往日功劳，赦免彭越的死罪，降为平民，流放到蜀郡青衣县。在彭越被押往蜀郡的途中，在郑国的地段上遇到吕后从长安前往洛阳。彭越以为碰上了救星，他原本是刘邦故旧，与吕后有叔嫂的情分。

彭越见到吕后，向吕后哭诉自己无罪，他说："我已经老朽了，只想把这把老骨头葬在昌邑老家，就心满意足了，不敢再有别的非分之想。"吕后表面上答应了彭越，与他一同来到了洛阳。

到洛阳后，吕后向汉高祖说道："彭王是豪壮而勇敢的人，如今把他流放蜀地，这是给自己留下祸患，不如杀掉他。所以，我带着他一起回来了。"

刘邦没有说什么，吕后以为皇上对自己的想法已经默许，于是亲自做了手脚，让彭越的家臣告发他再次谋反。廷尉王恬对吕后的用意理解得非常透彻，他压根儿不去深究，凭那个舍人的诬告一锤定了铁案。并奏请诛灭彭越家族，刘邦批准。彭越全族被杀，彭越被处以醢刑，以醢遍赐诸侯。他的封国梁地被取消了。

刘邦传下诏令："有敢于收殓彭越的，立即逮捕治罪！"

彭越的头，后被他的同乡栾布取下埋葬。栾布是梁国人。在彭越贫贱时和他交往密切。后来栾布在齐国给人为奴，做了酒店里的佣工。彭越在巨野大泽为盗时，栾布被人劫持，强行出卖，在燕国做奴仆。

后来，栾布替他的主人家报了仇，义名大振，被在韩广部下做将军的臧荼看中，把他保下来，并提拔做了都尉。臧荼后来立为燕王，就任用栾布做将领。

臧荼成为燕王后，拜栾布为将军。臧荼以"谋反"罪被逮，栾布也未能幸免。梁王彭越听说了这件事，就向皇上进言，请求赎回栾布，让他担任梁国大夫。

彭越以谋反罪被诛杀时，栾布正出使齐国，还未返回。等到栾布从齐国返回，彭越的人头已被悬挂于市。栾布跪在彭越的人头下面，向彭越的人头"述职"之后大声号哭，并摆上祭品祭奠。官吏逮捕了栾布，并将此事报告皇上。

皇上召见栾布，骂道："你想与彭越一同谋反么？我命令任何人不得收殓或看顾彭越脑袋，你偏偏要祭他哭他，这不是明摆着要跟彭越谋反嘛？将栾布给我烹杀了！"

于是皇上左右的人举起栾布走向汤镬，栾布不为所动，回过头来从容地说："希望能让我说一句话再死！"

皇上问："什么话？"

栾布答："当初皇上在彭城被困，在荥阳、成皋一带打败仗的时候，项王之所以不能顺利西进，只是因为有彭王据守在梁地，跟汉军联合而使楚军陷于困境。当时，天下大势其实就在彭王手里，他跟楚联合，汉就失败，跟汉联合，楚就失败。再说，垓下会战，如果没有彭王，项氏就不会灭亡。天下平定以后，朝廷把表示凭信的符分成两半，彭王接受封爵，也想要世世代代地传下去。如今陛下向梁国征兵，彭王因病不能前来，陛下就疑神疑鬼，以为他谋反。但是谋反的形迹还没有显露，而您却根据微不足道的细节诛灭了他的家族！陛下如果这样下去，我担心有功之臣会人人自危。如今彭王已死，我活着不如死去，请就汤镬。”

皇上听完后觉得十分感动，于是就赦免了栾布的罪过，任命他做都尉。对于铲除梁王彭越的势力，汉高祖是坚定不移的，但他不忍心杀死彭越；吕后同彭越没有个人间的感情，为了刘氏江山，她主张斩草除根，一手策划了杀死彭越的事件。当然，她是在汉高祖的默许下一手策划将彭越和他的家族诛杀的。

对于彭越的被诛杀，司马迁评论说：魏王豹、彭越都是出身微贱的人，然而他们既已占有了上千里的疆土，南面称王，踏着敌人的血迹乘胜前进，名声日益显赫起来。

他们怀有叛逆的意图，待到失败后，不杀身而死却甘愿充当囚徒，以致终于遭到诛杀，这是为什么呢？一般中等才能的人尚且为充当囚徒而感羞耻，况且身居王位的人呢？

他们的忍辱不死，没有别的原因，而是他们的智谋勇略超过平常的人，只是担心不能保全住自己的性命。只要将来掌握了一点权力，气候上再发生些什么变化，他们就会施展自己的抱负和才能。因此，他们甘愿被囚禁而不逃避啊。

东征叛乱分子黥布

黥布原是个骊山囚徒。如果按良民的标准算，他是不够格的。他好色贪鄙，无恶不作。可是在风云变幻时，这种人是最容易成事的。反秦战火中，他成了英雄，项羽封他为九江王。

他像彭越一样，觉得这辈子行了，捞得一方诸侯算不错了。他安居六都，开始充分享受一方诸侯之福。他拥抱着几个美女，吃着山珍海味，对下属和将士颐指气使，觉得已达到人生的顶点。

因此，当项羽拉他参与征齐时，他以病推脱，可是却被刘邦拉入楚汉相争的旋涡中。他本想自拔，可是愈陷愈深。等到天下平定，他又被刘邦封为淮南王，他估算了一下，觉得没有赔什么，还是一方诸侯。只是过去他巴结的是项羽，现在换成刘邦了！

他对刘邦也像彭越一样，极尽奉迎之能事。据《史记》记载，每年他都往洛阳或者长安觐见皇上，甚为恪守臣礼。他没想到刘邦会收拾他。他曾经对属下说："那个刘邦呀，和老子一样，出身都不那么说得出口。什么皇帝，就那么回事罢了！从此，他当他的皇帝，我当我的诸侯王，各享各的福吧！”

当韩信被杀并夷三族后，他感到恐慌。曾对左右臣僚说：“刘邦够狠的，说把人干了就干了，还是秦始皇那一套嘛！”

是的，刘邦建国后就是实行的先秦法制，凡是犯了谋逆罪的臣僚都是枭首后，碎尸万段，然后分给各路诸侯，使他们“以儆效尤”！

彭越被杀，黥布胆战心惊。他坐不住了，把臣僚召集起来，叫大家谈看法。他们不敢批评皇帝，只说：“主公，现在大诸侯中就只有您了！”

“皇帝为什么要这样呢？”

“大王自己想吧！”他的臣子也被吓破胆了。

黥布也没敢再与臣僚们讨论下去，默默地忍耐着。一天，他带领几个近臣到野外打猎，忽然有人把一大包东西送给他。他勒住马，两手捧着那包脏兮兮臭烘烘的东西端详着：“这是什么呀？”

属下说：“是朝廷派人送来的，说是诸侯王每人一份！”

他起疑了，交给身边一个侍卫说：“打开来！”

侍卫下了马，把那个包裹放在一个树墩上，手忙脚乱地打开来，当全部摊开时，周围的人惊呆了，那是一包碎肉！肉里有张绢条，上面写着：“彭越叛贼肉酱”。大家黄脸黄鼻子地看着黥布。

黥布非常吃惊，骇得浑身打颤。他想起了先秦的法律。从洛阳送到六城，一路几天，那包肉早已臭不可闻，不多时，就引来许多嗡嗡叫的绿头蝇……

过了好久，黥布郁郁地吩咐侍卫们：“那是梁王躯体的一部分——你们找个地方把它安葬了吧。”

“是。”几个侍卫又把那堆肉包起来，拿走了。

属下有人问他：“大王，还向山那边去寻猎物吗？”

“哪里也不去了，回家吧，回家吧……”黥布眼含泪水说。

当天晚上，黥布把几个心腹找在一起，对他们说：“彭王与我一样，并没有什么过错。皇帝却把他杀了，不为别的，就是因为他不姓刘！只要不是他家的人，你就是天天抱着刘邦痛哭，他也得收拾你！”

黥布算是把事情看透了。心腹们见大王把话说到家了，也就毫无顾忌，他们大骂刘邦不仁不义，是秦始皇再世……

黥布说：“别骂了，得赶紧想法子，要不，到时候就像小羊似的被他牵出圈去，一刀宰了，那时，说什么也晚了！”于是大家开始议论，掂量着以淮南之力是不是抵得过刘邦。

黥布说：“那个刘邦所以能够夺得天下，不过是因了诸侯们的帮助，现在韩信、彭越已被他杀了，他能够指望的就是沛封、砀县那一伙，现在连他们也老迈了，还被易储一事弄得离心离德，我看，真正打起来，他还未必敌得过咱们！至多打个平手，那时，咱们就脱离汉朝，自成一国，永远不受他的鸟气了！”

心腹们兴奋不已，一再地问黥布：“咱们什么时候起事？”

“再等等看吧，你们回去先准备起来！”从此，黥布又开始招兵买马，训练士卒，并准备攻守器械。在淮南周围加强了巡逻，万一刘邦来剿，下决心绝不像韩信、彭越那样束手就擒！

朝廷那边，却因为刘邦的生病，把对黥布的防备耽搁下来，对黥布的备战，他们略有耳闻，萧何只把手头的几万人马悄悄地调往东南一带。长安一有行动，六城就紧张起来，在这剑拔弩张的时候，是最容易出事的。

正在这时，一件小事把导火线点燃了！黥布有个十分宠爱的妃子，名叫姬韵。长得婀娜娇媚，她的本领就是一得空就像藤蔓一样地缠绕在黥布身上。黥布这赳赳武夫就是喜欢她这种味道，爱得心肝宝贝似的。她因为常常患病，几乎隔几天就往医生家跑。

每次就医总是前呼后拥地惊动半个城。黥布的中大夫贲赫的府第就在医生家的旁边，他为了巴结黥布，觉得不去照应一下是失礼的，所以，姬韵每次看病，他都是在她左右伺候着……

但日久天长，这位中大夫竟对姬韵发生了爱恋，姬韵自然也对这位年轻潇洒的中大夫温情脉脉，因为他的确比那又黑又丑的黥布有吸引力得多。

而事实上，贲赫明知这是在玩火，可是还是抑制不住自己的欲望。可纸始终是包不住火的，这事终于被黥布发觉了，他曾对近臣们说：“这个贲赫呀，他敢偷本王的老婆，我早晚要掐死他！”

贲赫听到后吓得要死，他觉得官没法做了，在六城也待不下去了，就急忙到长安去找出路。黥布知道后，派人去追，没有追上。黥布的臣僚立刻想到韩信和彭越的下场，就齐集议事厅，请黥布说话。

他们说：“韩信、彭越都是由于家人和臣下举报得祸的，这个贲赫跑去长安，于大王不利呀！”黥布也觉得此事不妙，就立刻令上下准备应对。

贲赫到长安后，正如黥布所料，他立刻向朝廷举报淮南王谋反，他除了揭露黥布平日对刘邦的不恭外，还举出许多实例，说明黥布在韩信、彭越被杀后，便时刻准备叛汉。

黥布的背叛，在朝臣意料之中。他们一边拘留贲赫，一边把他的举报上奏给皇上。这时刘邦正在病中，没有精力当面审理贲赫。他把萧何叫来对他说：“想想韩信和彭越是怎么回事吧？黥布的这个贲赫是不是又想走同样的路？”

萧何明白，皇上这么说，意思就是韩信和彭越未必真有心谋反，是他们的家人事出有因的诬陷才成谋反案的。这次是不是也一样？

萧何琢磨皇帝的意思，他实在不想打这个仗。萧何是文吏出身，办案的经验何等丰富，他把贲赫提来一审就得出结论：此人语言夸张，未可相信。他把自己的看法向皇帝报告了。

“汉朝建立后连年用兵，财力入不敷出，还是不动干戈为好！”萧何说。刘邦从病榻上欠起身，点点头。“那么，那个贲赫跑到长安来胡搅什么呢？”

“我看他不是个好东西。恐怕他与淮南王有仇怨，存心陷害！”

“那就先把贲赫关着，派人到六城暗暗地调查……”说完就又倒在榻上。

如果黥布知道刘邦与萧何的真实想法，他是绝对不会造反的。可是贲赫的逃跑，使他坐卧不安了。他下令在全国征兵并筹集粮饷，弄得六城到处是兵营。长安派来的探子一看，正如贲赫所举报的，黥布的确在积极地“阴勒兵马、准备叛汉”！就连忙回去报告了。

长安来人，也被黥布侦知。他想：既然想反，那就不如先发制人。他把朝臣集合了来，宣布从即日起脱离汉朝，自立为王！他给部下分析了形势，最后说：“皇上老矣，又卧床不起，他是不能率兵打仗了，只能从他的老班底中选一人挂帅，那一帮人里有谁是咱们的敌手？说句实话，刘邦的麾下除了韩信、彭越真有点本领外，其余的真不足畏，现在，这两个人都被刘邦杀害了，咱们还担心什么？”

这话虽短，也说出了实情。所以，他的将士们信心十足。

汉高祖十一年七月，黥布首先出兵荆国，兵锋十分凌厉。消息传到长安。朝廷慌成一团，臣僚们想去报告皇帝，可是刘邦的病正值发作，哪个人他也不见。他们只好求萧何做主想办法。

萧何对大家说：“皇帝病情正重，我看拖一两天吧！”

“救急如救火，怎么能拖呢？”周勃说，“要不，我与灌婴将军先带兵前去迎敌？”

“那不行，我做不了这个主！”萧何自觉现在的地位不行了，他说，“调兵的事，没有皇上允可，谁也不敢妄动！”

灌婴说：“那就赶紧请示皇上呀！”他招呼周勃说，“老兄弟，咱们就冲进去见皇上吧！”可是他们被守卫在宫院大门的侍卫挡住了，他们声言：除非皇上允许，就是萧相国来也要挡驾！

为了不打扰皇上休息，萧何将众臣召集到前殿，议论在不惊动皇上的前提下，怎么应对目前局势。可是大家默默无言。因为没有皇帝做出决定，谁也不敢多说话。

灌婴大概熬不住寂寞了，他问：“那个黥布为什么要造反呢？真是放着好日子不过！”

“大概他听说，有人举报，他害怕了，有时候，害怕也能使人铤而走险！”周勃给他解释。

灌婴不服这话，他说：“有人举报，也得听一听朝廷怎么说呀，在萧相国看来，黥布是没心造反的……”

周勃斥他道：“没心造反？这不是打到荆国去了吗？”

看着两个人吹胡子瞪眼睛地要吵起来，夏侯婴站起来说：“别乱嚷了，大家心里都很烦，我找个明白人给大家分析分析吧！”

灌婴说：“谁是明白人？还有比咱们萧相国更明白的人吗？”

夏侯婴给大家说：“我认识一个姓薛的老先生，早年曾是西楚的令尹，他曾经与黥布同事项羽，很了解这个黥布，找他来谈谈不好吗？”

萧何说：“好吧，你就把那个薛公请来吧！”

夏侯婴走后，一会儿就领进一个人来，好像那个令尹就在门外等候着似的。夏侯婴给朝臣们做了介绍。这人近70岁了，须发皆白，面目清秀。他给满朝大臣行礼后，萧何令给他设座，然后就请他说说黥布造反的原因。

薛公说：“如果站在黥布那边说话，他当然是要造反的！前年杀韩信，去年杀彭越，诸侯谁不心惊胆战？黥布与他们两个人，可说是同功一体。两个人都被杀了，黥布觉得就要轮到自己了，他为什么不与大汉拼个你死我活？难道要黥布这样的英雄，束手就擒吗？”

薛公只说了这么几句，但言简意赅。道理就是这样。大家又沉默起来。沉默的原因不能不说同情的因素是存在的！

薛公要起身告辞，萧何止住他说：“薛公请留一会儿，也许皇上能够接见你，你把这些话再对他说一遍。”

正在大家焦躁地等待时，樊哙从北方回来了，他一进门就嚷嚷着：“你们在这里做什么？不知道黥布那小子造反了吗？快想办法呀，去见皇上呀！”

萧何见到樊哙，高兴地说：“好了，能够去见皇上的人来了！”

他把樊哙拉到一边，把情况对他说了一遍，撺掇他说：“樊哙，皇上是你的连襟哥，你就冲进去，他也不能怎么样你，你就为大家，为大汉闯一闯吧！”

樊哙说：“好，我就闯进去！什么时候了，只要还活着，就得出朝议事！”他又回头招呼满朝大臣说，“你们在这里等着，我进去把皇上请出来！”

来到刘邦的寝宫门口，侍卫们围上来拦阻，“小子们，滚开！”樊哙亮出佩剑叫道，接着几下拳脚，就把侍卫们打得东倒西歪，然后攘袖奋臂拿出当年冲击鸿门宴的劲头就冲进宫去了。萧何等大臣跟在后面。

这时，刘邦正头枕着那个伺候他的小太监恹恹地卧在地上，听到有人吵闹，就睁开眼睛。“谁这么大胆？”

“是我，皇上……”樊哙哭着跪了下来，“黥布反了！群臣束手无策，皇上你不着急吗？”

刘邦眼睛开了又合，合了又开，没有做出反应。看到皇上这样子，樊哙、周勃等大臣更惶恐了，一起扶刘邦起来。

樊哙说：“皇上，……当年皇上与臣下等人起丰沛，定天下，何其壮也！今天下已定，又何惫也！陛下病重，臣下震恐，您不召集臣下议事，而与一宦吏相守在这里，您难道忘了赵高亡秦的教训了？”

萧何等大臣也一起七嘴八舌地诉说目前大汉的困境，劝皇上抖擞精神，重振雄风，带领群臣将士，平定祸乱。

刘邦的眼睛亮了，慢慢地站起来。“黥布真的反了？”他问。

“反了，他已经冲向了荆国……”周勃说。

“他以为老子不中用了？”

“是啊，他想浑水摸鱼！”朝臣们见皇帝又有了精神，放下心来。

“那么，朕就出去与他较量一下……”

听了刘邦的话，欢声骤起。“皇帝万岁！大汉皇帝万万岁！”看到群臣对他的依赖，看到沛丰老臣对他的真情流露，刘邦十分感动。他蹶然而起，拉着樊哙等大臣的手说：“还是你们这班老伙计可靠呀！走，走，跟随老子平叛去！”

朝会上，刘邦向樊哙等人问："大家打算怎样对黥布用兵？"

樊哙叫道："这还用多讲，把那小子抓来，坑了算了！"

周勃也说："他有什么能耐？不过就是个骊山囚徒！围起来一顿打，就把他打趴了！"

别的将领也是扯着喉咙叫嚷。刘邦没有与他们拌嘴，只是听着。他心里想：你们这些莽夫，打了多年仗，怎么没一点长进呀！那个黥布没有韩信的军事才能，也没有彭越的英勇善战，但如果论起冲锋陷阵，你们没一个是他的对手！带领你们去平叛，我还真是没一点信心……

夏侯婴看出刘邦的心事，就悄悄地对刘邦说："有个过去做过西楚令尹的老人对黥布十分了解，何不找他来垂询一下呢？"

"这个人在哪里？"

"他就在外面等候。"

"领他到偏殿去吧。"

刘邦对群臣说："大家义愤填膺，同仇敌忾，朕很受鼓舞，大家回去立刻准备平叛，不日发兵！"群臣散后，刘邦接见了薛公。

薛公拜见后，皇上令给他设座。即刻问他黥布的情况。薛公说："皇上，刚才老朽已对大臣们说过，黥布造反不足为怪。他是被韩信、彭越两案逼出来的！"

刘邦点点头。"薛公，在你看来黥布将会怎样动作呢？"

"依我揣度，黥布不过有上、中、下三策，如用上策，华山以东将非大汉所有；如用中计，胜败之数将未可知；如用下策，陛下可安枕无忧了！"

刘邦看他说得这样笃定，就有点相信他了。就把座椅向前移了移，催他说："先生可以把黥布将用的三策说得详细些吗？"

"好的，"薛公躬身道，他说，"上策是东取荆王，西取楚王，兼并齐王，再传檄北方的陈豨等叛逆，固守其所，遥相呼应，如此，山东将全部沦陷，大汉危矣！

"中策是东取荆王，西取楚王，兼并淮阳王和梁王同时占据敖仓粮储，堵塞成皋之险，这是相持之计，双方胜败将来才可决定。

“下策是东取荆王，西取下蔡，以淮水为屏障而拒王师，最后必然归辎重于南越王，结盟于长沙王，如此，大汉可保无事。”

刘邦听了沉吟良久，又问：“先生估计黥布会采取哪一策呢？”

薛公知道回答的危险性，可是，他是否成功也在此一举。老头子想了许久，终于说：“老朽看，依黥布之才，必用下策！”

“你能判定吗？”

“老朽断定……”

刘邦说：“那就奇怪了，黥布也是久历沙场的战将了，他为什么不用上策、中策，而用下策呢？”

薛公笑笑说：“那个黥布，其出身不过是骊山囚徒而已，在天下纷乱之际，才弄了个诸侯王，实在侥幸得很。他现在只想保住眼前的荣华富贵，一无长远眼光，更不会为老百姓着想。所以老朽断定他会采用下策，退保南方就是他的目的……”

刘邦想了想，觉得他有点张良之才，对眼前的平叛战争有点放心了。就点头称“善”封了他个千户，作为见面礼。第二天，刘邦正式下诏，废黜黥布淮南王的爵位，封立自己的儿子刘长为淮南王。这是决定向黥布宣战的第一步。

如果黥布真像薛公所分析的那样，无论哪一策，他的矛头都是先对着荆楚，那么说，最先与黥布交手的不是刘邦的兄弟就是他的儿子了。

荆王刘贾曾经与卢绾一起在南方对项羽作战过，还可抵挡一阵，楚王弟弟刘交是个农民，不会打仗，幸而他的丞相陈婴还是反秦老将，又做过西楚的柱国，估计也能暂时支持得住。不过时间久了，怕都不是黥布的对手。那么，派谁为讨伐黥布的主将呢？没有比早年在北方军团和韩信一起作战的曹参更有资格的了。他威望最高，军队中半数以上是他的老部下。于是刘邦即刻下诏，令曹参为大将军，以他来辖制各军。有了薛公的估计，又有了曹参给他将兵，刘邦真想留在长安再躺到他的病榻上去。

可是萧何找他来了。“陛下真的不愿亲自出马了？”

“是呀，老哥，你以为朕是装病吗？对你讲，朕不是当年了！”

萧何看着刘邦佝偻的身子、消瘦的面孔，不想把话说透。“有话你就讲吧，老哥。”刘邦说，“朕觉得有曹参在前方总揽全局，有你在长安照应着后方，该无大碍了吧？”

原来皇上是这样想的，那萧何非得把自己的想法说出来不可了。“皇上，参加这次平叛战争的各部队的主将都是您的兄弟儿子，他们都是您亲封的诸侯，您让曹参凌驾于他们之上，在体统上是不是不太合适呢？”

刘邦恍然有悟，“是呀，是呀，朕倒忘记这一点了！”他搔了几下头皮说，“那就让刘盈以皇太子的名义挂帅，你看怎么样？这样该顺理顺情了吧？”

萧何说：“臣下就按皇上的意思拟诏……”

诏令一下，满朝惊诧。别看刘邦只是转了一下心思，可是其中是经过周密考虑的。首先，他的确经过一场大病，力不能支。在征讨陈豨时，他的老同乡，护卫周緤看到他上下战车很吃力，曾经流着泪说：“皇上，您就不能委托别人来代替您亲征吗？”

令太子出来挂帅，进一层的意思是，他想看看刘盈到底有什么本领。如果他临阵畏缩，或者部署不当，闹出什么笑话，引起群臣怨怼，那更是提供了废黜他的理由。到那时，刘邦再提出易储的事，看谁再敢与他啰唆。

可是在家里称病的张良看出了皇上的用心，他要为太子出招。刘邦的病，使张良看到刘邦的日子的确不多了，于是，他义无反顾地投到了吕后与刘盈一边。

他派心腹对吕后说：“太子从没上过战场，皇上派他出征，他要么毫无作为，要么指挥失当，都给了皇上易储的借口。太子是万万不可上阵的！”

吕后一听，大吃一惊。起初，她还以为皇上派太子挂帅是件好事，原来有这样的深意呀！他立刻派吕释之深夜跑到张良府上去讨计。

张良对吕释之说："建成侯，张良的话已经很明白了！"

"君侯说的是很明白，正因为如此，皇后才着急了，你得给皇后个具体招数呀，她怎样才能把太子救下来呢？"

张良这时的心情是，不想管，又不得不管，管少了，又怕当事人不得要领，管多了，又怕将来弄得不能全身而退。把几年来退隐的功夫全都废了！

"您说呀，君侯！"

没办法，张良便教了几招，要他转告皇后。

吕释之临走时，顺便对张良说："您推荐的那'商山四皓'还有用吗？"

"大有用呀，"张良说，"听到四皓来了，皇上不是把易储的事暂时搁置了吗？"

"我看四皓徒有其名，我与他们谈了几次，觉得他们肚子里没什么货色！"

"他们生得什么样？"

"样子倒挺教人敬仰的，一个个方面大耳，白须垂胸……"

"好呀，好呀……咱们用的就是他们这副模样，"张良高兴地说，"您要好好地养护着他们，要用的时候，我就通知您。"

第二天一早，吕后去找刘邦去了。她哭得一把鼻涕一把泪："皇上，你想过吗？你令刘盈挂帅，他能行吗？"

"怎么不行呢？"刘邦故作惊讶地说，"老子像他这么大的时候，早就坐过几次监狱，是村镇上谁也不敢惹的人物了！光让他蹲在长安不行，他得到风口浪尖去好好地历练历练！吕雉，你别光护着他呀！"

吕雉说："我怎能护着他呢？我觉得你是在为难他。你想，韩信、彭越已死，如今黥布是天下最大的诸侯了。皇上派去征讨的诸将，几乎全是盈儿的伯伯叔叔或者是兄弟，再不就是你过去的功勋将领，你让盈儿去指挥他们，真有如使羊驱狼，他们能够听盈儿的吗？从黥布那方面说，他最怕的是你，当他知道你已不能出征，便会改变据守淮河的战略，从而进取中原。那就出大麻烦了！”

刘邦觉得皇后说得有些道理。“这样说，你还是逼我出征吗？”

“不是逼你，皇上，而是谁也替不了你！”

“吕雉，你只知道心疼儿子，就不疼你的丈夫，不疼我这个又病又老的人吗？”

听到皇上这么说，吕雉伏在刘邦身上哭道：“皇上，你生病的时候，每天我都跑去看你几趟，可是你的侍卫让我进去吗？我只有带领嫔妃为你烧香祈祷……皇上，我是为咱们的大汉着想呀，你哪怕是躺在有帷幕遮挡的辎车里……只要你在前线，黥布就畏惧你，将士们就不敢不用命，为了咱们的江山，你也得勉力自强啊！……”

“好吧，好吧……”刘邦答应了。吕雉走后，刘邦想：吕雉是有保护刘盈的动机，可是她话的合理性也是无可置疑的。时隔几天，前线的形势就恶化了。

刘邦本以为有着一定作战经验的荆王刘贾，依靠兵多将广，可以把黥布堵挡一阵，但他根本不是黥布的对手，他与黥布军周旋了几天后，就为其打败，不得不退到富陵。但他没有站住脚，又被黥布军打得溃散，死在乱军中。

听到刘贾战死的消息，刘邦痛彻心扉。他从病榻上下来，歪歪斜斜地从架上取下他的佩剑，对身边的侍卫说：“传朕的诏令，朕要御驾亲征！”

黥布军的攻势极为凌厉，在击溃刘贾军后接连夺取三郡五十余城，实力大增。他们渡过淮河矛头指向楚国。楚王刘交吓得不知所措，立刻就要退走，丞相陈婴说：“大王一阵未抵就想撤兵，皇帝要追究责任的！”

刘交黄脸黄鼻子地说：“要打，丞相打吧，我先带着家眷离开……”

陈婴与黥布接战，且战且退，想在徐城与僮城间筑起一道防线，可是他们的将士被黥布军的勇猛吓怕了，几天后战线被突破，三军奔溃，东海、程城大部沦陷。刘交逃到薛城。

这时，刘邦手下并没有多少人马，有人建议从北方调回守疆的部队，那里有近二十万！可是刘邦坚决不许，他说：黥布反叛，陈豨、匈奴正想与其呼应，若撤回守疆将士，将是剜肉补疮，坚决使不得！

这时，刘邦想起秦末的章邯，他是发骊山囚徒以救急的，于是他也想效法章邯了。他下诏宣布大赦全国死刑以下的囚犯，令其从军立功。只长安周围他就到手了三万人马，各国被赦的囚徒，令其派专人送来，在灞上集结。加上原来的卫戍部队，他手上有十万人马了，就想带领这支部队出征。

出发的日子到了。留守关中的萧何等臣僚一齐来到灞上为皇上送行。张良这天起了个大早，带几个侍卫等在那里。他见了刘邦后，眼含热泪说：“皇上，臣下理当同您一起出征，但因病情加重，不能遂愿……”

刘邦也很激动，拉着张良的手说：“子房，往日征战有你在我身边，我总是信心十足的，如今……子房，有什么话，你就对我说吧！”

“皇上，黥布军中大半是楚人，有些还是原项羽的将士，极为剽悍，行动又快，您千万不要与他们争锋逞强！”

刘邦说：“我记下了……子房，我已是卧病之人，现在也不得不出征了！你虽也是疾病缠身，但我想把太子交给你，你就是躺在床上，也要把太子辅佐好，拜托了！”

张良见皇上对他这样信任，由衷地感动，他流着泪说：“皇上如此重托，张良怎敢不鞠躬尽瘁！”

为了使张良能够便宜行事，刘邦立刻下诏拜张良为太子少傅。本来张良在刘邦称帝后，是不接受任何实质性的官职的，在这艰难时刻，他也只能跪拜从命了。“谢皇上……”

张良这人，如果他不受命的事，可以高高挂起，如果已经答应，他就认真起来。为了保卫都城和太子，他伸手跟刘邦要兵。“皇上，您把所有将士带走后，京都就空虚了，如果有人趁此作乱，那将手足无措……”他说。

刘邦叹口气说：“子房，你看我还有什么兵丁留给你呀？”

可是张良能够骨头里榨油。他说：“皇上，您就把原属周勃直辖的上郡、北地、陇西的车兵和骑兵给我吧！”

“那，是很少的一点……”

“那就再给我从巴蜀刚征调来的一万人马，这样加上中尉统率的部队，就有三万人马了。这三部凑成的军队命名为太子卫队，怎样？”

“好吧……”

“皇上，有这支部队驻扎在灞上，就不怕北方的陈豨、匈奴突然袭击了！”

刘邦笑着说：“子房，交给你做的事，总是万无一失的。”

战局的发展没有像薛公所料，黥布没有采取他估计的下策。他在击溃荆楚三军后，没有据淮自保，而是长驱直入，大有问鼎中原的劲头。

刘邦对夏侯婴说：“你那个薛公简直是个老骗子！……”

“那就把他的官儿和食邑削夺了吧！”夏侯婴也很生气。

“不，不，那样，人们会认为咱们也是一群糊涂虫！叫他享几天福吧，好在他快死了！”

那时候，像薛公这样的人到处都是，他们一无所有，只凭一条巧舌和一张厚脸就到处混饭吃。但身为齐相的大将军曹参动作很快，几天内他就集结了十几万人，其中车、骑、步各种兵种齐全。他们立即出击，由博阳循泗水而下。在打了几场胜仗后，拦腰截断了黥布军西进的兵锋。

黥布大大受挫，他这时才悟到汉军中不是没有与他可相比的大将！几天后曹参的齐军与刘邦率领的军队会师，使整个平叛战役有了很大的转机。“曹大哥，曹大哥……”刘邦高声叫着向曹参扑去。

曹参一时没认出向他疾步走来的那个又瘦又老的人是谁，愣怔了一会儿。当他认出就是皇帝时，眼泪一下子流出来。两人抱在了一起。

“皇上，才一年不见，您怎么就瘦成这样？”

“曹大哥，我还以为见不到你了！……”

“都是我们做臣子的不好，叫你受这样的灾难！”

汉高祖十二年十月，也就是公元前196年11月，汉军与诸侯联军在蕲县西郊的会甄与黥布军展开决战。

刘邦登上汉军营垒的堡壁观战。远远地看见黥布军的阵形很像当年项羽的布置，有些不吉利的感觉。心想，黥布最崇尚的还是他曾经投靠过的楚王。大概黥布发现了他，便拍马向刘邦跑来。

原先，黥布听说刘邦要亲自挂帅，还以为只是传说，现在真的看到了刘邦，怎能不跑来说几句话呢？

“皇上……”黥布在马上向刘邦拱手。

“黥布，”刘邦大声招呼他，“朕待你不薄，为什么要造反呢？”

黥布说：“我若不造反，韩信与彭越就是我的下场！”

“韩信、彭越……朕有他们谋反的真凭实据，是有人举报的！”

“不是也有人举报本王吗？”

“朕根本没有相信，”刘邦说，“咱们两个出身一样，经历相同，朕又事事厚待你，你为什么要造反呢？至今，那个贲赫还关在狱里！”

“嘿嘿，”黥布笑笑，“是的，也许你当时没有相信，可是，以后我还是脱不了是你俎上肉，你是不会要我这个异姓王的！”

“即使如此，朕也会好好安排，不违朕与诸侯共享天下的诺言！”

“皇上，相信别人不如相信自己，再说，我黥布还想尝尝做皇帝的滋味呢！”

于是，刘邦就大骂黥布本是骊山囚徒，生就一副贼骨头！并说：“朕已布下天罗地网，不日就可拿你归案，你也脱不了像韩信、彭越一样，落个碎尸万段并夷三族的下场！”

黥布不想与刘邦对骂，就喝令身后士卒向刘邦放箭。听他令下，满天箭镞就像蝗虫齐向刘邦飞来，刘邦身边的护卫纷纷中箭倒地。刘邦有病，身子不灵活，也被射中肩肘。他像在鸿沟中箭时一样，忍痛迅速把箭拔出扔掉，并佯装没有受伤，继续与曹参等将领一齐指挥作战。

那次会战，双方人马相当，可是刘邦在夏侯婴、周缫等将领的护持下，端坐营垒之上，起了不可估量的振奋军心的作用。曹参、灌婴、周勃等大将跃马挺枪带领部下杀入阵中，于是将士个个奋勇当先，把黥布军的大阵撕得粉碎，又加原先被黥布裹胁的荆楚军纷纷临阵倒戈，黥布军开始溃乱。从早晨杀到午后，叛军终于不敌，向后败逃。

汉高祖十一年，也就是公元前196年，淮南王黥布起兵反汉；由于其英勇善战，军势甚盛，刘邦不得不亲自出征。他很快击败了黥布，最后并由其部将把黥布杀死。

在得胜还军途中，刘邦顺路回到了阔别十年的家乡，心情是十分得意的。因为这座县城是“龙兴之地”，又是出过众多功臣的“将军县”，当地政府曾特意建造“沛宫”以壮观瞻。

上万群众包围上来，叫喊声中，称呼刘邦什么的都有。

“啊，刘四哥回来了，四哥下车呀！”

“老四，咱们是一家呀，论班辈，你还得喊我大叔呢！”

“皇帝老哥，可把你盼回来了！”

“能在坐了龙廷后，还回家来看看，就是个好皇帝！”

“听说您做了皇帝，那些老兄弟还叫您沛公，是吗？”

刘邦听了这各种各样的叫喊，他没有厌烦，相反的，他感到亲切，感到激动，当他从车辇中探出头来时，已是满脸泪水了！

夏侯婴把护卫调上来，将御辇围了几层，然后才与周緤一起，轻轻地把刘邦扶出来。可是几百侍卫挡不住老乡们的“冲击”，只一会儿，他们就不成阵形了。

刘邦情感激荡，他大声地呵斥侍卫们：“你们要干什么，挡住朕和老乡们见面？怕这里面有坏人暗害朕吗？不会的，绝不会的！朕就在他们中长大，沛城有一大半人认识我刘邦！我们在一起保卫过沛城，我们的血是流在一起的！没有沛城的老乡，就没有我刘邦的今天！”

刘邦的话极为动人，许多人围着皇上泣不成声。

几位老人走上前，大声地问刘邦：“还认识我们吗？老四？”

“认识，认识，扒光了屁股我也认识！小时候，咱们可是无恶不作呀！”刘邦说，“我还记得咱们趁夜偷人家的狗，煮了下酒吃……”

“是呀，记着就好，那晚上你可喝得好醉呀，简直是滩烂泥！”

刘邦与他们一一拥抱。这时老乡们又议论起来：“从家里走时，还是个俊哥儿，回来时怎么成了老头儿了？”

“是呀，还又老又瘦！”

“看样子当皇帝也不是好差使！”

“操心哪，你们说他领兵打了多少仗呀！”

“听说，他又娶几十个嫔妃，那些女人都会作践人的！”

“是呀，老四见了女人什么也不顾……还不把身子掏垮了！”

泗水郡守和沛县的县令很会办事，他们等皇上与乡亲们亲热得差不多了，才拥到刘邦面前恭行君臣大礼。

刘邦问他们：“这几年沛丰地区的收成、生活怎样？”

他们早就准备好应该回大答的话：“托皇上洪福，沛丰地区年年风调雨顺、五谷丰登，五行八作，百业兴旺。老百姓们家家安居乐业！”

“那就好，那就好！”刘邦说，“你们看朕回家来了，乡亲都想见朕，朕也想好好地接待他们，没有够大的地方怎么办？”

泗水郡守是个精明人，他说：“为了皇上省亲，微臣早就建筑了一座大的沛宫，如果再做些准备，在那里宴请皇上的乡亲满可以了！”

其实，在他到任前，那位已经谢职的郡长就建成了。他建好了沛宫，等待着皇上返里，可是等到他谢任，等到死，他也没把皇上等来。

“沛宫？什么沛宫呀？”

两位地方官请皇上再上御辇，跟他们前去沛宫，他们告诉他：沛宫并不远，就在沛城南郊。

果然一会儿就到了，刘邦下了御辇，面前是一座金碧辉煌的宫殿，飞檐层层，拱门重重，楼阁遏云，回廊如龙。刘邦站在那里慨叹道：“啊，这比长安的未央宫还豪华呀！为什么要建造这么好的宫阙呢？”

“这都是为了皇上您来省亲呀！”郡守这么说。

刘邦摇摇头，“如果朕早知道的话，是绝不允许的！”他有些不高兴了，“这得耗费多少人力物力呀，朕知道乡亲们都是不富裕的。再说，朕还能再来吗？”

看到刘邦就要发脾气了，周緤连忙说；“皇上，您不要责备他们，沛丰地区是您的龙兴之地，怎能不留点以壮观瞻的东西呢？将来，您的子孙会常回来省亲的，不能让他们连住的地方也没有呀！”

刘邦点点头，长叹一声走进去了。从第二天起，刘邦就在沛宫一批批设宴招待沛城的乡亲们。郡守与县令知道刘邦很爱歌舞，就从沛城找了一百二十个男孩组成歌舞队，稍加训练，要他们在宴会上歌舞助兴。

刘邦又想起他的戚姬来，对夏侯婴说：“如果戚姬在这里就好了，她从没到过沛城，曾问朕数次，沛城是什么样子。”

酒过半酣，乡亲想起刘邦原是歌舞行家里手，就怂恿他下场表演。周緤对他说：“您现在是皇帝了，尽管高兴非常，也不可放浪形骸！”

刘邦点点头：“朕只给歌舞者击筑吧！”

可是他击了一会儿意兴就上来了，他再也不管周緤的劝嘱，手持佩剑下场起舞。他舞了几趟，就昂首高声唱起歌来：

大风起兮云飞扬，
威加海内兮归故乡，
安得猛士兮守四方！
大风起兮云飞扬，
壮志已酬兮归故乡，
老之将至兮心悲伤！

他激情满怀，即兴创作的《大风歌》抒发了刘邦远大的政治抱负，也表达了他对国事忧虑的复杂心情。

周緤要他回到后面宫中休息，可是他说：“朕见到乡亲们实是不

易，宴会没散，朕怎能回去呢？乡亲们，朕虽然建都关中，但万岁之后，朕的魂魄还是要回来的！”

乡亲们听他这么说也十分感伤，一时抽泣之声嘤嘤不绝。刘邦抹干了眼泪又说：“我是从沛县起义，反秦讨楚后而得天下的，今后，沛城就是我刘邦的汤沐邑。我当着父老们宣布，从今往后，沛县的民众都将免除徭役，世代不受征调……”

在场的父老一起给刘邦跪下，口呼万岁！

几天后，刘邦已宴请了几批几百名乡亲，那百余名童子已把《大风歌》唱起极为流畅，每次宴会，他们都要唱上几回，苍凉悲壮的《大风歌》用清亮的童音唱出来，别是一番情味。因为这首即兴的歌充分反映了刘邦的心情，也得到了老乡们的喜爱，沛城的民众已人人会唱了。

启程那天，沛县城中男女老少倾城出动，都赶到郊外向皇上敬献酒食。这种场面使刘邦深受感动，便又留下来在郊外搭起帐篷，同乡亲们在一起痛饮三天。这时，沛县父老们向皇上叩头请求说：“我们沛县有幸世代免除赋税徭役，可丰邑却未能得到免除，望陛下能可怜他们。”

“丰邑也是我生长的地方，我怎会忘记。因为当年丰邑人跟着雍齿背叛我，倒向魏王一边。”刘邦回答说。

沛县父老再三请求，刘邦最终还是答应丰邑与沛县一样，世代免除赋税徭役。刘邦在沛县同父老乡亲饮酒十多天，表明他虽然做了天下皇帝，但他的心还是同家乡父老子弟们连在一起的。这同项羽的“富贵不归故乡，如衣锦夜行”，不可同日而语。

而刘邦在家乡所作的《大风歌》，第一句中的“风”“云”，回顾了他争夺天下、安定天下的往事。第二句中的“威加海内”，说的是他所成就的帝业；“回故乡”三字是用来抒发他对父老乡亲们的一片思念之情。第三句中的“安得猛士兮守四方”，表明了他希望自己所成就的帝业能够传之久长的深谋远虑。

刘邦以他的《大风歌》回顾了自己的一生，表达了他对后人的期望。

临终嘱托遗风

吕后一天几次地跑进来，问这问那。她见刘邦的精神好些，就问："陛下百岁之后，萧相国也就死了，你看相国一职，由谁担任呢？"

"曹参吧，他可继任……"

"在曹参之后呢？"

刘邦说："王陵可以……他有点憨，可以让陈平协助他。陈平心术过多，难当重任。周勃为人老实、朴实，不好诗书，是大缺点。但安定刘氏天下的将是此人，也可以让他任太尉。"

命运多舛的子嗣

汉高祖刘邦共有八个儿子，其中，刘肥是刘邦最大的儿子，但他是刘邦还没结婚的时候与曹氏所生，因此他实为庶出，没有被立为太子。

刘肥的母亲曹氏去世得早，刘邦对这个没娘的孩子很同情也很关爱，觉得应该补偿他一些，让这个失去母爱的孩子能够感受到父爱，所以，没尽过父亲职责的刘邦对这个儿子的封赏异常大度。

而在汉高祖六年，也就是公元201年的时候，刘邦分封诸侯，齐王韩信被徙为楚王。同年十二月，有人告发韩信谋反，汉高祖采用陈平计谋逮捕了韩信。当天，大赦天下。

田肯向前祝贺，同时向汉高祖进言说：“陛下擒得韩信，又在关中建都。关中秦地，形势险要，是形胜之地，它以山河为险阻，与各诸侯相隔千里。如果各诸侯国以一百万士兵来攻，秦地只要用两万士兵就足以抵挡取胜。凭借着地势上的便利，从这里向各诸侯国用兵，犹如在高屋顶上向瓦沟里倒水一样，高屋建瓴，势不可当。还有东方的齐国，它东有琅邪、即墨，物产富饶，南有坚固险要的泰山，西有黄河以为阻隔，北有渤海的鱼盐之利，土地方圆两千里，也与西面的诸侯国远隔千里，如果各诸侯国以一百万士兵来攻，齐地只要用二十万士兵就足以抵挡取胜。所以，这两个地方可称为西秦、东齐。如果不是陛下嫡亲的子弟，是不可封为齐王的。”

汉高祖认为田肯分析得很好，因此，赏给他黄金五百斤。刘邦思来想去认为，唯有他同曹氏所生的刘肥年龄最长，早已成年，因此立刘肥为齐王，谥号齐悼惠王，食邑七十余座城。在同姓诸侯王中，以齐王刘肥所辖的土地和人口为最多。

汉高祖死后，孝惠帝二年，也就是公元前193年，齐王刘肥入朝。惠帝与齐王在吕太后面前宴饮，按照家人的礼节，惠帝请兄长刘肥坐在上座。

太后为此大怒，派人酌两杯毒酒置于前，令齐王起身祝寿。齐王起身，惠帝也起身，想要一同为太后祝寿，太后大惊，怕惠帝饮下毒酒，起身将盛有毒酒的酒杯弄翻。齐王刘肥感到奇怪，因而不敢饮酒，假装醉酒而离开宴席。

事后询问，得知杯中是毒酒，很是恐惧，自以为无法逃出长安了。这时有一个名叫士的内史向刘肥献计说：“太后只生有皇上与鲁元公主，如今大王的食邑有70余座城池，而公主的食邑只有数城。大王如果能把所辖境内的一郡土地献给鲁元公主为汤沐邑，太后必定高兴，大王也就不会有祸患了。”

于是，齐王刘肥献上城阳郡，尊鲁元公主为王太后，按侍奉母亲的礼仪侍奉鲁元公主。吕太后高兴地答应了这一请求，置酒设宴，允许刘肥回到自己的封国。十三年过后，刘肥病死，其子刘襄嗣齐王位。

刘盈是吕雉所生，汉高祖二年，也就是公元前205年，被立为太子，汉高祖十二年，也就是公元前195年，刘邦驾崩。十七岁的刘盈即位，是为汉惠帝，吕雉为太后。

刘邦在位的时候总觉得刘盈不像自己，欲废长立幼。为保刘盈地位，吕后曾请教张良，张良出谋，请来了“商山四皓”辅弼。于是，刘邦才打消废立的念头。

惠帝即位后，虽没有多大建树，但政治也还较清明，社会也还算稳定。惠帝优柔寡断，软弱无能，在位期间处处受母亲牵制。在太后剪除异己的时候，他成功地保护了大哥，但保护三弟却失败。

吕太后毒杀赵王如意，将如意的母亲戚姬变为“人彘”，还故意招来儿子刘盈观看。刘盈看到血淋淋一个怪物，像是一个人，但没有手足，头发被拔光了，嘴巴一张一合的，说不出声音，眼睛就是两个血窟窿，细问才知是戚夫人。

刘盈当即对母亲表示了不满，这顿惊吓使他受到极大的刺激，以后也无法工作了，终日饮酒，最后抑郁而终，享年仅二十四岁，在位七年。

刘如意是戚姬所生，刘邦被封汉王的那年，在定陶与戚姬相识，不久，戚姬被选为贵妃。赵如意九岁被立为赵王。

那时，刘邦看见刘盈软弱无能，心想：这孩子他爹娘都是人中精英，怎么这孩子谁都不像呢？如意倒是有他爹的风范，他娘戚姬又一个劲地要求立如意为太子，我也有此想法，但废立太子是国家大事，不能我自己说了算。

结果召开朝会的时候遭到周昌等大臣的反对，张良又为吕后献计聘来世外高人辅佐刘盈，看来废长立幼行不通，只好封如意为赵王与其母离京去赵。

刘邦临死时怕日后吕雉为难这对母子，故意派于吕雉有恩的周昌往赵国任国相，以此来保护如意母子。

刘邦死后，吕雉将戚姬视为情仇，刘如意视为政敌，借机征召赵王入朝，想斩草除根，周昌早知吕雉的意思，三次征召都被他硬顶了回去。吕雉也没办法，只好先召周昌，再召赵王。

刘如意对吕后的旨意不敢抗命，只好来到长安。好在吕后虽狠毒，刘盈却天性善良，想方设法保全三弟的性命。吕雉想在城外下手，结果刘盈亲自出城迎接，然后与弟弟同食同寝，使吕雉无从下手。

而刘盈因有早起习射的习惯，看到十四岁的弟弟还在酣睡，不忍心叫醒，就将弟弟留在皇帝寝宫，等到刘盈回来时，发现刘如意已经七窍流血而死。

刘恒是薄姬所生，八岁时被立为代王，是刘邦的第四个儿子。大臣们诛灭吕氏集团的时候，他没有参与，却一直在观望。周勃、陈平等临时中央开会讨论，觉得最合适做皇帝的还是代王刘恒，便派人前来迎接立为皇帝，是为汉文帝。

刘恒身边的人都是些谨小慎微的人，认为这些大臣都身经百战诡计多端，不能轻信。只有中尉宋昌竭力支持代王进京。代王与母亲薄太后商量，最后求助于占卜，又派人前往京城打探虚实，证实确凿以后才动身。

路上，那个支持代王进京的中尉跟刘恒同坐一辆车子，宋昌从此开始荣耀。刘恒是历史上有名的汉文帝，在位期间，实行了一系列改革开放政策。

对内，刘恒实行农业改革，曾经两次减免田租税，减轻了农民负担，还很重视各方面的宣传，并且还亲自耕种，以示表率，对当时的农业生产起了积极的推动作用。

在法制改革上，废除了肉刑和诽谤妖言罪等一些严刑苛法；在组织人事改革上，他知人善任，虚心纳谏，提拔重用了一大批人才；在生活作风改革上，他节俭质朴，严于律己，自己经常穿着打补丁的衣服，命令皇后和嫔妃的裙子不能拖地。

在财政和城市建设改革上，他紧缩银根，不乱花一分钱，不搞形象工程。他在殡葬制度改革上，反对厚葬，规定自己的陪葬品全用陶器，不准用金银等贵重金属。

汉文帝先后粉碎了刘兴居和刘长的叛乱，接受了贾谊提出的分割大的诸侯的建议，加强了中央集权维护了西汉统一。对外，他妥善处理汉朝同南越和匈奴的关系，同时，加强边防力量。汉文帝在位二十三年病死于未央宫。

刘恢是汉高祖刘邦第五个儿子。汉高祖十一年，也就是公元前196年梁王彭越叛乱被杀后，汉高祖封刘恢为梁王，定都于大梁。后来，在公元前180年刘友死后，改封赵王。

封王的时候他还是个小孩子，长大之后，他对改封赵王很不乐意。主要的原因是赵地不吉利，前面两任赵王都死于非命，他觉着前景凶多吉少。

太后又令他娶吕产的女儿为王后，这位吕氏王后仗恃太后的淫威，根本不把刘恢放在眼里，非但不让刘恢亲近其他王妃，甚至不让刘恢探望女儿，到处派“眼线”监视刘恢的举动。

刘恢一忍再忍，可总归是个男人，血性上来了就顶撞了太后的这位侄女。这个女人的歹毒绝不亚于她的姑姑吕雉，她用暗杀的手段杀死了刘恢的宠妾和女儿，面对明目张胆的政治暗杀行为，刘恢悲恸异常。

他心想，自己大小还是个王，怎么成了现在这样，他除了愤怒，就是绝望。在一个月黑风高的夜里，他解下了自己的裤带，套上自己的脖子，呜呼哀哉了。

刘友是汉高祖刘邦的第六个儿子。汉高祖十一年，也就是公元前196年，受封淮阳王。刘如意被毒死后，吕雉将他迁到赵国为赵王，并将吕族的女儿塞给了他做王后。

可是，刘友对这位吕王后没有一点感觉，不喜欢还不能不要，只有敬而远之。谁知，吕王后因刘友宠爱其他姬妾，心生妒忌，便向吕后诬告刘友意图谋反。

谋反是最大的罪行，吕雉听后大怒，于是召刘友进京，将他软禁起来，并断绝粮食，而后被活活饿死。后来以平民礼节下葬，谥号幽王。临终时作歌曰：

诸吕用事兮刘氏危，迫胁王侯兮强授我妃。我妃既妒兮诬我以恶，谗女乱国兮上曾不寤。我无忠臣兮何故弃国？自决中野兮苍天举直！于嗟不可悔兮宁蚤自财。为王而饿死兮谁者怜之！吕氏绝理兮讬天报仇。

刘长是汉高祖刘邦的第七个儿子，是赵姬所生。汉高祖十一年，也就是公元前196年，淮南王黥布反叛，高祖率大军亲征，击灭黥布，当即立刘长为淮南王。

刘长早年失母，刘邦觉得这个孩子可怜，就交给吕后抚养，吕后对他也算可以，两岁的时候就被封为淮南王。只是心中常怨恨辟阳侯审食其，然而因审食其与吕后有着特殊的亲近关系，不敢发难。

后来，吕后一死，刘长也长大了，他对以前的事开始报复，借故打死了审食其，还细数了审食其该杀的三条理由，文帝刚刚登基，并没有治他的罪。

这令他更加桀骜不驯，也怪他年轻，到底不知道江湖的险恶。常常与文帝坐在一个车里去打猎。回到封国后，又不愿意遵循汉朝的法令和制度，处处模拟天子的威仪，后来干脆与匈奴、闽越首领联合，图谋叛乱。

文帝不忍心杀他，废了他的王位，发配到边远的蜀地，结果死在半道。他的死有两种说法，一说是病恶死，一说是朝廷派人杀死。反正二十四岁的小命就此了结。

刘建是汉高祖刘邦的第八个儿子，刘建天资聪颖身材长相是儿子中最像刘邦的一个，也是最小的一个，刘邦对他很是疼爱，并封他为燕王。可是，他没有刘邦的运气那么好。在一次围猎中，竟被一只疯狂的狐狸给抓伤，谁知这狐狸还带有狂犬病毒，传染了刘建。后来，他在疯狂可悲的哀鸣中，失去了年轻的生命。

易立太子之争

对于晚年的刘邦而言，除了忧虑国事，最令他苦恼的是“家事艰难”。元配妻子吕雉，现在已经是尊为皇后。她为人工于心计，做事不择手段，在剪除功臣韩信、彭越等人的政治斗争中，与刘邦配合默契，可以说是刘邦的得力助手。

但是，作为一个女人，她显然不具备“温柔娇媚”的风姿，不是那种需要男人呵护从而使得男人展示雄风的“小女人”，再加之，吕雉已经是“人老珠黄”，刘邦对她基本不会有男女之爱的情感了。“以色事人者，色衰而爱弛”，本来就是人之常情。

吕雉不得宠，是肯定无疑的了。偏偏刘邦的身边，有一位婀娜多姿、能歌善舞、善解人意的美姬戚夫人。假如仅仅是后妃争宠，或许刘邦还可以从容应对，麻烦在于后妃之争的背后，还存在着废立太子之争的大问题。

汉高祖二年，也就是公元前205年，刘邦立吕后所生的刘盈为太子。后来，汉高祖发现太子刘盈为人仁弱，与自己的性格大不相同。刘邦曾经有“不类我”的感叹。

戚夫人所生的一子，取名“如意”，立为赵王。日见长大的如意，经常随同母亲戚姬出现在皇上的面前，很得年过半百的汉王欢心。汉王常常称道说：“如意长得像我。”

从此，汉王就有了废太子刘盈、改立如意为太子的意图。戚姬深知吕后为人刚毅，儿子刘盈又被立为太子，自己又深得汉王的宠爱，吕后怎能不妒忌？皇上健在，母子可以无忧无虑；一旦皇上驾崩，太子刘盈继位，会有自己这孤儿寡母的好么？

想到这里，戚姬不寒而栗。为着自身和儿子日后的命运，戚姬日夜在汉王面前哭泣，请求改立如意为太子。汉王私下答应戚姬的请求，主要不是出于儿女私情同情戚姬母子的处境，而是为着大汉王朝日后的江山能否稳固，他的理论根据是太子刘盈“为人仁弱”“不类我”，而“如意类我”。

汉高祖四年，也就是公元前203年9月，吕后被项羽放还，汉王对结发妻子的遭遇深表同情。汉王称帝后，吕后因年长，在汉高祖离京安抚天下、东征西讨时都是留守关中，很少有机会见到皇上，与皇上日益疏远。而这时经常随从皇上的，仍然是戚姬。

汉高祖九年，也就是公元前198年，九岁的如意被立为赵王。然而，朝廷中的大臣们与皇上的看法并不相同。同样是出于巩固大汉王朝的江山，为免生动乱，所有的大臣们无不对改立太子持有异议。汉高祖曾多次提出改立太子的意思，但每次都受到大臣们的劝谏和力争。

汉高祖十年，也就是公元前197年，此时刘如意已被立为赵王，年方十岁，汉高祖又提出改立如意为太子，大臣们都当面劝谏，高祖不听。这时，御史大夫周昌又出面力争，情况才有所变化。

周昌也是沛县人，与高祖是同乡，自刘邦沛县起兵后一直跟随主上，汉高祖四年，也就是公元前203年，被任命御史大夫。汉高祖六年，也就是公元前201年，与萧何、曹参等人一同得到封赏，受封为汾阴候。周昌为人正直刚强，敢于直言，萧何、曹参等人在这方面也比不上他。

周昌曾在高祖休息期间入宫奏事，一次正遇上高祖搂抱着戚夫人，周昌见此情景转身便跑，高祖从后面追赶，抓住周昌，骑在周昌的脖子上问道：“你说说，我是怎样的君主？”

“陛下是桀、纣一类的君主。”周昌仰起头来向高祖说。高祖闻言后放声大笑，把周昌放开了。然而，汉高祖也确实有些敬畏周昌。

这次高祖要立如意为太子，群臣力争而不能得。周昌出面力争，高祖不得不耐着性子问周昌为什么反对立如意为太子。周昌说话有口吃的毛病，又是在气头上，便开口说道：“我不善于讲话，然而我期期知道不可如此，陛下虽然想要废太子，我期期不奉诏从命。”

周昌因口吃和正在气头上，急切之中在“期”字上出现了拖沓重复的音节。汉高祖见周昌这种憨直忠诚的态度，在那里“期期知其不可”“期期不奉诏”，不由得欣然而笑，一肚子气也没有了，废太子刘盈一事因此而暂作罢论。

当时，吕后在大厅两旁的侧室中暗暗偷听。皇上与大臣们一番争辩，她都听得一清二楚。散朝后，吕后见到周昌，欠身向周昌道谢：“今天若不是您，太子几乎被废掉了。”

汉高祖担心自己死后赵王如意难以保全自己。这时，掌管皇帝符信印章的符玺御史赵尧年纪很轻，赵地人方与公对御史大夫周昌说：“你手下的符玺御史年岁虽轻，然而是个奇才，您应当特别看待他，将来他会接替你的职务。”

周昌笑着说：“赵尧年岁轻轻的，不过是个抄抄写写的小吏而已，何以能官至御史大夫！”

不久，赵尧侍奉汉高祖，高祖独自心中不乐，继而悲歌，群臣都不知道皇上为什么这样。独有赵尧进前请问道：“陛下所以不乐，莫非是因为赵王年少而戚夫人与皇后有嫌隙么？是担心您万岁以后赵王不能保全自己么？”

“是的。我为此事而忧虑，拿不出个好办法来。”

“陛下应特地为赵王任命一个尊贵而刚毅的相国，这个人选应当是皇后、太子以及大臣们平素敬重而又畏惧的人，方可以充任。”赵尧说。

“是啊，我的想法也是这样，然而大臣中谁合适呢？”高祖问。

“御史大夫周昌。他为人坚忍不拔，质朴正直，况且皇后、太子及大臣们平素都很敬重畏惧他，唯独周昌可以担任这一职务。”赵尧答。

高祖应声说道：“好。”于是召见周昌，对他说，“我想一定要烦劳您，请您勉强为我辅佐赵王。”

周昌哭泣着说：“臣当初随从陛下，陛下为什么单单把我舍弃给诸侯王呢？”

“我知道这样对您是降职任用，只是想来想去，非您没有别人可以任用，请您勉为其难地去上任吧。”

周昌见汉高祖已近乎哀求，自己怎能不答应。于是周昌出任赵王的相国。

周昌出任赵相后，御史大夫一职仍然空缺。汉高祖时常把御史大夫的官印放在手中摸来摸去，口中叨念着：“谁可以做御史大夫呢？”高祖一边叨念，一边用双目仔细端详着面前的赵尧，最后终于说道，“没有谁比赵尧更合适的了。”

于是，任命赵尧为御史大夫。在这以前，赵尧也有军功食邑。担任御史大夫后，随从高祖讨伐陈豨有功，被封为江邑侯。

汉高祖并没有因为任命周昌为赵王相国而最终放弃易立太子的念头。汉高祖十二年，也就是公元前195年，高祖又想要以赵王如意代替太子刘盈。

早在汉高祖九年，也就是公元前198年，就被任命为太子太傅的叔孙通劝谏说：“当年晋献公因为宠幸骊姬的缘故，废太子申生，立骊姬所生的奚齐为太子，在晋国造成数十年的混乱，受到天下人的嘲笑。秦朝因为不早定扶苏为太子，使令赵高得以用欺诈手段立胡亥为皇帝，自取灭亡，这是陛下亲眼所见的。

“如今太子仁慈孝顺，天下无人不知；皇后与陛下经历过千辛万苦，吃过粗茶淡饭，这难道是可以背弃的吗？陛下如果一定要废嫡长子而立少子，臣甘愿服罪而死，用脖子里流出来的满腔鲜血来污染地面。”

叔孙通的劝谏说出了群臣们反对易立的理由，只不过他的引经据典，说古论今，把道理说得更为透彻罢了。这个道理，高祖并非不懂，他只是为太子仁弱一事耿耿于怀。但是在叔孙通的劝谏之下，再看他以死力争的一片赤诚之心，便笑着说道：“您不要再讲下去了，我刚才不过是笑谈而已。”

“太子是天下的根本，根本一动摇，天下便会随着振动，怎可以拿天下来开玩笑！”叔孙通还是在据理力争。

这时，汉高祖不得不向叔孙通说：“那我就听您的了。”

无论群臣们如何劝谏力争，而且汉高祖也曾向大臣表示过不再改立太子，然而，知子者莫如父，汉高祖的心中总是觉得太子刘盈不适合日后做大汉王朝的皇帝。认为他没有能力驾驭这些功劳甚高的大臣们，也没有能力主持朝纲，定夺军国大事，所以心中还是想改立太子。

吕后深深为此而惶恐，不知如何是好。这时，有人对吕后说：“留侯善于出谋划策，皇上又很信任他。”

这句话提醒了吕后，吕后使令兄长建成侯吕泽胁迫留侯张良，说道：“你经常作为皇上的谋臣，为皇上出谋划策，如今皇上想要易立太子，您怎能垫起枕头睡大觉而不闻不问呢？”

张良回答说：“当初皇上多次处于困窘急迫之中，幸而采用我的计策。如今天下已经安定，因为偏爱的缘故想要改立太子，这是至亲骨肉间的事，虽有像我这样的百余人争谏，又会有何益处？”

建成侯吕泽见留侯张良不肯为此事出谋划策，又不能放过这个难得的机会，便勉强地要求说：“不论您怎么说，今天还是得勉强您为我出一条计策。”

张良作为汉高祖的谋士，他比其他大臣们的高明之处，在于他不仅懂得叔孙通所讲的那番古往今来的大道理，更深知皇上坚持要改立太子的根本原因，在于太子的为人仁弱，担心他没有能力治理国家，从而认为打消皇上改立太子的念头，必须从医治皇上的“心病”入手。

只是，张良不愿在骨肉之间的这类大事上参与半字。而今天张良被吕泽纠缠不休，便不得不说道：“这事是难以用口舌相争的，考虑到皇上有未能招致的天下四位贤人，这四人都已年过八十，满头白发。因为皇上待人傲慢无礼，所以逃避到商山中，不愿做汉朝的臣子，坚守节操，被人们称为“商山四皓”，即商山中的四位白发老翁。这四个人虽不愿做汉朝的臣子，但皇上却很敬重这四位坚守节操的年长贤人。

“如今您真能不吝惜金玉璧帛，令人写一封言辞卑顺的书信，派一名能言善说的辩士，驾着安车坚决而诚恳地邀请他们，他们是会前来的。

“这四人被请来后，可以作为太子门下的贵宾，时时随从太子入朝，让皇上看见，皇上必定会感到奇怪而询问。如果询问，知道这就是他所求之不得的四位贤人，如今却成了太子的门客，这是对太子的一大帮助。”

于是，吕后令吕泽派人手捧太子的书信，驾着安车，用卑顺的言辞，厚重的礼物，果然把四位贤人请到长安城中。四人来到长安后，被暂时安置在建成侯吕泽的家里。

汉高祖十二年，也就是公元前195年，汉高祖东征黥布归来，病情日重，想在临终前易立太子，了却这桩心事。留侯张良劝谏，高祖不听从。

太子太傅叔孙通引古论今，以死相争，高祖表面上装作答应，心里还是想改立太子。待到宴会设置酒席时，太子刘盈侍奉皇上，商山四皓随从。

这四位贤人衣冠也很奇特，神态飘逸，宛如仙人。汉高祖见到四位老人，感到很奇怪，问道：“几位长者是何方人士？”

四皓躬身向前，各个向刘邦介绍了自己。刘邦大惊道：“我访求诸位已经好几年了，你们总是逃避我，如今为何自动地跟随我儿交游呢？”

四皓中比较会说的东园公向前，回答皇上：“我们四个山野之人虽没见过皇上，但听说陛下轻视士人，喜好辱骂，我们坚守节义，义不受辱，所以恐惧而逃亡，藏身于山中。私下闻知太子为人仁慈孝顺，待人恭敬有礼，喜爱士人，天下人没有不想为太子效死力的。所以我们这几个就前来投奔太子了。”

由于东园公领头，其他三人也大起胆来，按照张良给他们说好的路子也帮着说了几句。直到张良给他们使眼色才住下。刘邦听了四皓的话，满脸失望，半天没有说话。张良怕冷了场，说不定会露什么马脚，就指使四皓给皇上敬酒。

刘邦叹口气对四皓说：“今后，就烦劳四位老先生，好好地为朕调教、指点太子了！”

四皓一时不知说什么好，因为事先张良没有估计到皇上会很快地改变易储主意，将太子交托给四皓。没办法，张良立刻暗暗地指使他们向皇上告退。

等张良、太子、四皓依次退出后，刘邦指着他们的身影对戚姬说：“看到了吗？我想着易储，可是天下闻名的四皓却尽力辅助太子，太子的羽翼已经丰满，没有办法。看来，那个吕后将要真正成为……汉朝的主人了！”

戚姬再也忍受不住这一沉重打击，伏在刘邦身上抽泣起来。

“别哭了，别哭了，”刘邦扶起她，“今后，咱俩就凑合着过吧。你为我起舞，我为你唱歌，相拥相扶着度过余年吧……”

刘邦也极伤心，说着起身为戚姬唱起这首《鸿鹄歌》来：

鸿鹄高飞，一举千里。

羽翮已就，横绝四海。

横绝四海，当可奈何！

虽有缯缴，尚安所施！

这首歌的意思是：鸿鹄高高飞起，一举就是千里。它已羽毛丰满，展翅即可超越四海，已经成了这样的局面，你有什么办法呢？就是你有带绳索的专门射鸟的箭，又怎么向它施放呢？刘邦虽是顺口吟出，但充满悲伤无奈的诗情，是好诗。欧洲一位哲人说：愤怒出诗人，一点不错！联系到他的《大风歌》，刘邦这一浪子确有无可置疑的诗才！

写这首诗时，刘邦的处境与项羽的霸王别姬差不多，全是无可奈何陷于绝境。可是人家刘邦一没有提当年勇，二没有将责任推给老天爷，只是实话实说了，没办法就是没办法，直来直去。

这诗正与刘邦的性格相合。诗中用了比喻的方法，将吕氏比作羽翼丰满的鸿鹄，承认吕氏的强大，并坦率地表达了自己无可奈何的心情，也是一首好诗。此即历史上有名的《鸿鹄歌》。

史书上记载他“歌数阙”，但是还有没记下来的，甚为可惜，若不，一定有人为他辑录成集了！

刘邦且唱，戚姬且哭，最后两人抱在一起。刘邦的易储之议，到这里画上了一个无奈的句号。

历史记载：

竟不易太子者，留侯本招此四人之力也！

因此，把这笔账算在了张良身上。可是，刘邦仍然为戚姬母子的将来担忧。又过了些日子，刘邦终于想出了一个办法，他对戚姬说：“看样子刘盈就要代替朕了。刘盈除了无能外，心地还是好的，朕给他留下一封书，嘱他照顾你们母子……”

那封《敕太子书》开头先写了自己从小没有好好读书，是终生遗憾，希望太子多读些书。又说太子能够罗致四皓这样的大贤，是太子的

本领，再次确认刘盈为太子。

他又扯到自己的书法不好，虽然曾向高明者请教，至今也没写好。嘱咐刘盈好好地练习，有事自己动手，别找他人代笔。他说萧何、曹参、张良、陈平都是儿的长辈，要太子好好地尊敬他们……

最后才郑重地说：“我把如意母子托付给你，你要尽心地照顾他们。别的儿子我就不说了，如意太小，是十分可怜的……”

这些话虽然平常，但可以看出，刘邦是流着泪写给刘盈的。此后不久，汉高祖便因病情恶化而死去，易立太子一事当然不会再成为问题了。

刘邦的生命快要走到终点，他已深深地感觉到了。可是他很是不幸，他不无忧虑地死去，刘邦死后，刘盈当上了皇帝，由于他仁弱孝顺，国家大权自然落入吕后手中。她移居长乐宫，与几个心腹开始策划收拾那些仇敌了。

她做的第一件事，就是整治她最怨恨的戚姬和赵王如意。她派人把戚姬满头的青丝剪掉，又逼迫她穿上犯人穿的红袍子，戴上铁枷，关于永春巷舂米。

戚姬怎能受到了这样的虐待，她几次地想寻死，都被使女劝住了。“娘娘，为了心里的仇恨，你不能死！为了赵王，你更不能死！你比那老太婆年轻多了，只要活着，你就会有出头之日！”

于是，戚姬便活了下来了。她为了发泄心中的不满与忧伤，她一边舂米，一边歌唱。这首歌词的原文是：

子为王，母为虏！终日舂薄暮，常与死为伍。相离三千里，当谁使告汝。

这些令人断肠的歌儿很快就传到太后的耳朵里。吕雉想：那个戚姬所以还能忍辱负重地活着，就是因为她还有指望，就是因为在邯郸有她的爱子如意。

于是，吕雉对如意动了杀机。她派使者召刘如意进京，使者三次往返，赵国丞相、建平侯周昌对使者说："高帝生前把赵王嘱托给我，赵王年纪小，我听说太后怨恨戚夫人，想把赵王召回去一起杀掉，我不敢让赵王前去。而且赵王也有病，不能奉诏前往。"

吕后听到回报，大为愤怒，就先派人去召周昌。周昌应召来到长安后，吕后才派人再召刘如意。刘如意已经启程，还未到京城。汉惠帝仁慈，知道吕后要对刘如意动怒，便亲自到灞上迎接刘如意，与刘如意一起入宫，自己带着他一同吃饭睡觉。吕后想杀掉刘如意，但却找不到机会下手。

汉惠帝元年，也就是公元前194年12月，汉惠帝凌晨便外出射猎，刘如意因为年纪小，不能早起同去。吕后得知刘如意独自在寝宫，于是派人拿着毒酒让刘如意喝下。

黎明时分，汉惠帝回宫，却发现刘如意已死。刘如意死后，谥号隐王。吕后除掉刘如意后，紧接着就对戚夫人下手，下令砍断戚夫人的手、脚，挖掉眼珠，熏聋耳朵，喝哑药，让她待在厕所里，称她为人彘。

吕后还特地要她的皇帝儿子去看，心地善良的汉惠帝，见她的生身母亲毒死赵王，现在又把戚夫人残害成这样，心灵上受到很大的刺激，使他因此而生病，一年多没能康复。

汉惠帝所受的刺激，不仅是戚姬受刑后的惨相，更主要的是他怎么也想不通：他童年时代的母亲，是那样的仁慈善良，可如今怎么竟然如此残忍，做出如此心狠手毒的事来。

刘盈认为自己作为汉王朝的皇帝，竟使父亲的宠姬遭到如此的残害，还怎么治理天下？惠帝派人向太后请示说："人彘一事，太不人道了。我作为太后的儿子，终归是不能治理天下的。"

此后，惠帝果真不理朝政，整日饮酒淫乐，五年后便死去了。

临终发布诏书

汉高祖即位后，发布了很多诏书。然而有关治国安邦的重要诏书，共有两道：一是在洛阳发布的五月诏书，二是临终前在长安所发布的这道诏书，据《汉书·高祖纪》载：

汉高祖十二年，也就是公元前195年三月，天子诏曰：吾立为天子，帝有天下，十二年于今矣。与天下之豪士贤大夫共定天下，同安辑之。共其有功者上致之王，次为列侯，下乃食邑。而重臣之亲，或为列侯，皆令自直吏，得赋敛，女子公主。为列侯食邑者，皆佩之印，赐大第室。吏二千石，徙之长安，受小第室。入蜀汉定三秦者，皆世世复。吾于天下贤士功臣，可谓亡负矣。其有不义背天子擅起兵者，与天下共伐诛之。布告天下，使明知朕意。

汉高祖刘邦在撒手人寰之前，所放心不下的仍是担心功臣中有谁会反叛，与他后继者争夺天下江山。汉王想用这一纸诏书，为刘家天下提供一份保证。刘邦这道诏书对于日后汉王朝安定，是有它的积极作用的。然而，后来想要篡夺刘氏江山的，不是哪一位功臣，而是他的结发妻子吕后及吕后所培植的诸吕势力。

在平定诸吕叛乱中，为安邦定国尽力的却是他在诏书中所安抚与警告的功臣，诸如周勃、陈平等人。这一事实，是汉高祖所没有想到的。

刘邦为争夺天下，曾多次死里逃生，身负创伤。汉高祖四年，也就是公元前203年，刘邦在两军阵前数说项羽的十大罪状，项羽大怒，伏弩射中刘邦的胸部，伤势甚重，但后来得以痊愈。

汉高祖一生以事业为重，并不像秦始皇晚年那样幻想长生不老。年过六十，高祖的健康每况愈下。这一年，黥布举兵反叛，朝廷震动。当时，汉高祖正在患病，难以亲征，想派太子统领诸将前往平定叛乱。

而被易立太子一事所困惑的吕后，作为刘邦的结发夫妻，此时再也不像当年前往芒山、砀山为丈夫送饭、送衣那样，以丈夫的一切为重。

此刻，吕后为着自身和儿子的命运，不顾丈夫有病，竟采纳商山四皓的计策，哭泣着劝皇上亲自出征。就这样，汉高祖为着汉王朝利益，终于拖着病体亲自出征了。不幸的是，在同叛军作战时，高祖被流矢击中。这次箭伤虽不比八年前所受箭伤更重，然而此时高祖毕竟年届六十，箭伤令人不容乐观。可是，高祖没在意箭伤，因此黥布被诛灭得比较顺利。

在东征归途，高祖回到故乡，与父老乡亲们饮酒叙旧，起舞高歌，乐极生悲。当高祖离开故乡西行时，病体发作，箭伤时时阵痛，使他感到从未体验过的烦恼。这条秦始皇时修筑的东西驰道，高祖当年为沛县押送去咸阳服役的民夫与刑徒，曾多次走过。这次乘车西行，箭伤疼痛与往事回忆，使高祖心情非常不好。等到长安后，伤势越来越重。

吕后见皇上病重，心里很着急，特地请来了名医为皇上诊治。医生看病后，吕后拉他到一边问："大夫，皇上的病到底怎样？"

“疾可治……”医生回答说。

“胡说什么？”刘邦喊道，“老子提三尺剑取天下，这不是天命吗？命是上天决定的，你就是有扁鹊那样的本领也白搭！滚吧！”

吕后只好摆摆手令医生退下。刘邦觉得对医生不好，就对吕后说：“追上他，给他五十金吧，他也是好心，以后不许再找这‘良医’了！”

刘邦拒绝就医服药后，病情更加恶化。可他还是挂牵着他的戚姬和国家。戚姬哭得两眼通红，老是抓着刘邦的手不放。可是，周围都是吕后的人，她也不好说什么。对戚姬对他的依恋孤苦，刘邦心知肚明，他呻吟似地说：“戚姬，没事的，谁也不敢把你怎样！我把你托付给了太子，他会很好地照顾你们母子的……”

吕后一天几次地跑进来，问这问那。

“皇上，”一次，她见刘邦的精神好些，这样问，“陛下百岁之后，萧相国也就死了，你看相国一职，由谁担任呢？”

“曹参吧，他可继任……”

“在曹参之后呢？”

刘邦说：“王陵可以……他有点憨，可以让陈平协助他。陈平心术过多，难当重任。周勃为人老实、朴实，不好诗书，是大缺点。但安定刘氏天下的将是此人，也可以让他任太尉。”

吕雉还要问下去，刘邦却不答了，他说：“以后的事，你也别管了吧！”就是说：你还活那么久吗？

吕后待在那里。没想到刘邦又回头对她指指戚姬说：“她和如意是我最不放心的……你要给我好好地照顾他们……”

“放心吧，皇上，”吕后冷冷地说，“一个国家，一个戚姬，我都给你看觑着，哪个也跑不了！”

刘邦也许没有听出其中的言外之意，戚姬可听出来了，她也不敢声张，眼泪如断线之珠抛洒下来。刘邦直到最后，也是极明白的。他对身后执掌国家大权的人物是经过深思熟虑的。

如果一旁有夏侯婴和樊哙，他听到刘邦的话一定会感到抱屈。他们的战功和才能已在过去的连年征战中得到公认，地位一点也不比萧何、周勃等人差。那么他们为什么没有被提到呢?

夏侯婴，刘邦私下里对他有安排，那就是在他死后，仍由他担任刘盈太仆，把太子交给他照顾。那个樊哙却成了刘邦最不放心的人物了。

刘邦估计在他身后，来个吕后专权时代是可能的，那么，吕后最可靠的人就是她妹妹吕媭，而樊哙恰恰是吕媭丈夫。刘邦已把樊哙划到吕雉亲信中了，试想，刘邦为什么只为一点小事，就想把樊哙就地诛杀。

刘邦心事被新进御史大夫赵尧揣摩到了，正巧有个“材料”在他手边，他便来到刘邦的病榻前：“皇上，臣下有一大事想密奏皇上……”

刘邦睁开眼睛看看，认出是赵尧，“是……关于什么的？”

“有人谋逆……”这几个字，如重锤击在刘邦胸口上。“赵尧，你还想让朕多活两天吗？”

“如此大事，臣不敢不奏。”

“他是谁？”

“有人举报陈平……”

“陈平又怎么啦？”

刘邦让赵尧把他扶起，给他背后堆上一摞棉垫、枕头，然后他说：“讲吧，朕听听是怎么回事。”

赵尧跪着，正要上奏，刘邦招手说：“来，来！离朕近些！”

赵尧站起来，向前走了两步，躬身对刘邦说：“……陈平到了前线，并没有执行您的敕令，将樊哙就地处死……”

“说下去！”

“陈平只是将樊哙逮捕，正在回长安的路上……”

“朕替你说出来吧，他们是在等朕死！”

“皇上，是不是派……”

刘邦一口痰涌上来憋得难受，他向赵尧两手乱摇。赵尧不知怎么办好，想去叫人，又被刘邦拉住。等他气平了些，指着赵尧的鼻子喊道：“赵尧，你们一班年轻人都是朕提拔上来的，就像朕的孩子一样，你们可都要对我忠心呀！”

赵尧赶紧跪下，泪流满面地对刘邦表示“自己的忠心可昭日月”。

不等赵尧说完，刘邦说：“下诏，下诏！令周勃率兵再次出征，给朕把卢绾捉回来！令陈平将樊哙立即处斩！”

赵尧还想说点什么，可是刘邦叫道：“快去呀，去呀！”那眼珠眦得就像要从眼眶里蹦出来。赵尧爬起来跑了。

汉高祖十二年四月二十五日，也就是公元前195年6月1日，刘邦病死在长乐宫，享年六十二岁。称帝之后，在位七年。死后安葬于长陵。群臣议上尊号“高皇帝”，庙号“太祖”。

后世大多习惯于连称“汉高祖”，可谓言简意赅。它准确地概括了刘邦在秦汉之交历史转折时期的特殊地位与贡献。

高祖临终前就相国接班人所提到的几位人选如曹参、王陵、陈平、周勃等人，都是跟随刘邦多年、久经考验的国家栋梁之才，高祖对他们才能、品德和个性了如指掌。对于陈平和周勃，刘邦还有特别的评语：

> 陈平多奇计，足智谋，但不可独任。周勃，忠厚有余，文雅不足，后来能安刘氏天下者必定是周勃，可令为太尉。

可见刘邦对陈、周二人信任程度是有不同的，他既欣赏陈平足智多谋，但又觉得他心计过多，所以只能控制利用，而不可单独委以重任；周勃是行伍出身，没有多少学识可言，在刘邦心中是可靠“老兄弟”。

后来的历史发展证明，高祖所提出的相国人选，确如高祖所言，在任职后无不为安定刘氏政权发挥了出色的作用。

吕后对这几位人选也是颇为了解的，并且完全遵照高祖的遗嘱行事。在萧何死后由曹参继任相国；曹参死后由王陵、陈平同时分别担任右丞相、左丞相，以周勃为太尉。而周勃、陈平等人终于在吕氏死后平定诸吕叛乱，使刘氏王朝危而复安。

历史表明，高祖临终前对相国接班人的一系列妥善安排，确实是安定西汉王朝的一项重要措施，确保了西汉王朝的长治久安。

附：汉高祖刘邦大事年表

秦昭襄王五十一年，也就是公元前256年，刘邦诞生于沛郡丰邑中阳里。在家中排行第三，取名季。家世业农。

秦始皇元年，也就是公元前246年，刘邦十一岁，嬴政即秦王位，嬴政即后来的秦始皇帝。

秦始皇二十三年，也就是公元前224年，刘邦三十三岁，大约在此年刘季为泗水亭长。

秦始皇二十六年，也就是公元前221年，刘季常徭咸阳。观秦始皇出巡，喟然太息曰："嗟呼，大丈夫当如此也！"

秦始皇三十一年，也就是公元前216年，刘季与吕雉完婚。

秦二世元年，也就是公元前209年，刘邦在沛县揭竿而起，成为秦末农民起义主要领袖之一。

秦二世二年，也就是公元前208年6月，项梁立楚怀王为义军盟主，仍号楚怀王。楚怀王命宋义、项羽率兵救赵，命沛公西伐秦，并与诸将约："先入定关中者王之。"

秦二世三年，也就是公元前207年8月，沛公破武关。赵高杀秦二世，立秦始皇弟子婴为秦王。9月，子婴杀赵高。10月，沛公至灞上，秦王子婴降于轵道旁。沛公至咸阳，欲留居秦宫，被樊哙、张良等劝止。11月，沛公与关中父老约法三章。12月，项羽、沛公会于鸿门，赖张良、樊哙等机智周旋，沛公得以脱险。次年2月，项羽自立为西楚霸王，汉王怒项羽分封之不公，欲攻项羽，被萧何等劝止。

汉元年，也就是公元前206年，刘邦受封为汉王，建立汉国，汉朝由此肇基。

汉二年，也就是公元前205年10月，项王密使九江王等杀义帝于江中。3月，为帝发丧，声讨项羽。

汉三年，也就是公元前204年4月，陈平施反间计，范增闻项王疑之，乃离去，未至彭城，疽发背而死。

汉四年，也就是公元前203年8月，楚、汉讲和，以鸿沟为界，中分天下，项王归还太公、吕雉，撤兵东去。汉王接受张良、陈平建议，率军尾追楚军。

汉五年，也就是公元前202年12月，垓下之战，项羽失败自杀，楚汉之争以汉王的胜利而告终。刘邦统一中国，登基称帝，建立汉朝，定都洛阳。

汉六年，也就是公元前201年，刘邦平定临江王叛乱。

汉七年，也就是公元前200年10月，儒生叔孙通成功演练朝廷礼仪制度。高帝亲率兵北伐匈奴，冒顿纵精兵四十万骑围于白登七昼夜，赖陈平奇计，始得脱险。

汉八年，也就是公元前199年，与匈奴和亲。领兵亲征，平定韩王信余寇，击败韩王信与匈奴勾结势力。下令将六国共十万余贵族和豪强迁徙至帝都关中周围，以加强管理统治，消除六国地方原王族及贵族复辟势力。

汉九年，也就是公元前198年，刘邦处理赵国相贯高谋反事件。

汉十年，也就是公元前197年5月，太上皇去世。

汉十一年，也就是公元前196年，划闽南国与南越国交界处一部分土地，成立东越国，分封少数民族织为东越王，实行少数民族自治政策，同时使各少数民族异姓王互相牵制。正月，吕后与萧何合谋，诛杀韩信。

汉十二年，也就是公元前195年10月，高帝破英布军于蕲西，英布败走江南。班师途中，经过故乡沛，深为身后事伤感，唱《大风歌》。回宫后，立遗嘱与吕后，以萧何、曹参、王陵、陈平、周勃等辅政。四月，高帝病逝于长乐宫，葬于陕西长陵。庙号为“太祖”，谥号为“高皇帝”。